2023
长三角绿色包装产业
发展报告

主编 陈 斌

DEVELOPMENT REPORT
ON GREEN PACKAGING INDUSTRY
IN YANGTZE RIVER DELTA (2023)

文化发展出版社
Cultural Development Press
·北京·

图书在版编目（CIP）数据

2023 长三角绿色包装产业发展报告 / 陈斌主编. — 北京：文化发展出版社，2023.10
ISBN 978-7-5142-4087-0

Ⅰ．①2… Ⅱ．①陈… Ⅲ．①长江三角洲－绿色包装－包装工业－产业发展－研究报告－2023 Ⅳ．①F426.84

中国国家版本馆 CIP 数据核字（2023）第 176513 号

2023 长三角绿色包装产业发展报告

主　编：陈　斌

出 版 人：宋　娜	
责任编辑：杨　琪	责任校对：岳智勇
责任印制：杨　骏	封面设计：韦思卓

出版发行：文化发展出版社（北京市翠微路 2 号 邮编：100036）
发行电话：010-88275993　010-88275711
网　　址：www.wenhuafazhan.com
经　　销：全国新华书店
印　　刷：北京印匠彩色印刷有限公司
开　　本：710mm×1000mm　1/16
字　　数：272 千字
印　　张：18.25
版　　次：2023 年 10 月第 1 版
印　　次：2023 年 10 月第 1 次印刷
定　　价：178.00 元
ＩＳＢＮ：978-7-5142-4087-0

◆ 如有印装质量问题，请与我社印制部联系。电话：010-88275720

编委会

编撰指导委员会主任
李 华

编撰指导委员会
王跃中　庄英杰　张耀权　金　喆　顾春华　高汝楠

主 编
陈 斌

副主编
杨爱玲　宗利永　崔庆斌

成 员
宋文仙　路冰琳　田社荣　叶鹏峰　李　立　黄俊彦　王中燕
林淑玲　陈建华　舒仁厚　李勇锋　罗尧成　徐　东　顾　萍

主 审
高汝楠

完成单位

上海出版印刷高等专科学校
上海市包装技术协会
上海市绿色包装专业技术服务平台

指导委员会

李　华　中国包装联合会会长，中国包装总公司董事长
王跃中　中国包装联合会常务副会长、秘书长
庄英杰　中国包装联合会参事，上海市包装技术协会原会长
张耀权　原中国包装联合会副会长，原浙江省包装联合会会长
金　喆　浙江省包装联合会会长
顾春华　上海出版印刷高等专科学校党委书记
高汝楠　上海市包装技术协会会长

编撰委员会

陈　斌　上海出版印刷高等专科学校校长
杨爱玲　上海出版印刷高等专科学校副校长
宗利永　上海出版印刷高等专科学校科研处副处长
崔庆斌　上海市绿色包装专业技术服务平台副主任
宋文仙　上海市包装技术协会秘书长
路冰琳　ISTA中国主席、中国包装联合会物流委秘书长
田社荣　南京包装行业协会常务副会长
叶鹏峰　宁波市包装联合会会长
李　立　上海海洋大学食品学院教授、博导
黄俊彦　大连工业大学轻工与化学工程学院包装工程系原主任
王中燕　浙江省包装联合会常务副秘书长
林淑玲　温州市包装联合会秘书长
陈建华　上海市包装技术协会办公室主任
舒仁厚　上海市包装技术协会副秘书长
李勇锋　上海数智绿色包装研究所所长
罗尧成　上海出版印刷高等专科学校科研处处长
徐　东　上海出版印刷高等专科学校包装专业带头人
顾　萍　上海出版印刷高等专科学校印刷包装工程系主任

主　审

高汝楠　上海市包装技术协会会长

序

　　实现碳达峰、碳中和是一场广泛而深刻的经济社会系统性变革。"双碳"宏伟目标的确立，激发了全产业的革新动力。包装行业企业作为践行绿色低碳发展的重要参与主体，是产业绿色转型和绿色创新的重要推动者。国内外相关企业积极引进和研发新技术，如生物降解技术、可持续材料的开发与应用、智能包装技术等。在这一背景下，通过技术创新，长三角地区绿色包装产业不断提升自身的竞争力和核心优势。长三角各地区的包装产业发展有着互补性、交叉性和融合性的特点，在产业体量、创新能力、服务水平等方面存在显著的区位优势，长三角地区包装企业的绿色化、智能化产业转型实践对于全国都有着重要的引领和示范作用。

　　为了深入了解长三角地区绿色包装产业的现状、发展趋势以及面临的挑战，《2023长三角绿色包装产业发展报告》旨在梳理长三角地区绿色包装产业的现状与发展情况，对相关绿色包装创新技术研发、行业标准、产业政策等领域进行深入剖析，从环境保护、资源回收再利用、产业协同创新等多个角度，探讨长三角地区绿色包装产业的未来发展方向，并提出可行的政策建议和战略规划。本报告介绍了长三角地区绿色包装产业的创新探索和进步成果，重点关注了可降解材料、生物基材料、回收再利用技术等方面的研究，同时还探讨了绿色包装产业在智能化、数字化等方面的最新行业应用发展及技术演变趋势，展望了未来智能包装的前景。

目前我国包装产业的绿色化转型发展面临着一系列的困难与挑战。技术创新、产业链协同、政策环境变化等因素，都会对绿色包装产业的发展构成一定影响。特别是在前沿技术的产业应用层面还存在包括技术成熟度、市场推广、产业标准化等方面的问题。在撰写本报告的过程中，编委梳理汇总了相关研究成果和专业资料，并邀请行业专家进行了广泛深入的交流与讨论。专家们的意见和建议为报告提供了宝贵的参考和支持。通过与业内专家进行深入的交流与讨论，本报告深入分析了相关研究主题，并提出相应的解决方案，以期为长三角地区绿色包装产业的可持续发展提供有益的参考。

最后，我们衷心希望本报告能为长三角地区绿色包装产业的发展提供有益的参考和借鉴，为推动长三角地区经济高质量发展、促进全球绿色包装产业的可持续发展贡献我们的一份力量。同时，我们也希望通过本报告的发布，进一步引起社会各界对绿色包装的关注，形成全社会共同参与、共同推动绿色包装产业发展的良好氛围。让我们携起手来，共同开创绿色包装产业的美好未来！

中国包装联合会参事会副主席
上海市包装技术协会创始人、名誉会长

目录

第一章 行业产业报告 ... 001

长三角包装制品企业绿色发展问卷调查研究 ... 003

2022年度上海包装产业年度运行报告 ... 016

消费者对绿色包装发展的认知态度调查 ... 033

第二章 行业发展趋势分析 ... 051

关于加快建设现代化绿色包装产业体系的几点思考 ... 053

长三角PET饮料瓶废弃量与回收利用率分析评估 ... 059

植物纤维模塑创新技术与发展趋势 ... 088

中国建设具有国际影响力的"碳交易、碳定价、碳金融中心"思考：
  以上海为例 ... 103

包装行业绿色转型的底层逻辑与应对举措 ... 113

塑造绿色未来：电子电器产品的环保包装创新与趋势 ... 123

第三章 行业标准及政策解读 ... 133

《上海市绿色包装产品认证实施规则》系列标准解读 ... 135

《产品包装碳排放核算方法与规则》标准解读 ... 141

"双碳"目标背景下绿色包装政策分析及企业应对策略　　146

环境影响与包装行业的环保政策转向　　156

第四章　行业技术探述　　165

生物质材料在绿色包装中的应用探讨　　167

随机振动高斯分布与非高斯分布激振对电脑一体机商品运输
　包装影响的研究　　178

检测回收 PET 饮料瓶中危害物前处理方法研究　　188

常用回收塑料用于食品包装的化学安全性分析　　197

低碳绿色化包装设计思路与应用案例　　208

绿色包装数字孪生与三维仿生优化设计　　215

基于知识图谱的国内塑料包装研究可视化分析　　221

第五章　行业典型案例　　243

数智科技、绿色生态：纸包装的创新解决方案　　245

科技创新引领包装产业数字化时代　　251

"内外联动""双轮驱动"引领金属包装产业绿色转型发展　　256

科技创新赋能可持续食品包装　　263

创新环境友好产品研发新路径　拓展生物降解新材料消费场景　　267

先进制造业和现代服务业融合发展推动数智化转型　　271

创新快递包装　助力循环经济　　275

探索可回收包装试点　促成资源循环利用再生闭环　　278

践行绿色发展理念　推动企业创新转型　　282

第一章
行业产业报告

长三角包装制品企业绿色发展问卷调查研究

上海市包装技术协会

浙江省包装联合会

上海市绿色包装专业技术服务平台

绿色包装是改善生态环境的重要举措之一，开发低碳环保的包装制品是未来的发展趋势，同时也是实现循环经济的重要途径。为了了解当前包装制品企业在绿色化转型进程中的现状与认知态度，本报告以2023年3—4月开展的长三角地区包装制品企业绿色发展调查的数据为基础，对当前绿色包装的发展现状进行综合分析与总结，致力于为全行业开展绿色设计、绿色生产、绿色供应链提供知识服务与智力支持，积极推动我国包装行业践行绿色发展理念，实现可持续发展。

一、长三角包装制品企业绿色发展状况

（一）调查样本概况

本次调查由上海市包装技术协会、浙江省包装联合会联合上海出版印刷高等专科学校"上海市绿色包装专业技术服务平台"共同推进相关调查数据的收集整理工作，面向江浙沪皖地区的包装行业企业进行问卷发放，得到了长三角地区行业企业的大力支持和积极响应。调查问卷采用网络问卷形式进行发放，共回收问卷220份，共回收有效问卷208份，有效率为94.5%，对最终的样本数据进行整

理汇总，并进行数据分析。本研究将通过 SPSS、Finebi、Excel 软件对问卷数据进行样本频率分析、多重响应分析、绘制统计图。

问卷旨在了解当前长三角包装制品企业的基本情况、企业的绿色包装发展现状，以及企业对绿色包装的认知态度，并根据相关理论知识设计调查问卷。问卷内容上，第一部分为长三角地区包装制品企业的基本信息变量，包括企业性质、企业规模、企业营收规模、企业经营性质四个题项；第二部分为当前长三角包装制品企业的绿色发展现状分析，包括长三角包装制品企业涉及的业务、下游产品领域、相关包装产品的销售地域、企业绿色生产现状等题项；第三部分为长三角地区包装制品企业对绿色发展的认知态度分析，包括绿色包装战略对企业生产成本影响、绿色包装生产线的投资意向、绿色包装制造方面人才稀缺情况、与研究机构共同开展绿色包装研发现状、开展绿色化包装意向、开展绿色化包装最重要的任务、实施绿色包装改革的难点等题项。题项结构方面，采用了单选题、多选题和排序题的形式体现。

参与调查的包装制品企业均在长三角地区，企业分布情况如表 1 所示。从各个变量的频率分析结果可以看出，本次调查中，民营企业最多，有 137 家，比例为 65.87%，其次为国有企业 23 家，占比 11.06%，中外合资企业和港、澳、台资企业相对较少；在企业规模方面，占比靠前的是 1~50 人的企业（32.69%）和 500 人以上的企业（23.08%）；在企业营收规模方面，营收在 2000 万~8000 万元的企业最多，占 23.08%。营收在 200 万元以下的企业较少，占比为 0.96%。企业的经营性质方面，各类形态兼有的企业最多，占比为 62.02%。生产制造型企业占比为 21.15%。其次为 B-C 零售型企业，占比 11.06%。B-B 贸易型企业相对较少，占比为 5.77%。

表 1-1　长三角包装制品企业变量分布

长三角包装制品企业变量	选项	频率	百分比 /%
企业性质	民营企业	137	65.87
	国有企业	23	11.06
	上市公司	13	6.25
	中外合资企业	8	3.85
	港、澳、台资企业	9	4.33
	外商独资企业	18	8.64
企业规模	1～50 人	68	32.69
	51～100 人	42	20.19
	101～200 人	25	12.02
	200～500 人	25	12.02
	500 人以上	48	23.08
企业营收规模	200 万元以下	2	0.96
	201 万～500 万元	14	6.73
	500 万～2000 万元	35	16.83
	2000 万～8000 万元	48	23.08
	8000 万～15000 万元	31	14.90
	15000 万～50000 万元	43	20.67
	50000 万元以上	35	16.83
企业经营性质	B-C 零售型	23	11.06
	B-B 贸易型	12	5.77
	生产制造型	44	21.15
	各类形态兼有	129	62.02

（二）长三角包装制品企业绿色发展状况

长三角包装制品企业涉及的业务按业务量大小进行排序的调查结果如图 1-1 所示。图 1-1 按各选项权重数值的平均值大小进行排列，所得出的权重平均值代表选项被选中的顺序，权重值越大，该选项的排序就越靠前。从图 1-1 可知，参与本次调研的长三角包装制品企业中，企业涉及的业务排名由大到小的依次顺序为：纸包装＞塑料包装＞玻璃包装＞其他类型材质＞金属包装＞木包装。可以看出，纸包装、塑料包装、玻璃包装这几种行业的业务量在企业中占据主要位置。

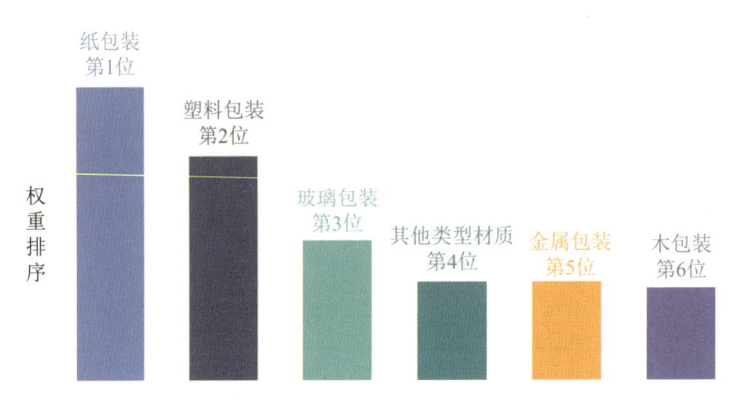

图 1-1　长三角包装制品企业涉及的业务权重排序分析

长三角包装制品企业相关包装产品的销售地域如图 1-2 所示。图中文本越大的代表占比数值越大。从图中可以看出，华东地区是销售最大的地域，占比为 20%，接下来是占比为 15% 的华南地区与占比为 14% 的华中地区，销售地域最小的是港澳台地区（7%）。

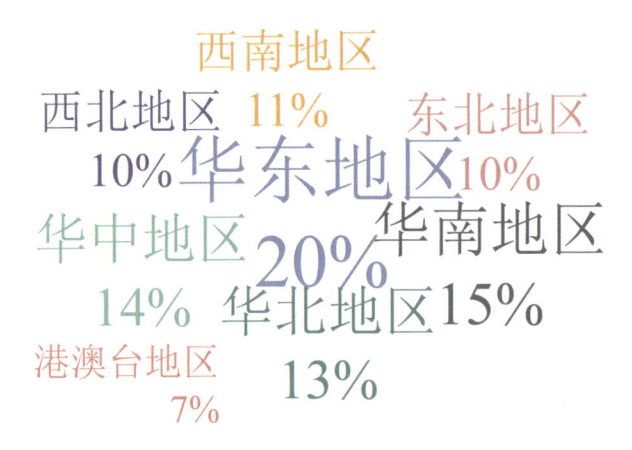

图 1-2　长三角包装制品企业相关包装产品的销售地域分析

长三角包装制品企业的下游产品领域调查结果如图 1-3 所示。从调查结果来看，食品占比最高，为 15%。其次是工业设备、工业用品和医疗、保健品，占比均为12%。接下来，占比排在第三的产品为电子、电器类产品和饮料，比例为11%。长三角包装制品企业涉及较少的是纺织服装类产品，占比为5%。

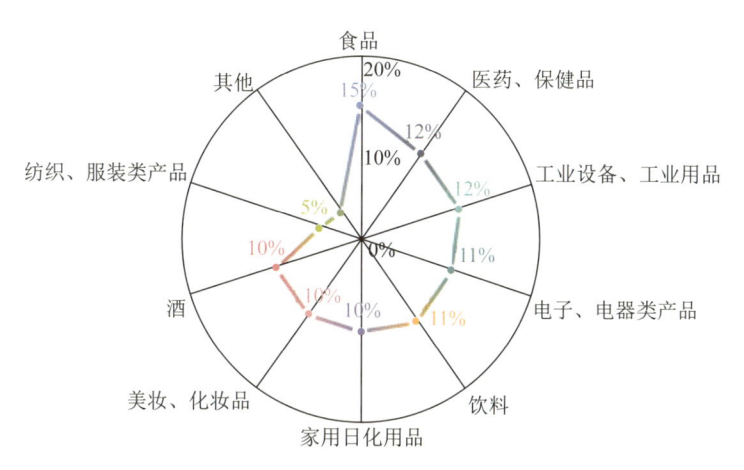

图1-3　长三角包装制品企业的下游产品领域调查

绿色包装相关产品在企业的整个产品体系中的销售占比调查如图1-4所示。从图中可以看出，绿色包装相关产品销售占比最高的是10%～30%，比例为30%。30%～50%以及10%以下的企业占比也排在前列，比例均为27%。其次，9%的企业销售的绿色包装相关产品占比为50%～80%。仅有7%的企业销售的绿色包装相关产品占比在80%以上。

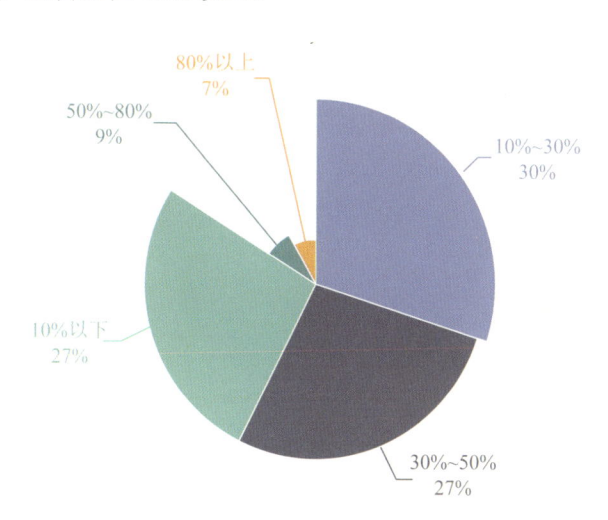

图1-4　绿色包装相关产品在企业整个产品体系中的销售占比调查

长三角包装制品企业成立绿色生产责任小组的情况调查如图1-5所示。在是否成立了绿色生产责任小组调查来看，有41%的企业正在考虑成立绿色生产责任小组。32%的企业已经成立了绿色生产责任小组，但仍有27%的企业表示没有成立绿色生产责任小组。

图1-5　企业成立绿色生产责任小组情况调查

长三角包装制品企业设定绿色化生产时限的情况调查如图1-6所示。32%的企业表示已经设定绿色化生产时限。41%的企业已考虑设定绿色化生产时限，但还未正式实施。还有27%的企业表示没有设定绿色化生产时限。

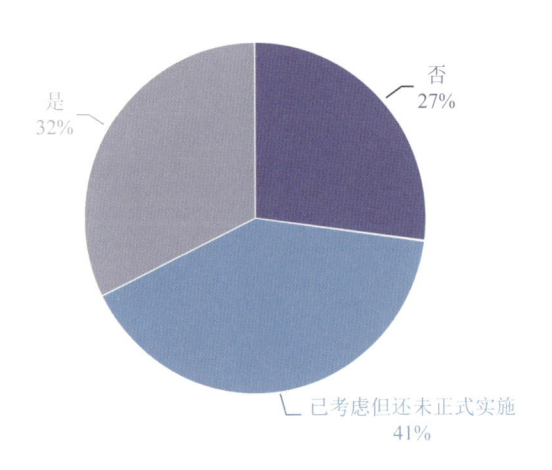

图1-6　企业设定绿色化生产时限情况调查

长三角包装制品企业参与绿色生产相关政府补助情况调查如图1-7所示。有44%的企业表示还未参与绿色生产相关政府补助，这类企业占比最高。34%的企业正在考虑。仅有22%的企业参与了国家补助的绿色减排、绿色包装生产等相关政府补助。

是	已考虑但还未正式实施	否
22%	34%	44%

图1-7 长三角包装制品企业参与绿色生产相关政府补助情况调查

（三）长三角包装制品企业对绿色发展的认知态度

实施绿色包装相关战略对企业生产成本上升的认知调查如图1-8所示。从图1-8中可以看出，绝大多数企业认为实施绿色包装相关战略会带来企业生产成本的上升。其中，认为略微影响和显著影响的占比均达到47%。仅有6%的企业认为实施绿色包装相关战略不会使企业的生产成本上升。

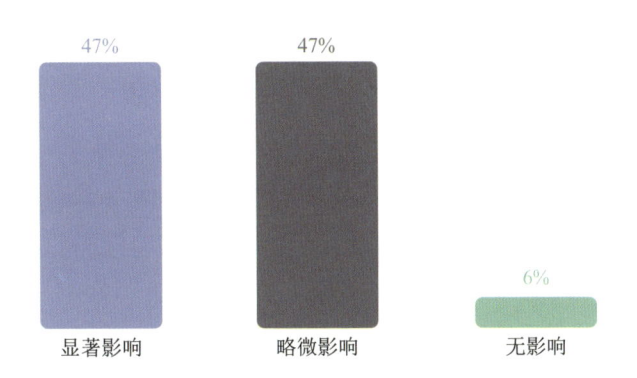

显著影响	略微影响	无影响
47%	47%	6%

图1-8 实施绿色包装相关战略对企业生产成本上升的认知调查

对不同经营性质的企业开展绿色包装研发的意向调查结果如图1-9所示。从图中可以看出，已经涉及绿色包装自主研发工作的企业在四类企业中的占比均为最高。其中，B-C零售型企业中已经涉及绿色包装的自主研发工作的最多，占比为83%。在生产制造型企业中，有9%的企业表示无意向参与绿色包装的合作研发工作。

经营性质/开展绿色包装研发的现状	频数占比
B-B贸易型	
已经涉及合作研发	35%
已经涉及自主研发	39%
有意向	26%
B-C零售型	
已经涉及自主研发	83%
有意向	17%
生产制造型	
已经涉及合作研发	19%
已经涉及自主研发	40%
有意向	32%
无意向	9%
各类形态兼有	
已经涉及合作研发	14%
已经涉及自主研发	45%
有意向	41%

图 1-9　不同经营性质企业开展绿色包装研发的意向调查

企业在五年内投资绿色包装生产线的意向调查如图 1-10 所示。依据不同的企业经营性质分类的结果，B-B 贸易型的企业表示对五年内投资绿色包装生产线的意向不清楚的比例最高，占比为 5%。在 B-C 零售型企业中，有意向在五年内投资绿色包装生产线的企业占比与无意向的企业占比均为 3%。在各类形态兼有的企业以及生产制造型企业中，对投资绿色包装生产线有意向的企业均占比最高，比例分别为 10%、28%。

企业在绿色生产、绿色包装制造方面人才稀缺情况调查如图 1-11 所示，绝大多数企业认为企业在绿色化生产方面存在人才稀缺情况，占比达到 73%。仅有 9% 的企业认为在企业人才方面能满足绿色化生产的需求。另外，有 18% 的企业对绿色化生产方面的人才需求表示不清楚。

企业与相关高校、研究机构共同制定相关的技术标准、开展研发绿色包装相关活动调查如图 1-12 所示。41% 的企业已经与相关高校、研究机构合作共同制定绿色包装技术标准。有 28% 的企业还没有开始与高校、研究机构就共同制定绿色包装技术标准事宜开展合作。还有 31% 的企业表示已有这方面的初步意向。

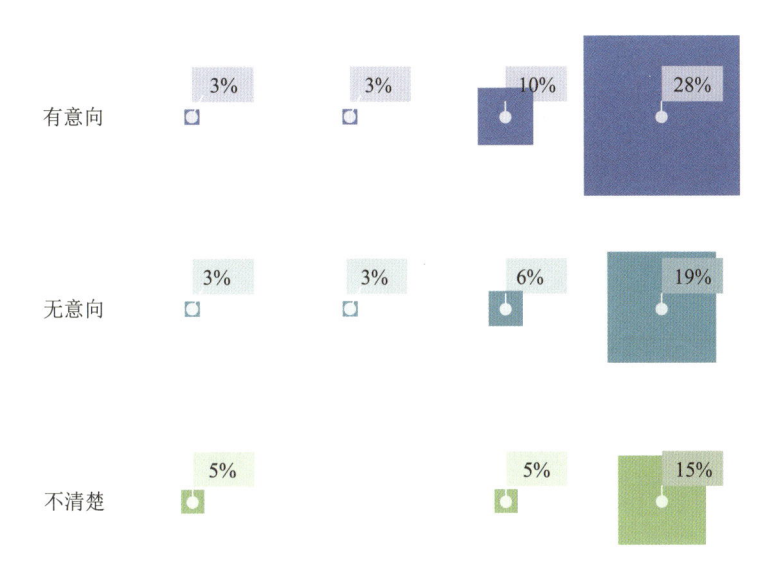

	B-B贸易型	B-C零售型	各类形态兼有	生产制造型
有意向	3%	3%	10%	28%
无意向	3%	3%	6%	19%
不清楚	5%		5%	15%

图 1-10　不同经营性质企业在五年内投资绿色包装生产线的意向调查

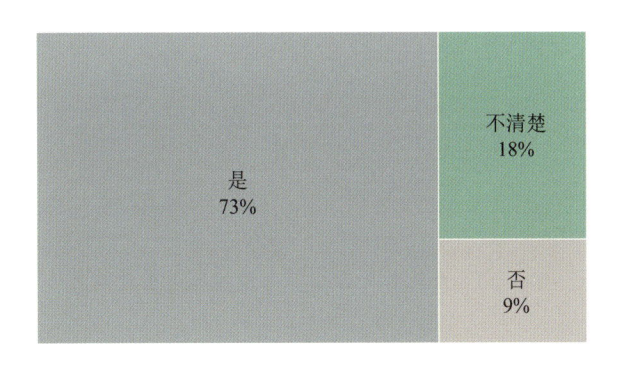

是 73%	不清楚 18%
	否 9%

图 1-11　企业在绿色生产、绿色包装制造方面人才稀缺情况调查

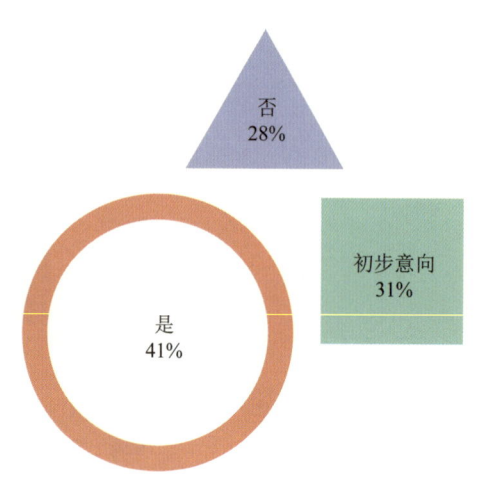

图 1-12　企业与高校、研究机构共同开展绿色包装研发的调查

企业参与环境社会和公司治理（ESG）报告撰写和发布的调查如图 1-13 所示。从图中可以看出，大多数企业还未参与或主导 ESG 报告的撰写和发布，这部分企业占比达到了 54%。仅有 14% 的企业参与过 ESG 报告的撰写和发布。

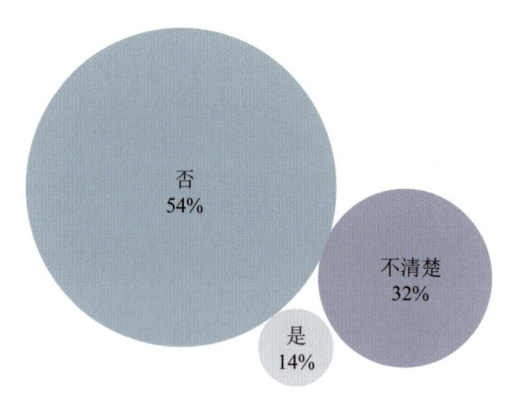

图 1-13　企业参与 ESG 报告撰写和发布的调查

企业开展绿色化包装意向调查结果如图 1-14 所示。在是否有意向对产品进行全生命周期评价（LCA）调查来看，大多数企业（占比 53%）表示愿意通过对产品进行全生命周期评价来帮助企业实现绿色化改进。30% 的企业正在考虑对产品进行全生命周期评价。有 16% 的企业还没有这方面的意愿。

| 是 53% | 对产品进行全生命周期评价 正在考虑 30% | LCA意向调查 否 16% |

图 1-14　企业开展绿色化包装意向调查

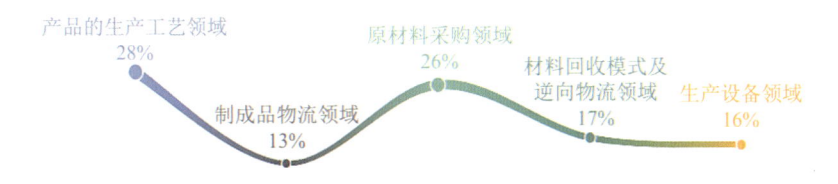

企业开展绿色化转型需要重点关注的产业领域调查如图 1-15 所示。从图中可以看出，28% 的企业认为开展绿色化转型需要重点关注产品的生产工艺领域。有 26% 的企业认为开展绿色化转型需要重点关注原材料采购领域。17% 的企业表示开展绿色化转型需要重点关注材料回收模式及逆向物流。16% 的企业认为开展绿色化转型需要重点关注生产设备领域。还有 13% 的企业认为制成品物流领域是当前企业开展绿色化转型需要重点关注的产业领域。

产品的生产工艺领域 28%
制成品物流领域 13%
原材料采购领域 26%
材料回收模式及逆向物流领域 17%
生产设备领域 16%

图 1-15　企业开展绿色化转型需要重点关注的产业领域调查

企业开展绿色化包装最重要的任务调查如图 1-16 所示。根据调查，30% 的企业认为包装制品的可循环是开展绿色化包装最重要的任务。分别有 24% 的企业认为开展绿色化包装最重要的任务是包装材料的可降解及包装可再利用。22% 的企业认为包装废弃物的可回收是开展绿色化包装最重要的任务。

| 30% | 24% | 24% | 22% |
| 包装制品的可循环 | 包装材料的可降解 | 包装可再利用 | 包装废弃物的可回收 |

图 1-16　企业开展绿色化包装最重要的任务调查

企业实施绿色包装改革的难点调查如图 1-17 所示。从图中可以看出，25%

的企业认为实施绿色包装改革的难点在于生产工艺改进对于企业运营成本增加影响太大。有 21% 的企业认为基础材料短期内无法绿色化是实施绿色包装改革的难点。20% 的企业表示市场缺乏全生命周期量化评价绿色包装的理念是实施绿色包装改革的难点。19% 的企业认为成本远高于现有包装，消费端无法接受。15% 的企业认为工厂现有条件无法实施绿色生产是当前实施绿色包装改革的难点。

生产工艺改进对于企业运营成本增加影响太大 25%

基础材料短期内无法绿色化 21%

市场缺乏全生命周期量化评价绿色包装的理念 20%

绿色包装成本远高于现有包装，消费端无法接受 19%

工厂现有条件无法实施绿色生产 15%

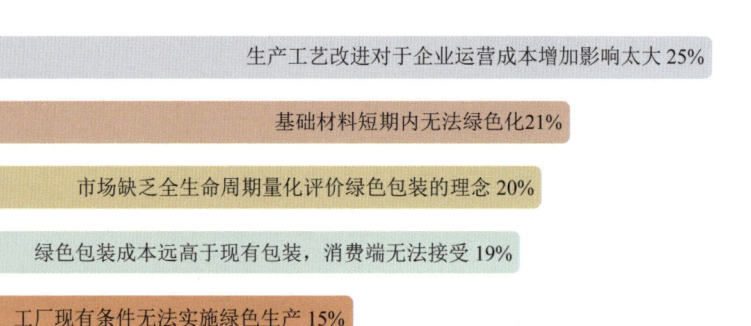

图 1-17　企业实施绿色包装改革的难点调查

二、结论

当前长三角包装制品企业涉及的行业中，塑料包装的业务量占据着重要比例，已成为包装产业业务中的主力军。企业可从创新和研发塑料新材料和新加工技术，确保塑料包装材料的无毒、卫生及环保，利用技术创新使塑料包装材料性能提升，使更多性能优异的塑料成为包装材料。同时，要提高和改进塑料回收利用加工技术，最大限度地对废弃塑料进行回收利用，使塑料包装材料回收利用率大幅提升，消除塑料包装材料造成白色污染的隐患。

包装制品企业对于绿色发展的态度认知还有待提升。在绿色发展战略的指引下，部分长三角包装制品企业纷纷采取应对措施，通过成立绿色生产责任小组、设定绿色化生产时限、实施绿色化包装生产等方式来推动快递包装循环利用、助力绿色发展。但仍有相当一部分包装制作企业表示还未实施绿色化包装计划，这也反映出仍需加强企业对绿色低碳发展理念的响应。包装制品企业应充分认识到绿色包装的重要性，履行社会责任。向市场供给更高质量、更加绿色环保低碳的包装，共同营造简约适度、低碳环保、绿色发展的良好氛围，做绿色包装的先行者、实践者和倡导者。

在践行绿色发展战略的同时。绝大多数企业认为实施绿色包装相关战略会造成企业生产成本上升。推动快递包装绿色转型，需要全链条发力，从各个环节降本增效。同时加强科技创新，从源头上降低成本。政府相关部门可考虑实行政府补贴性奖励政策，鼓励企业研发环保型包装材料，推进包装绿色化、减量化、循环化。长三角地区的企业和政府部门需要更加紧密地合作，形成产学研用一体化的合作机制，加强技术创新和产业链协同，推动绿色包装产业的健康发展。

现如今包装行业产业转型诉求多，人才严重匮乏。调查结果显示，许多企业表示当前绿色技能人才远不能满足企业需求，这反映出当前人才教育和培养始终跟不上产业转型发展的脚步。包装行业要实现可持续发展，必须实现产业转型升级。要实现这一目标，就得以高水平、高素质的专业人才作支撑。产业转型对人才的需要是复合型的，要求人才文化视野开阔、设计创新能力强。建设高校与企业推行"产教联合"的育人模式，从而为高质量的包装行业人才培养提供坚实保证。

"双碳"背景下，包装行业积极践行低碳绿色发展，既是企业承担社会责任的方式，也是企业顺应时代需求的发展策略。提升我国包装企业绿色化发展，应加大宣传力度，提高包装企业社会责任意识；健全政策层面的鼓励保障工作；增强绿色包装技术实力，创新绿色包装材料，从源头实现减量；将绿色包装工作落到实处，全力推动我国包装行业高质量地向绿色环保发展。

2022 年度上海包装产业年度运行报告

上海市包装技术协会

根据中国包装联合会数据统计，2022 年，我国包装行业规模以上企业（年营业收入 2000 万元及以上全部工业法人企业）9860 家，企业数比上年增加 1029 家，累计完成营业收入 12293.34 亿元，同比减少 0.70%。增速比上年同期下降了 15.69 个百分点。其中，塑料薄膜制造完成累计主营业务收入 3822.01 亿元（占 31.09%），同比增长 4.19%；纸和纸板容器制造完成累计主营业务收入 3045.47 亿元（占 24.77%），同比减少 5.01%；塑料包装箱及容器制造完成累计主营业务收入 1811.05 亿元（占 14.73%），同比减少 5.30%；金属包装容器及材料制造完成累计主营业务收入 1500.52 亿元（占 12.21%），同比增长 5.17%；塑料加工专用设备制造完成累计主营业务收入 914.31 亿元（占 7.44%），同比减少 7.64%；玻璃包装容器制造完成累计主营业务收入 764.56 亿元（占 6.22%），同比增长 4.32%；软木制品及其他木制品制造完成累计主营业务收入 435.42 亿元（占 3.54%），同比减少 1.98%。全国包装产业经济运行情况如表 1-2 所示。

表 1-2 2022 年全国包装行业主营业务收入分行业情况

行业	主营业务收入 / 亿元	占比 /%	比 2020 年增长 /%
全国包装行业	12293.34	100.00	-0.70
纸和纸板容器	3045.47	24.77	-5.01
塑料薄膜	3822.01	31.09	4.19
塑料包装箱及容器	1811.05	14.73	-5.30

续表

行业	主营业务收入/亿元	占比/%	比2020年增长/%
金属包装容器及材料	1500.52	12.21	5.17
塑料加工专用设备制造	914.31	7.44	−7.64
玻璃包装容器	764.56	6.22	4.32
软木制品及其他木制品	435.42	3.54	−1.98

2022年，全国包装行业规模以上企业累计完成营业收入12293.34亿元，同比增长−0.70%。增速比上年同期下降了15.69个百分点。2022年，全国包装行业规模以上企业累计完成利润总额631.07亿元，同比减少14.01%。增速比上年同期下降了27.53个百分点。其中，塑料薄膜制造完成累计利润总额214.02亿元（占33.91%），同比减少18.10%；纸和纸板容器的制造完成累计利润总额113.77亿元（占18.03%），同比减少15.61%；塑料包装箱及容器制造完成累计利润总额94.60亿元（占14.99%），同比减少16.70%；塑料加工专用设备制造完成累计利润总额87.38亿元（占13.85%），同比减少11.72%；金属包装容器及材料制造完成累计利润总额61.59亿元（占9.76%），同比增长3.35%；玻璃包装容器制造完成累计利润总额33.20亿元（占5.26%），同比减少27.33%；软木制品及其他木制品制造完成累计利润总额26.52亿元（占4.20%），同比增长33.03%。2020—2022年全国包装行业连续三年月度营业收入对比如图1-18所示。

图1-18　2020—2022年全国包装行业连续三年月度营业收入对比

其中塑料薄膜制造完成累计主营业务收入3822.01亿元（占31.09%），

同比增长 4.19%；纸和纸板容器制造完成累计主营业务收入 3045.47 亿元（占 24.77%），同比增长 -5.01%；塑料包装箱及容器制造完成累计主营业务收入 1811.05 亿元（占 14.73%），同比增长 -5.30%；金属包装容器及材料制造完成累计主营业务收入 1500.52 亿元（占 12.21%），同比增长 5.17%；塑料加工专用设备制造完成累计主营业务收入 914.31 亿元（占 7.44%），同比增长 -7.64%；玻璃包装容器制造完成累计主营业务收入 764.56 亿元（占 6.22%），同比增长 4.32%；软木制品及其他木制品制造完成累计主营业务收入 435.42 亿元（占 3.54%），同比增长 -1.98%。全国包装行业累计营业收入行业小类同比增长情况如图 1-19 所示。

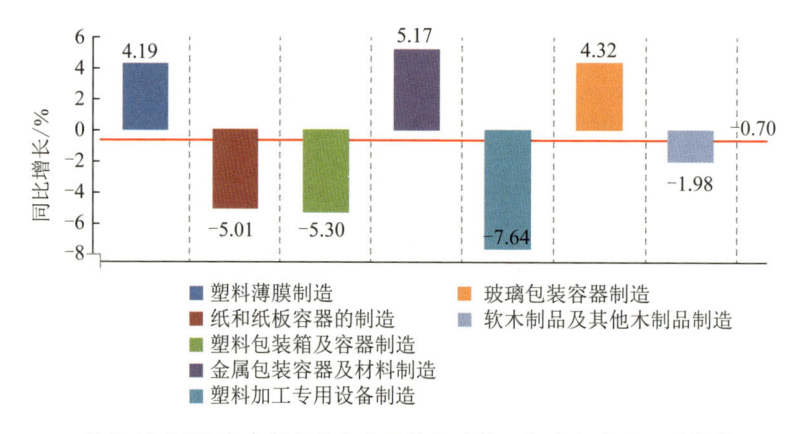

图 1-19　2022 年全国包装行业累计营业收入行业小类同比增长情况

2022 年，全国包装行业规模以上企业累计完成利润总额 631.07 亿元，同比增长 -14.01%。增速比上年同期下降了 27.53 个百分点。

一、上海包装产业经济运行基本情况

2022 年上海包装行业面对复杂严峻的外部环境和上半年本土突发疫情等超预期因素带来的严重冲击，全行业义不容辞全力抗击疫情，齐心协力，求变前行，攻坚克难，为包装行业经济运行尽快回归正常轨道做出了巨大的努力。2022 年度疫情的局部蔓延对行业经济运行造成严重影响，但经过全行业各企业的积极应对和艰苦努力，行业经济运行总体呈现回升态势，2022 年上海包装工业总产值约 1150 亿元。

2022 年度包装全行业产值与 2021 年同期相比减少 8%～9%，虽然第三季度包装全行业产值与 2021 年同期相比增加了 3% 左右，运行趋势基本平稳，但主要还是 7、8 月份与 2021 年同期相比增加 5%～6% 的贡献，9 月份已经比上年同期减少 1.80%，数据回升的力度仍然比较疲软。第四季度运行又有下降趋势，12 月份包装全行业产值与 2021 年同期相比减少 12.60% 左右。

（一）包装和主要服务的相关行业年度销售收入情况

包装主要服务的相关行业年度销售产值为 8497.56 亿元，比 2021 年同期减少 0.8%。轻工全行业年度销售产值为 5960.07 亿元，比 2021 年同期减少 0.70%，由于轻工业中的电池制造子行业比上年增长 162.50%，多了 320 亿元，若剔除此子行业，轻工业销售产值比 2021 年同期减少 6.26%。包装和主要服务的相关行业 2022 年度销售收入情况见表 1-3。

表 1-3　包装和主要服务的相关行业 2022 年度销售收入情况

	2022 年销售产值 / 亿元	2021 年销售产值 / 亿元	同比增长 /%
总计	39292.22	38835.17	1.20
医药	1097.02	1084.57	1.10
轻工	5960.07	6003.12	-0.70
烟草	1037.54	1022.86	1.40
纺织	402.93	457.44	-11.90
相关行业小计	8497.56	8567.99	-0.80

轻工业中与包装相关行业年度销售产值为 3088.90 亿元，比 2021 年同期减少 8.26%。在年度数据可以看到造纸及纸制品业年度销售产值为 223.90 亿元，比 2021 年同期减少 18.10%；印刷和记录媒介复制业年度销售产值为 181.52 亿元，

比 2021 年同期减少 15.70%；塑料制品业年度销售产值为 788.52 亿元，比 2021 年同期减少 6.80%。轻工与包装的相关行业 2022 年度销售收入情况见表 1-4。

表 1-4　轻工与包装的相关行业 2022 年度销售收入情况

	2022 年销售产值 / 亿元	2021 年销售产值 / 亿元	同比增长 /%
轻工：	5960.07	6003.12	-0.70
13. 农副食品加工业	371.93	386.32	-3.70
141. 焙烤食品制造	234.32	229.66	2.00
142. 糖果、巧克力及蜜饯制造	61.17	72.89	-16.10
143. 方便食品制造	67.65	75.12	-9.90
144. 乳制品制造	82.98	91.33	-9.10
145. 罐头食品制造	5.35	8.71	-38.60
146. 调味品、发酵制品制造	96.95	107.34	-9.70
149. 其他食品制造	211.85	225.32	-6.00
151. 酒的制造	13.89	16.84	-17.50
152. 饮料制造	91.11	98.54	-7.50
153. 精制茶加工	0.59	0.60	-0.50
20. 木材加工及木、竹、藤、棕、草制品业	36.05	45.41	-20.60
22. 造纸及纸制品业	223.90	273.25	-18.10
23. 印刷和记录媒介复制业	181.52	215.30	-15.70
268. 日用化学产品制造业	325.50	391.84	-16.90
292. 塑料制品业	788.52	845.73	-6.80
3055. 玻璃包装容器制造	0.72	0.74	-2.30
338. 金属制日用品制造	41.94	51.61	-18.70
3531. 食品、酒、饮料及茶生产专用设备制造	30.89	36.05	-14.30
3532. 农副食品加工专用设备制造	5.04	6.51	-22.50
3534. 饲料生产专用设备制造	4.19	2.90	44.30
354. 印刷、制药、日化及日用品生产专用设备制造	212.84	185.11	15.00
轻工相关的行业小计	3088.90	3367.10	-8.26

由于受到 2022 年上半年度包装全行业产值与 2021 年同期相比减少 20% 以上的影响，2022 年度包装全行业产值与 2021 年同期相比减少 8%～9%。包装相关行业 2022 年度销售收入情况见表 1-5。

表 1-5 包装相关行业 2022 年度销售收入情况

	2022 年销售产值 / 亿元	2021 年销售产值 / 亿元	同比增长 /%
轻工：	5960.07	6003.12	-0.70
20. 木材加工及木、竹、藤、棕、草制品业	36.05	45.41	-20.60
22. 造纸及纸制品业	223.90	273.25	-18.10
23. 印刷和记录媒介复制业	181.52	215.30	-15.70
292. 塑料制品业	788.52	845.73	-6.80
3055. 玻璃包装容器制造	0.72	0.74	-2.30
338. 金属制日用品制造	41.94	51.61	-18.70
3531. 食品、酒、饮料及茶生产专用设备制造	30.89	36.05	-14.30
3532. 农副食品加工专用设备制造	5.04	6.51	-22.50
3534. 饲料生产专用设备制造	4.19	2.90	44.30
354. 印刷、制药、日化及日用品生产专用设备制造	212.84	185.11	15.00
包装相关的行业小计	1525.60	1662.60	-8.26

（二）包装和主要服务的相关行业年度经济运行数据情况

包装主要服务的相关行业年度营业收入为 1795.72 亿元，比 2021 年同期减少 5.7%。营业成本为 1449.93 亿元，比 2021 年同期减少 4.97%。营业费用为 79.35 亿元，比 2021 年同期减少 9.29%。营业税金及附加为 7.2 亿元，比 2021 年同期增加 10.14%。具体数据见表 1-6。

包装主要服务的相关行业年度管理费用为 121.56 亿元，比 2021 年同期减少 1.94%。财务费用为 1.80 亿元，比 2021 年同期减少 69.25%。盈利企业盈利额为 151.01 亿元，比 2021 年同期减少 2.26%。亏损企业亏损额为 18.34 亿元，比 2021 年同期增加 36.74%。

表 1-6 包装相关行业 2022 年度经济数据统计表（1）

	营业收入/亿元	营业收入/(上年)/亿元	同比/%	营业成本/亿元	营业成本/(上年)/亿元	同比/%	营业费用/亿元	营业费用/(上年)/亿元	同比/%	营业税金及附加/亿元	营业税金及附加/(上年)/亿元	同比/%
20. 木材加工及木、竹、藤、棕、草制品业	42.58	52.16	-18.36	34.74	42.71	-18.65	1.56	1.61	-3.43	0.37	0.56	-33.61
22. 造纸及纸制品业	287.92	336.03	-14.32	229.99	267.07	-13.89	24.56	27.05	-9.21	1.12	1.12	0.44
23. 印刷和记录媒介复制业	209.77	232.56	-9.80	171.04	187.12	-8.59	6.72	7.59	-11.44	1.04	0.97	7.17
292. 塑料制品业	948.44	985.78	-3.79	777.88	800.33	-2.81	34.41	39.50	-12.87	3.52	2.84	23.92
3055. 玻璃包装容器制造	0.72	0.90	-20.18	0.52	0.68	-24.72	0.01	0.01	-32.73	0.00	0.00	-27.09
338. 金属制日用品制造	52.51	60.52	-13.24	43.87	50.87	-13.75	1.83	1.97	-7.10	0.13	0.12	11.44
3531. 食品、酒、饮料及茶生产专用设备制造	33.59	38.90	-13.65	24.47	27.88	-12.26	1.32	1.32	0.67	0.16	0.17	-7.95
354. 印刷、制药、日化及日用品生产专用设备制造	220.20	197.34	11.58	167.42	149.00	12.36	8.94	8.43	6.04	0.85	0.75	13.07
总计	1795.72	1904.18	-5.70	1449.93	1525.68	-4.97	79.35	87.48	-9.29	7.20	6.54	10.14

表 1-7 包装相关行业 2022 年度经济数据统计表（2）

	管理费用/亿元	管理费用（上年）/亿元	同比/%	财务费用/亿元	财务费用（上年）/亿元	同比/%	盈利企业赢利额/亿元	盈利企业盈利额（上年）/亿元	同比/%	亏损企业亏损额/亿元	亏损企业亏损额（上年）/亿元	同比/%
20.木材加工及木、竹、藤、棕、草制品业	3.77	3.86	-2.33	-0.08	0.16	-149.40	2.28	3.33	-31.50	0.38	0.29	31.02
22.造纸及纸制品业	16.85	17.72	-4.94	0.14	0.48	-70.32	17.25	23.60	-26.92	2.65	1.97	34.16
23.印刷和记录媒介复制业	26.16	27.03	-3.23	-0.34	0.34	-201.39	8.58	11.76	-27.07	5.72	3.69	54.85
292.塑料制品业	51.67	52.84	-2.22	1.99	4.55	-56.34	91.92	85.37	7.68	7.10	6.22	14.11
3055.玻璃包装容器制造	0.13	0.15	-16.58	0.00	0.00	36.05	0.04	0.02	84.83	0.00	0.02	
338.金属制日用品制造	4.34	4.71	-7.79	0.20	0.34	-41.85	2.45	2.70	-9.10	0.44	0.18	144.47
3531.食品、酒、饮料及茶生产专用设备制造	3.45	3.61	-4.32	0.03	-0.05	-149.32	4.06	5.59	-27.45	0.81	0.13	516.01
354.印刷、制药、日化及日用品生产专用设备制造	15.20	14.05	8.21	-0.14	0.02	-1046.79	24.42	22.12	10.42	1.23	0.90	36.79
总计	121.56	123.97	-1.94	1.80	5.84	-69.25	151.01	154.50	-2.26	18.34	13.41	36.74

表 1-8　包装相关行业 2022 年度经济数据统计表（3）

	利润总额/亿元	利润总额（上年）/亿元	同比/%	资产总计/亿元	资产总计（上年）/亿元	同比/%	应收账款/亿元	应收账款（上年）/亿元	同比/%	产成品/亿元	产成品（上年）/亿元	同比/%
20. 木材加工及木、竹、藤、棕、草制品业	1.90	3.04	-37.50	52.28	57.23	-8.66	10.98	12.73	-13.78	3.05	2.72	12.10
22. 造纸及纸制品业	14.60	21.63	-32.50	285.58	290.95	-1.85	62.51	65.91	-5.16	13.88	16.08	-13.67
23. 印刷和记录媒介复制业	2.86	8.07	-64.55	282.58	277.91	1.68	44.92	47.00	-4.43	12.49	12.59	-0.77
292. 塑料制品业	84.83	79.15	7.18	1106.36	1070.67	3.33	229.06	221.13	3.59	56.76	53.79	5.52
3055. 玻璃包装容器制造	0.04	0.01	563.14	0.88	0.82	7.32	0.24	0.21	17.46	0.04	0.05	-20.88
338. 金属制日用品制造	2.01	2.52	-20.19	53.02	76.64	-30.82	13.51	14.25	-5.18	3.16	6.21	-49.09
3531. 食品、酒、饮料及茶生产专用设备制造	3.24	5.46	-40.59	49.31	51.77	-4.74	10.05	8.43	19.21	6.69	6.96	-3.81
354. 印刷、制药、日化及日用品生产专用设备制造	23.19	21.22	9.30	324.40	278.96	16.29	40.97	31.20	31.34	21.37	16.38	30.46
总计	132.67	141.08	-5.96	2154.40	2104.96	2.35	412.23	400.84	2.84	117.44	114.78	2.32

包装主要服务的相关行业年度利润总额为 132.67 亿元，比 2021 年同期减少 5.96%。资产总计为 2154.4 亿元，比 2021 年同期增加 2.35%。应收账款为 412.23 亿元，比 2021 年同期增加 2.84%。产成品为 117.44 亿元，比 2021 年同期增加 2.32%。

表1-9 包装相关行业2022年度经济数据统计表（4）

	负债总计/亿元	负债总计（上年）/亿元	同比/%	应交增值税/亿元	应交增值税（上年）/亿元	同比/%	税金总额/亿元	上年税金总额/亿元	同比/%	流动资产合计/亿元	上年流动资产合计/亿元	同比/%
20.木材加工及木、竹、藤、棕、草制品业	19.98	25.36	-21.22	0.58	1.25	-54.00	0.95	1.81	-47.67	34.94	39.52	-11.59
22.造纸及纸制品业	130.91	131.17	-0.20	7.74	6.22	24.39	8.86	7.34	20.73	184.24	196.09	-6.04
23.印刷和记录媒介复制业	119.99	116.27	3.20	5.43	6.04	-10.09	6.47	7.01	-7.70	181.63	180.59	0.57
292.塑料制品业	445.19	412.86	7.83	17.79	15.08	17.94	21.31	17.92	18.89	715.16	684.78	4.44
3055.玻璃包装容器制造	0.48	0.47	3.46	0.04	0.04	-4.03	0.04	0.05	-5.31	0.50	0.45	10.44
338.金属制日用品制造	26.92	42.07	-36.01	0.77	0.61	26.18	0.90	0.73	23.83	36.90	53.78	-31.38
3531.食品、酒、饮料及茶生产专用设备制造	28.08	31.12	-9.79	0.88	1.16	-24.22	1.04	1.33	-22.15	44.37	37.59	18.05
354.印刷、制药、日化及日用品生产专用设备制造	172.84	168.73	2.43	2.69	4.30	-37.45	3.54	5.05	-29.90	253.89	219.41	15.72
总计	944.40	928.05	1.76	35.92	34.71	3.48	43.12	41.25	4.53	1451.63	1412.20	2.79

包装主要服务的相关行业年度负债总计为944.40亿元，比2021年同期增加1.76%。应交增值税为35.92亿元，比2021年同期增加3.48%。税金总额为43.12亿元，比2021年同期增加4.53%。流动资产合计为1451.63亿元，比2021年同期增加2.79%。

二、上海包装产业经济运行的主要特点

（一）总体情况

第一，2022年上海包装全行业产值与2021年同期相比减少8%～9%，虽然第三季度包装全行业产值已比2021年同期增加了3%左右，运行趋势基本平稳，但主要还是7、8月份比2021年同期增加5%～6%的贡献，9月份已经比上年同期减少1.8%，数据回升的力度仍然比较疲软。第四季度运行又有下降趋势，12月份包装全行业产值与2021年同期相比减少12.6%左右，行业经济运行前景不容乐观，其原因可能是受到12月突发疫情的影响。

第二，2022年上海突如其来的疫情与长时间封控，造成广大中小包装企业尤其是民营企业经济运行困难重重，绝大多数企业订单减少、利润下降、成本上升、预期减弱，恢复尚需时日。除少数企业外，绝大多数企业的营收低于上年同期，近半数企业出现利润亏损。国际和国内市场需求萎缩导致订单大幅减少，很多企业处于生产运营勉强维系的状态。

第三，第三季度塑料原料价格大幅回落给包装制品企业原料成本压力带来很大缓解，但其他包装原材料价格仍然居高不下。

第四，盈利企业的盈利额仍在下降，亏损企业亏损额仍在上升。当前企业仍然面临着重大困难。比如，包装印刷业实现销售收入同比下降了12%；利润同比下降了40%，其中，盈利企业的盈利额下降了16%，亏损企业亏损额却上升了110%。塑料包装制品加工企业生存艰难，多数企业处于亏损状态，部分企业勉强盈亏平衡，仅有头部企业处于盈利状态。包装主要服务的相关行业年度利润总

额为 132.67 亿元，比 2021 年同期减少 5.96%。

第五，第四季度国际国内经济运行情况并没有较大改观，消费严重不足导致企业订单锐减。10月份、11月份局部地区疫情散发仍然限制物流畅通。12月中旬疫情防控政策调整导致一轮高发式感染对实体企业生产经营造成了进一步的影响。即将临近春节，多数企业选择提前放假或减少产量，或者不接不确定的需要垫资的订单，风险意识明显增加。汇总全年收益，多数企业处于亏损状态，部分企业勉强盈亏平衡，仅有头部企业处于盈利状态。总之，2022 年包装制品加工企业生存艰难。

（二）运行特点

1. 塑料包装行业

第一季度受国际形势影响原料价格高涨给企业带来较大的成本压力。3月下旬开始局部的疫情暴发导致物流受阻，企业供需不畅。

第二季度4—6月全市静态管理，90%的企业选择放假停产员工居家。部分企业由于保供需要在4月初安排部分留守人员食宿厂内闭环生产。一方面这些企业付出了巨大的生产成本；另一方面疫情期间整个物流几乎停滞，原料进不来产品出不去导致企业无法履约造成了违约损失。上半年疫情对于塑料包装企业带来了较大的生存压力，政府免租政策很多企业承租的私人厂房也无法享受。订单丢失短时间内也无法恢复。虽然有部分企业具有周边省份的生产基地，由于上海物流枢纽地位出口产品货柜价格上涨数十倍造成企业海外订单损失，加之主要技术管理人员被封控在家也造成企业外地基地无法高效正常生产。

第三季度塑料原料价格大幅回落给包装制品企业原料成本压力带来很大缓解，但由于国际和国内市场需求减弱导致订单大幅减少，很多企业处于生产运营维系边缘。国家一系列减税降费举措一定程度缓解了企业资金压力，加之金融机构助力信贷优惠使得企业短期资金充沛。现阶段最大的问题是订单锐减导致企业对未来市场信心不足无法加大科研投入和企业扩大再生产。经过调研普遍企业第三季度处于亏损3%～5%的水平，寄希望于年底消费提振促进包装回暖。

第四季度国际国内形势并没有较大改观，消费严重不足导致企业订单锐减。10月份、11月份局部地区疫情散发仍然限制物流畅通。12月中旬一轮高发式感染对实体企业生产经营造成了进一步的影响。临近春节时，多数企业选择减少产量或者不接不确定的需要垫资的订单，风险意识明显增加。汇总全年收益，多数企业处于亏损状态，部分企业勉强盈亏平衡，仅有头部企业处于盈利状态。总之，2022年塑料包装制品加工企业生存艰难。

2. 纸制品包装行业

纸制品包装行业第一、第二季度因为疫情影响生产大幅度下降，第三季度稍有恢复，下半年业务量不足，企业收入减少。2022年纸制品主要困难在于疫情影响严重，订单不足，政府优惠政策对企业帮助不大。包装产业目前产能过剩，但还是有外地包装企业进入上海本地，这样导致价格竞争激烈。亟须尽快恢复市场信心，振兴产业。

3. 包装印刷行业

包装印刷行业2022年上半年因受疫情封控影响，3—6月绝大部分企业的生产、销售基本处于停顿状态。

2022年度，包装印刷业实现销售收入约700亿元，同比下降了12%；实现利润约32亿元，同比下降了40%，其中，盈利企业的盈利额下降了16%，亏损企业亏损额却上升了110%。

2022年上海包装印刷行业仍处于转型"瓶颈"期，由于连续三年受疫情影响，疫情负面效应的累加，造成企业经营困难，发展受阻：疫情造成国际供应链失衡，原材料价格上涨，用工难用工贵，特别是2022年因上海封控三个月，许多上海企业的订单流失到外省市，致使本市企业业务萎缩。还有许多尚未解决的老问题、老难题，如环保问题尚无解决良方，行业的智能化系统体系及实施尚在起步阶段，因包装印刷业既非国家支柱产业，又非高科技前沿产业，更不是金融行业，而是一个非常传统的行业，所以企业的盈利水平原本就很低，行业的平均工资水平长期处于社会经济组织中的一块洼地，由此造成吸引高级人才难，留住人才难。此外，企业实现自我设备改造技术升级难，如在推进智能化、数字化、信息化方面工作时，资金问题就会成为困扰企业的一个拦路虎。而智能化的实现又恰恰是企业解决用工难用工贵、提高企业整体管理效率、生产效率与劳动生产率的一剂良方，类似的很多问题同时出现并交织在一起，使企业步履维艰。

2022年第三季度至第四季度前两个月行业的经济数据虽然比上半年有所改善，但数据回升的力度仍然比较疲软，不容乐观。盈利企业的盈利额仍在下降，亏损企业亏损额仍在延续，加之2022年年底受到疫情影响，部分企业生产、管理瘫痪，给企业的正常运转造成严重影响。当前企业仍然面临着重大困难。亟须政府有针对性地出台一些纾困政策，帮助企业渡过难关。

2022年下年度行业的经济数据虽然比上半年有所向好改善，但数据回升的力度仍然比较疲软，不容乐观。盈利企业的盈利额仍在下降，亏损企业亏损额仍在上升。当前企业仍然面临着重大困难。

4. 包装机械行业

2022年上海受疫情影响，造成广大中小包装机械企业尤其是民营企业经济运行困难重重，绝大多数企业订单减少、利润下降、成本上升、预期减弱，恢复尚需时日。民营企业困难重重，除少数企业外，绝大多数企业的营收低于上年同期，近半数企业出现利润亏损。上海包装机械行业无论在经营和信心上，都遭遇了前所未有的打击和影响。

包装机械既是传统产业，也是高新技术产业，绝大多数企业都是上海市高新技术企业、上海市"专精特新"中小企业、上海市科技"小巨人"企业等；包装机械企业民营企业和外资企业居多，创新活力足、增长潜力大、就业吸纳多、配套能力强，是包装产业自动化、智能化的重要支撑。由于受到上海疫情影响，并面对上海相对较高的各项运行成本，以及周边省市的优惠招商，不少企业已经加快向江浙皖转移搬迁的规划，也有一些外资企业考虑退出上海。

5. 木制品包装行业

2022年上海木包装企业的销售情况差异比较大。几家头部大型公司销售情况较2021年有5%～10%的涨幅。都可以达到亿元级别。但是，部分中小型企业销售业绩下滑比较明显，几乎都要下降20%～30%，平均销售额在1500万元到3000万元左右。主要原因还是客户的产能下降引起的。有些客户在2022年受疫情影响停产，有些客户受成本因素搬迁到外地或东南亚，这些情况都导致产能下降，所以木包装配套的销售额也会下降。

木制品包装行业在2021年木材原材料价格持续高位运行的情况下，在2022年8—9月份又形成一波上涨行情，大概涨幅在10%左右。但到第四季度，木材价格又下跌20%。另一个主要原材料胶合板，全年保持价格稳定，没有大的变动。

木制品包装行业和市场行情、国内经济环境是强相关关系。作为生产配套服务型企业，主要是给上游客户进行包装配套的，所以木包装企业生产量的大小，取决于客户的出货量和客户的行业属性。木制品包装行业和国内的政策、税收优惠等是弱相关关系。因为木包装行业是传统产业，它的原材料、生产工艺等相对稳定，不太容易受政策的影响。另外木包装企业单体规模比较小，所以税收收入也不多，因此相关税费优惠额的增减对企业影响不大。

木包装行业受上海及周边市场经济的影响，今后也会两极分化，强者恒强，弱者越弱。大的木包装企业有较大的自生规模和大型的客户资源，所以会发展得越来越好。但中小型的企业受到最近几年的环保、疫情、中美关系、东南亚兴起等大环境影响，规模做不起来，客户量会减少，所有客户资源都会向头部集中。一部分小企业只能服务一些小型的客户。

6. 物流包装行业

物流包装行业2022年上半年由于春节假期和疫情影响，企业基本都未能正常运作，下半年都复工复产逐步走上正轨，但相较于2021年，业务下滑平均在20%～30%，但也有部分企业略有盈利。对于终端客户是出口贸易企业来说，业务下滑比较明显，尤其是与消费品有关的包装需求下滑较大，相对制造工业产品来说，总体平稳。因为2021年国外应对疫情提前透支了2022年的部分需求，导致2022年消费品的物流包装需求总体下滑。国内由于疫情原因，制造的不确定性较大，也导致供应链以及生产需求不确定，极大影响了物流包装的应用，普遍出现供应链属地化要求。国内消费需求下降后，递延影响到工业产品的需求，导致物流包装需求下滑。

三、上海包装产业当前面临的困难、问题与对策建议

（一）经济运行遭受严重冲击

行业正常经济运行秩序被无情打乱，后疫情时期需求普遍低迷，企业开机率普遍不足，市场积重难返，回升乏力，使原本就微利的行业企业面临着生死存亡的考验。

（二）产业链严重受损

由于2022年疫情封控，物流阻断，企业无法生产和交货，造成订单严重丢失。不少外地用户由于生产等不起，只能在上海以外重新构建了供应链，导致上海包装企业"断链"情况比较普遍，产业链"痛断"，不是能在短期内恢复元气的，有些供应链可能是"永久断链"。

（三）行业运行成本高企不下

包装行业本来成本就太高，原材料、运价全面上涨，用工难用工贵，环保成本高企，处于转型"瓶颈"期。几年来受疫情影响，企业经营困难，发展受阻，给包装企业带来了更大的生存压力。

（四）民营企业搬迁离沪发展意愿增加

长期以来由于上海较高的各项经营成本，再加上"拿地难拿地贵"，以及对上海疫情封控政策预期担心，不少企业加速在上海以外的长三角各省择地搬迁。尤以包装机械企业民营企业和外资企业居多。创新活力足、增长潜力大、就业吸纳多、配套能力强，是包装产业自动化、智能化的重要支撑。面对上海疫情的不

确定性，以及周边省市的优惠招商，不少企业已经加快向江浙皖转移搬迁的规划，外资企业考虑退出上海的也有。起步在上海，发展到外省，传统的包装制造业在上海不受待见，对上海包装行业的发展必然会有影响。

四、预测和展望

虽然第三季度包装全行业总体运行趋势基本企稳，第三季度包装全行业产值已比上年同期有所增长，但 9 月份增长已经乏力，略显疲态，数据回升的力度仍然比较疲软，四季度运行又有下降趋势，2022 年 12 月份包装全行业产值与 2021 年同期相比减少 12.6% 左右。全行业利润大滑坡已成定局。

由于 2022 年 12 月中旬受疫情及 2023 年第一季度受春节假期等因素的影响，多数企业选择提前放假或减少产量，或者不接不确定的需要垫资的订单，风险意识明显增加。2023 年一季度经济运行情况可能略与 2022 年同期相仿。2023 年后三季度经济运行情况预期高于 2022 年同期，应有一定的增长空间。规模型企业好于中小企业，包装行业整体运行平稳，行业的机遇和挑战共存。

消费者对绿色包装发展的认知态度调查

上海市绿色包装专业技术服务平台

随着国家关于 2030 年碳达峰与 2060 年碳中和目标的明确提出，各地陆续落地"双碳"战略行动计划。在 2023 年的全国两会期间，"节能降碳""绿色低碳"再次成为亮点。"双碳"目标的实现与每一位消费者都息息相关。对于消费者而言，践行绿色的消费方式是助力"双碳"目标实现的重要一环。当前，消费者是如何看待商品包装问题的？消费者在绿色包装层面具有怎样的认知？消费者对包装的回收又持有怎样的态度？

为了更好地了解消费者对绿色包装的认知态度，本报告对 200 余名消费者展开了在线调研。本次调研的内容包括如下三个方面：第一，从消费者角度了解当前商品包装的使用现状；第二，了解当前消费者对绿色包装的认知状况；第三，了解消费者对商品包装的回收态度。基于调研数据，本报告进一步分析了不同的消费者群体在商品包装回收意识上的差异性，致力于发现包装绿色化发展的难点，引导消费者形成绿色包装的消费意识，通过全社会的共同努力助力国家加快实现"双碳"目标。

一、调研内容及概况

本次调查由上海出版印刷高等专科学校的省部级科技服务平台"上海市绿色包装专业技术服务平台"牵头开展，调查采用网络问卷发放形式。数据的采集工作开展于 2023 年 3—4 月期间，发放问卷 230 份，回收 218 份有效问卷，有效率为 94.78%。

调研的题型分为四个部分。题型的结构方面，采用了单选题和多选题形式体现。第一部分为人口学变量，包括性别、年龄、教育程度、职业等 4 个题项；第二部分为当前商品包装的使用现状，共涉及以下 10 个题项：商品外包装与内包装缓冲填充物材料构成、商品包装的现存问题、消费者对过度包装的认知调查、消费者对低值可回收物的认知、消费者对商品包装材料的处置方法调查、消费者对不可降解材料包装袋的接受程度调查、消费者对商品使用二次包装材料的接受程度调查、阻碍商品包装回收利用的最大因素调查、消费者对商品包装材料的改进建议调查、消费者对商品环保性外包装材料的选择倾向调查；第三部分为消费者对商品包装绿色发展的认知态度，包括 5 个题项：消费者对绿色包装知识的了解程度调查、消费者对绿色包装知识的了解渠道调查、推广绿色包装的有效方式调查、阻碍绿色包装推广的因素进行调查、绿色包装推广应用的难点调查；第四部分为消费者对包装的回收态度调查，包括消费者将回收包装送去回收站点的意愿调查、消费者对商品包装的回收意识调查。

在数据采集的基础上，对本次调查获得的数据通过 SPSS、FineBI 软件对问卷数据进行样本频率分析、多重响应分析、绘制统计图以及单因素方差分析。把握了当前消费者在绿色包装发展上的认知现状与践行态度。最后，本课题从国家、社区、企业、消费者四个角度对商品的绿色包装发展提出了建议。

二、调查结果统计分析

（一）调查样本概况

本次被调查对象的分布情况如表 1-10 所示。各个变量的频率分析结果显示，本次调查中，女性人数有 117 人，比例为 53.67%，男性人数 101 人，占比 46.33%，在性别上采样对象分布较平均。在年龄方面，主要分布集中在 18～45 岁年龄段，其中人数最多的是 18～30 岁阶段人群，共 114 人，占比 52.29%；

30～45岁阶段人群，占比40.37%；而45～60岁阶段人群较少，占比7.34%。学历方面，本科学历人群最多，占84.86%；研究生及以上学历比例为9.18%；高中及以下学历人群较少，占5.96%。从事的职业方面，企业员工人数最多，占比为72.48%；学生和事业单位员工人数比例分别为12.39%、10.55%；自由职业者较少，占比为3.67%。

表1-10 人口学变量分布

人口学变量选项	选项	频率	百分比/%
性别	女	117	53.67
	男	101	46.33
年龄	18～30岁	114	52.29
	30～45岁	88	40.37
	45～60岁	16	7.34
教育程度	研究生及以上	20	9.18
	本科学历	185	84.86
	高中及以下	13	5.96
职业	企业员工	158	72.48
	事业单位员工	23	10.55
	自由职业	8	3.67
	学生	27	12.39
	其他	2	0.91

（二）商品包装的使用现状

当前，消费者收到的商品外包装与内包装缓冲填充物材料构成分析如图1-20所示。其中，左侧空心圆组成的图展示的是消费者收到的外包装材料占比分析；右侧实心圆组成的图展示的是消费者收到的商品内包装缓冲填充物材料占比分析。

从图1-20的左侧展示的商品外包装材料构成可以看出，消费者收到的商品外包装材料以纸箱为主，占比25.47%，其次为塑料袋，占比25.33%。使用泡沫箱的占比 18.34%。外包装材料使用编织袋的最少，比例为 13.10%。纸袋、纺织袋的使用相对较少。综上分析，当前包装材料中塑料袋、纸箱、泡沫箱这三类的普及率明显较高。

从图 1-20 的右侧展示的商品内包装缓冲填充物材料构成分析可知，消费者收到的商品内包装缓冲填充物材料以气泡膜和泡沫塑料居多，占比均为 28.62%；气柱袋的使用也较为普遍，所占比例为 21.64%，收到使用纸质填充物作为内包装缓冲填充物的消费者占比为 21.12%。具体看来，泡沫塑料、气泡膜这两项内包装缓冲填充物材料的普及率明显较高。

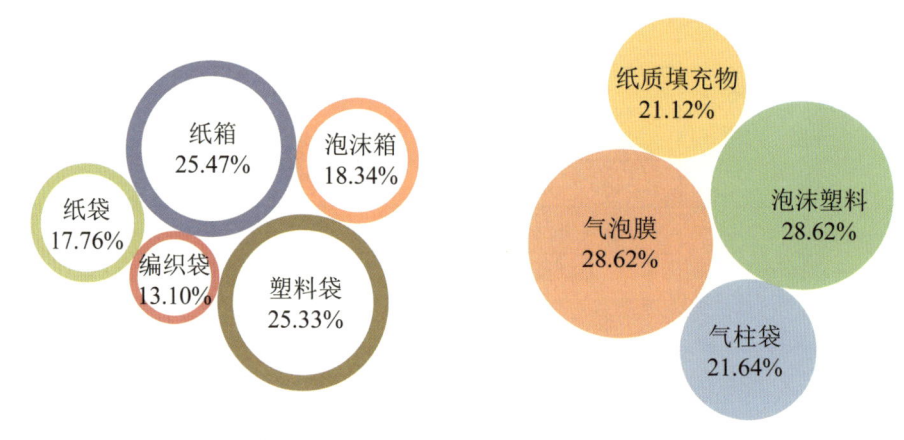

图 1-20 消费者收到的商品外包装与内包装缓冲填充物材料构成分析

商品包装的现存问题调查结果如图 1-21 所示。从调查结果来看，当前商品包装材料被随意丢弃的问题最普遍，占比为 27.65%。包装材料不环保也是当前存在的另一个显著问题，占比 26.43%。此外，包装材料的重复利用率低也是当前消费者普遍认为存在的包装上的问题，占比为 25.19%。消费者中认为商品过度包装的占比为 20.73%。综合来看，包装材料重复利用率低、包装材料被随意丢弃、包装材料不环保这三类问题更为突出。

消费者对过度包装的认知调查如图 1-22 所示。从调查结果来看，28.09% 的消费者认为使用容积过大的包装箱是最为主要的一种过度包装表现。其次为使用过多的填充物，选择此项的消费者占比为 26.65%。认为使用过多胶带缠绕是过度包装表现的消费者比例为 24.40%。占比相对较少的是使用多层纸箱包装，比例为 20.86%。综上分析，认为过度包装是使用容积过大的包装箱、使用过多填充物的消费者居多。

27.65%
包装材料被随意丢弃

25.19%
包装材料重复利用率低

20.73%
过度包装

26.43%
包装材料不环保

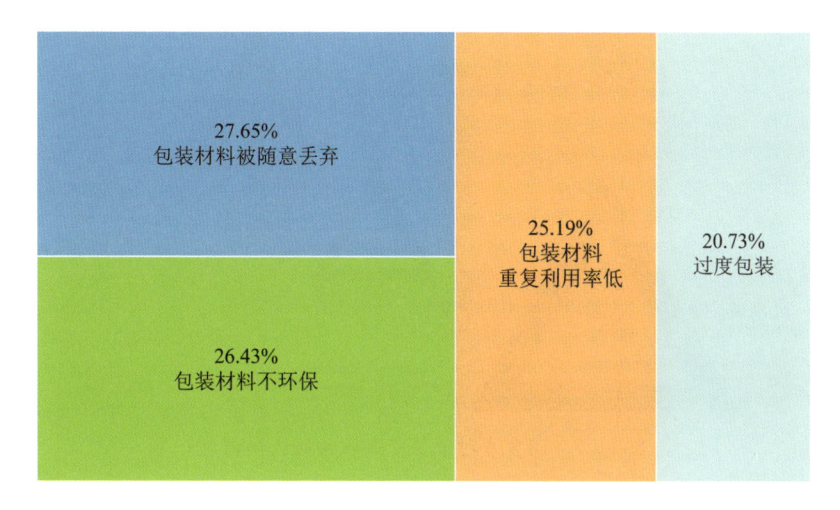

图 1-21　商品包装现存问题调查

使用多层纸箱包装 20.86%
使用过多胶带缠绕 24.40%
使用容积过大的包装箱 28.09%
使用过多的填充物 26.65%

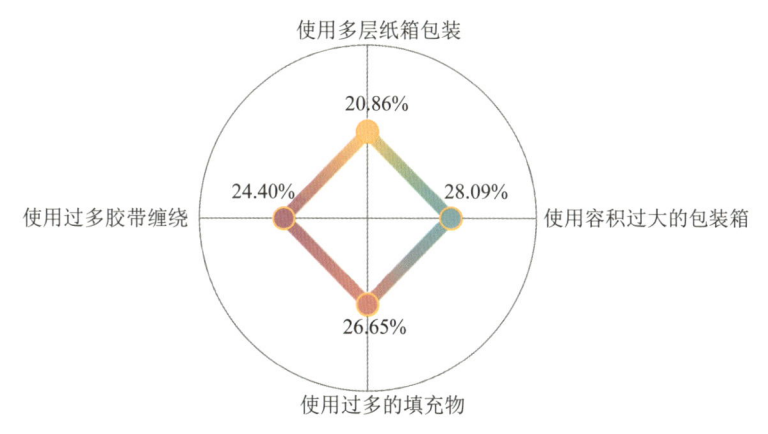

图 1-22　消费者对过度包装的认知调查

消费者对低值可回收物的认知调查如图 1-23 所示。仅有 15.60% 的消费者对低值可回收物有正确的认知。绝大多数的消费者对低值可回收物的范围不清楚。

037

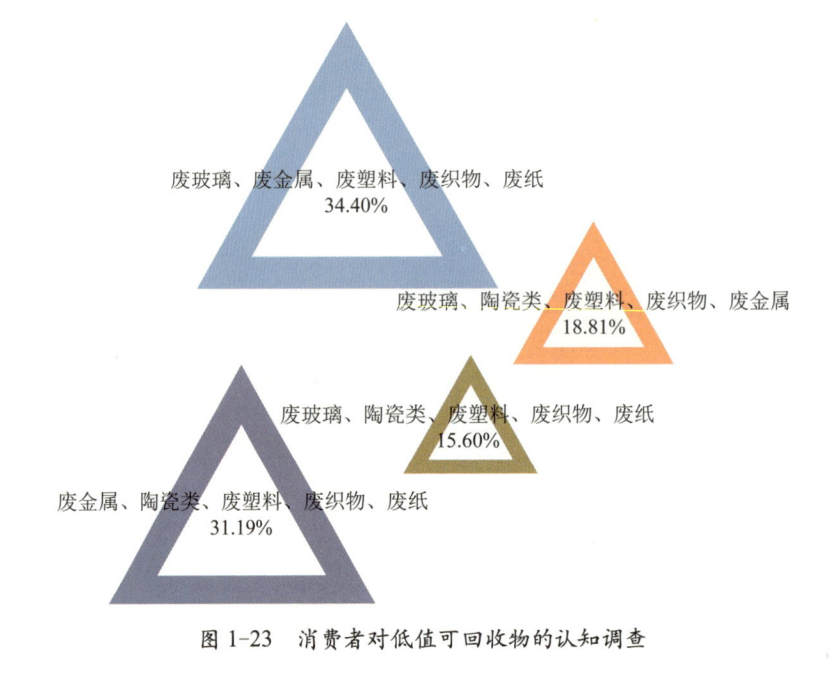

废玻璃、废金属、废塑料、废织物、废纸
34.40%

废玻璃、陶瓷类、废塑料、废织物、废金属
18.81%

废玻璃、陶瓷类、废塑料、废织物、废纸
15.60%

废金属、陶瓷类、废塑料、废织物、废纸
31.19%

图 1-23　消费者对低值可回收物的认知调查

消费者对商品包装材料的处置方法调查如图 1-24 所示。被调查的消费者中有 35.61% 将商品包装当可回收垃圾处置，有 31.34% 选择将商品包装留下来当收纳箱或收纳袋。还有一部分的消费者选择给专门的包装回收站点做二次利用，这部分消费者占比为 20.68%。选择直接丢弃商品包装材料的消费者最少，占比为 12.37%。

当可回收垃圾处置
35.61%

留下来当收纳箱或收纳袋
31.34%

给专门的包装回收站点做二次利用
20.68%

直接丢弃
12.37%

图 1-24　消费者对商品包装材料的处置方法调查

消费者对不可降解材料包装袋的接受程度调查如图1-25所示。53.22%的消费者表示对使用不可降解材料包装袋是介意的，12.84%的消费者表示对此非常介意。仅有少部分的消费者表示不介意。其中，对使用不可降解材料包装袋完全不介意的消费者仅有1.83%。

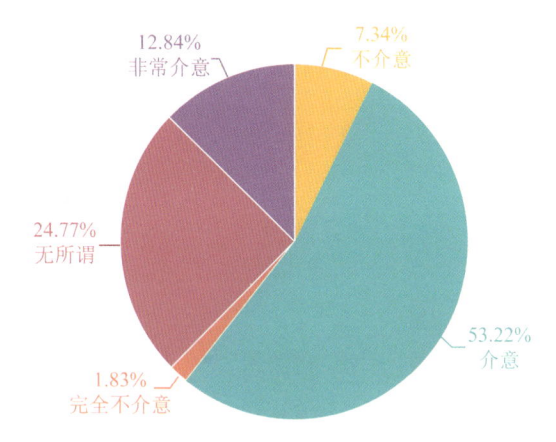

图1-25 消费者对不可降解材料包装袋的接受程度调查

消费者对商品使用二次包装材料的接受程度调查如图1-26所示。绝大多数的消费者不介意商品使用的是二次包装材料，其中完全不介意的消费者占比为13.76%，43.58%的消费者表示不介意。而有12.39%的消费者会介意商品使用的是二次包装材料。还有2.29%的消费者表示对此非常介意。

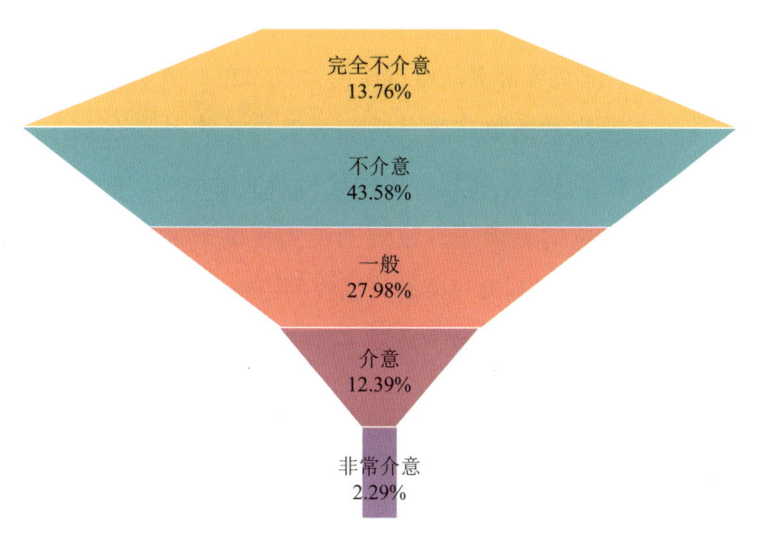

图1-26 消费者对商品使用二次包装材料的接受程度调查

阻碍商品包装回收利用的最大因素调查结果如图 1-27 所示。从调查结果来看，绝大多数的消费者认为没有专门的回收站点是阻碍商品包装回收利用的最大因素，这部分的消费者占比为 45.41%。26.15% 的消费者担心商品包装的回收利用有可能会泄露个人的信息。19.27% 的消费者认为物质奖励是影响商品包装回收利用的最大因素。还有 8.72% 的消费者认为包装破损无法回收是阻碍商品包装回收利用的最大因素。

图 1-27　阻碍商品包装回收利用的最大因素调查

消费者对商品包装材料的改进建议调查如图 1-28 所示。从调查结果来看，97.75% 的消费者都希望企业能够对商品的包装材料进行改进。具体而言，要求材料可降解可回收的消费者最多，所占比例为 31.72%。此外，许多消费者希望商家能减少使用不可降解的填充物，这部分消费者的占比为 26.55%。22.24% 的消费者希望企业能够从包装材料上来优化包装的耐用性。部分消费者希望企业能够进一步从包装结构上来提升包装的结实程度，这部分消费者的占比为 17.24%。综上分析，认为材料要可降解可回收利用、选择包装材料要结实耐用、减少不可降解的填充物使用三项的消费者明显较高。

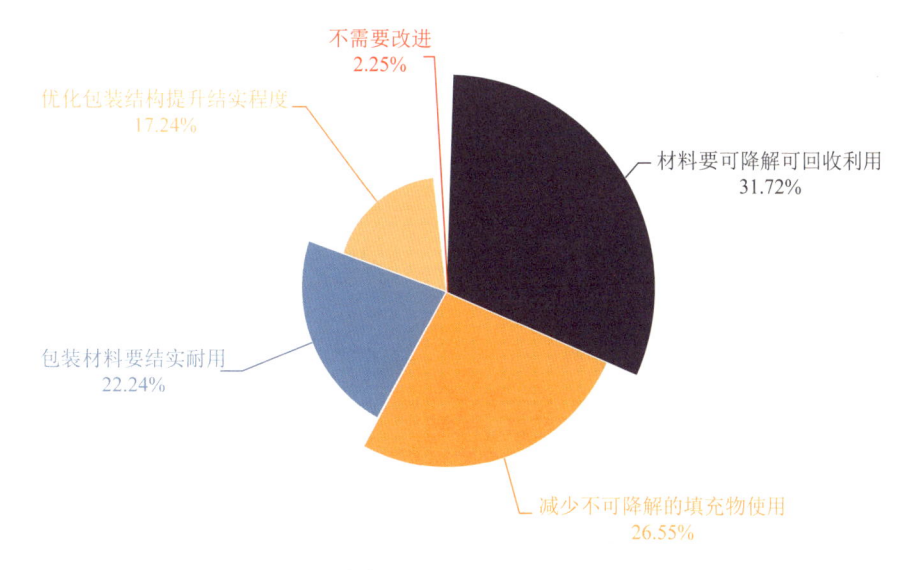

图1-28 消费者对商品包装材料的改进建议调查

消费者对商品环保性外包装材料的选择倾向如图1-29所示。25.68%的消费者倾向于选择可循环包装。其次为纸箱和纸袋，所占比例分别为25.14%、18.44%。选择编织袋的用户相对较少，占比为14.10%。而选择最少的外包装材料为泡沫箱和塑料袋，占比分别为8.50%、8.14%。综合而言，选择可循环包装和纸箱这两项的消费者明显较高。

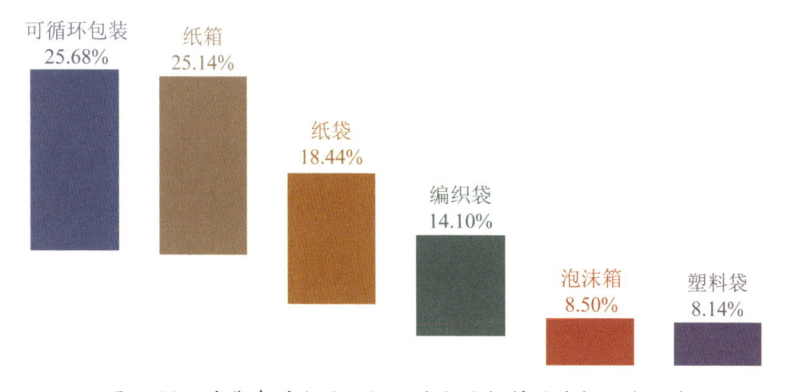

图1-29 消费者对商品环保性外包装材料的选择倾向调查

（三）消费者对商品包装绿色发展的认知及行为

消费者对绿色包装知识的了解程度调查如表 1-11 所示。大多数消费者对绿色包装知识的了解程度为"比较了解"，这部分消费者占比为 42.66%。仅有 3.22% 的消费者对绿色包装知识非常了解。同时，有 2.29% 的消费者表示对绿色包装知识完全不了解。

表 1-11　消费者对绿色包装知识的了解程度调查

消费者对绿色包装的了解程度	频数占比 /%
比较了解	42.66
一般	38.99
不太了解	12.84
非常了解	3.22
完全不了解	2.29

消费者对绿色包装知识的了解渠道调查如图 1-30 所示。互联网是大多数消费者获得绿色包装知识的主要渠道，占比 28.21%；有 17.15% 的消费者通过政府相关部门了解绿色包装知识；社区村委会、电视广播、报纸杂志也是消费者了解绿色包装知识的渠道，这三类渠道的消费者占比分别为 16.03%、15.38%、15.22%；通过亲朋好友获得绿色包装知识的消费者比例最少，占比 8.01%。

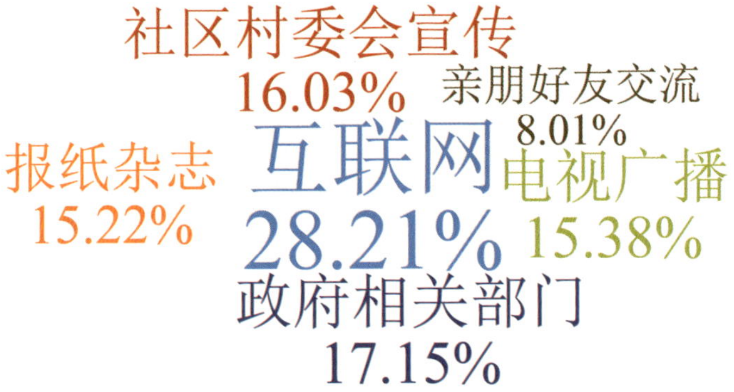

图 1-30　消费者对绿色包装知识的了解渠道调查

推广绿色包装的有效方式调查如图 1-31 所示。从调查结果来看，29.79% 的消费者认为国家出台政策支持，给予生产企业鼓励性财税政策是对绿色包装最有效的推广方式。26.31% 消费者认为可以通过宣传来提高消费者对绿色包装的认知和接受程度。部分消费者认为绿色包装的推广需要生产企业开展营销宣传工作，这类消费者所占比例为 22.03%。还有 21.55% 的消费者认为通过研发新技术降低成本是推广商品绿色包装的有效方式。

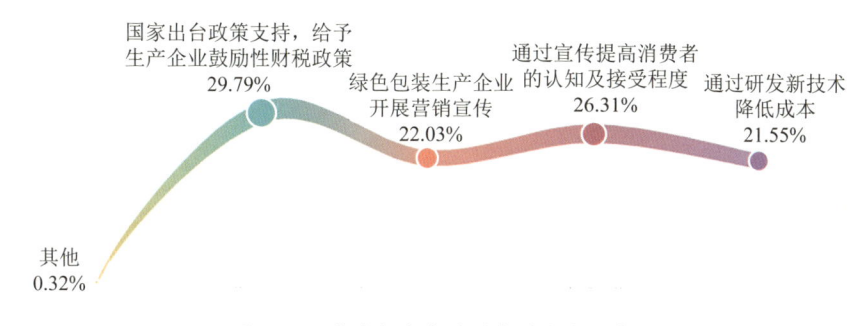

图 1-31 推广绿色包装的有效方式调查

对阻碍绿色包装推广的因素进行调查的结果如图 1-32 所示。从调查结果来看，认为生产制作成本太高是阻碍绿色包装推广的最大因素的消费者占到了 28.85%。25.66% 的消费者认为品牌商的选择意愿是阻碍绿色包装推广的最大因素。此外，有 24.25% 的消费者认为回收处理及二次加工成本过高是阻碍绿色包装推广的最大因素。还有部分消费者认为消费者的接受程度低是阻碍绿色包装推广的最大因素，这类消费者的占比为 20.88%。综合而言，消费者认为生产制作成本太高、品牌商不愿意选择绿色包装、回收处理及二次加工成本过高这三项是当前阻碍绿色包装推广的最大因素。

绿色包装推广应用的难点调查结果如图 1-33 所示。从调查结果来看，认为企业主体责任落实有待加强的消费者占比最高，比例为 27.76%。27.60% 的消费者认为对电商经营者包装使用没有明确的约束是绿色包装推广应用的难点。此外，有 26.81% 的消费者认为政策扶持和优惠政策执行力度是绿色包装推广应用的难点。还有 17.83% 的消费者认为绿色包装推广应用的难点是消费者的认可度有待加强。

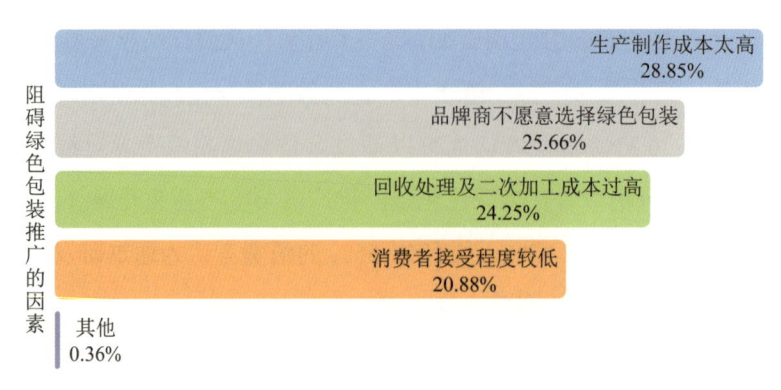

阻碍绿色包装推广的因素

- 生产制作成本太高 28.85%
- 品牌商不愿意选择绿色包装 25.66%
- 回收处理及二次加工成本过高 24.25%
- 消费者接受程度较低 20.88%
- 其他 0.36%

图 1-32　阻碍绿色包装推广的因素调查

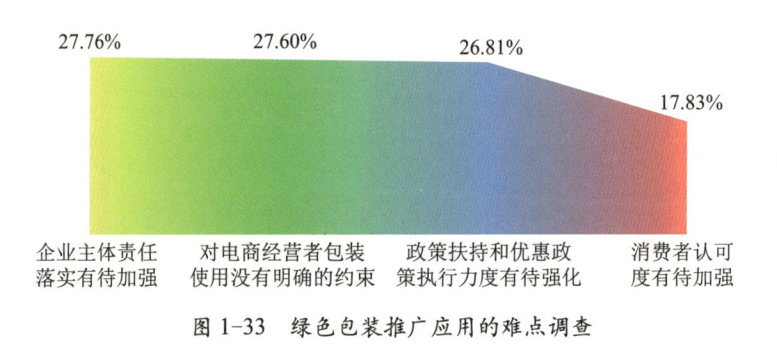

- 企业主体责任落实有待加强 27.76%
- 对电商经营者包装使用没有明确的约束 27.60%
- 政策扶持和优惠政策执行力度有待强化 26.81%
- 消费者认可度有待加强 17.83%

图 1-33　绿色包装推广应用的难点调查

（四）消费者对包装的回收态度调查

消费者将回收包装送去回收站点的意愿调查结果如图 1-34 所示。43.12% 的消费者很愿意将回收包装送去回收站点；有 41.28% 的消费者表示这取决于回收站点的距离以及回收站点的操作便利程度；有 11.47% 的消费者对回收持中立态度；有 3.67% 的消费者觉得不太方便，浪费时间。仅有 0.46% 的消费者表示完全不愿意将回收包装送去回收站点。

消费者对商品包装的回收意识调查如图 1-35 所示。62.39% 的消费者表示在日常生活中会支持快递包装循环利用。还有 26.61% 的消费者对此表示非常同意。47.71% 的消费者非常认同包装回收利用对环保是一件很有意义的事，38.07% 的消费者表示认同。45.87% 的消费者认为包装回收循环与我们的生活关系十分密切，34.40% 的消费者对此表示非常同意。综合而言，绝大多数的消费者的商品包装的回收意识是非常积极的。

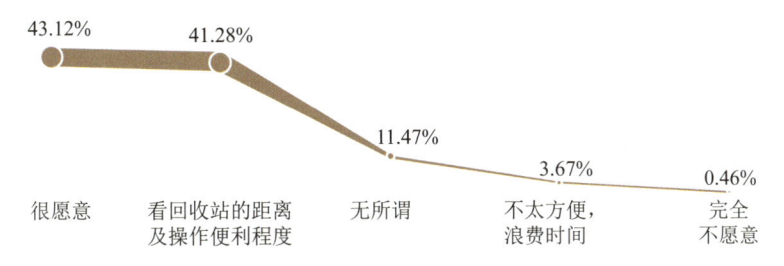

图 1-34 消费者将回收包装送去回收站点的意愿调查

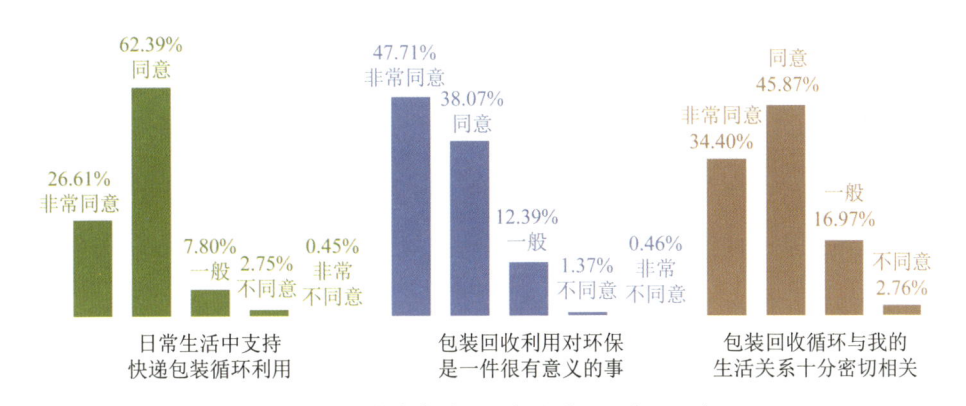

图 1-35 消费者对商品包装的回收意识调查

（五）消费者对商品包装回收意识的差异性分析

在本次分析中，根据数据的特性运用方差分析法对不同人口学变量的商品包装的回收意识进行了差异分析，通过 SPSS 软件实现分析过程。

表 1-12 汇总了对"性别"与"日常生活中支持快递包装循环利用""包装回收利用对环保是一件很有意义的事""包装回收循环与我的生活关系十分密切相关"这三项回收意识调查的差异性分析。

表1-12 "性别"与消费者对商品包装回收意识的差异性分析

	性别（平均值 ± 标准差）		F	p
	女（n=117）	男（n=101）		
• 日常生活中支持快递包装循环利用	4.17±0.62	4.06±0.77	1.397	0.238
• 包装回收利用对环保是一件很有意义的事	4.29±0.74	4.34±0.82	0.19	0.663
• 包装回收循环与我的生活关系十分密切相关	4.14±0.79	4.10±0.78	0.126	0.723

从表1-12可以看出，不同的性别样本对于日常生活中支持快递包装循环利用、包装回收利用对环保是一件很有意义的事、包装回收循环与我的生活关系十分密切相关均没有表现出显著性（p>0.05），意味着不同的性别样本对于日常生活中支持快递包装循环利用、包装回收利用对环保是一件很有意义的事、包装回收循环与我的生活关系十分密切相关均表现出一致性，并没有差异性。

表1-13汇总了对"年龄"与"日常生活中支持快递包装循环利用""包装回收利用对环保是一件很有意义的事""包装回收循环与我的生活关系十分密切相关"的差异性分析。

表1-13 "年龄"与消费者对商品包装回收意识的差异性分析

	年龄（平均值 ± 标准差）			F	p
	18～30岁（n=114）	30～45岁（n=88）	45～60岁（n=16）		
• 日常生活中支持快递包装循环利用	4.11±0.67	4.15±0.74	4.06±0.68	0.149	0.862
• 包装回收利用对环保是一件很有意义的事	4.32±0.80	4.36±0.76	4.00±0.63	1.495	0.227
• 包装回收循环与我的生活关系十分密切相关	4.11±0.82	4.18±0.70	3.81±0.91	1.52	0.221

从表 1-13 可以看出，不同的年龄样本对于日常生活中支持快递包装循环利用、包装回收利用对环保是一件很有意义的事、包装回收循环与我的生活关系十分密切相关均没有表现出显著性（$p>0.05$），意味着不同年龄对于日常生活中支持快递包装循环利用、包装回收利用对环保是一件很有意义的事、包装回收循环与我的生活关系十分密切相关均表现出一致性，并没有差异性。

表 1-14 汇总了对"教育程度"与"日常生活中支持快递包装循环利用""包装回收利用对环保是一件很有意义的事""包装回收循环与我的生活关系十分密切相关"的差异性分析。

表 1-14 "教育程度"与消费者对商品包装回收意识的差异性分析

	教育程度（平均值 ± 标准差）			F	p
	研究生及以上（n=20）	大学学历（n=185）	高中及以下（n=13）		
・日常生活中支持快递包装循环利用	4.20±0.70	4.15±0.68	3.62±0.77	3.779	0.024*
・包装回收利用对环保是一件很有意义的事	4.80±0.52	4.27±0.80	4.15±0.55	4.639	0.011*
・包装回收循环与我的生活关系十分密切相关	4.30±0.66	4.12±0.77	3.85±1.07	1.329	0.267

从表 1-14 可以看出，不同的教育程度样本对于"包装回收循环与我的生活关系十分密切相关"不会表现出显著性（$p>0.05$），意味着不同的教育程度样本对于包装回收循环与我的生活关系十分密切相关表现出一致性，并没有差异性。

同时，教育程度样本对于"日常生活中支持快递包装循环利用"呈现出显著性的差异（$p<0.05$），具体分析可知存在着较为明显差异的组别平均值。其中，研究生及以上＞高中及以下；大学学历＞高中及以下。教育程度对于"包装回收利用对环保是一件很有意义的事"也呈现出 0.05 水平显著性差异，有着较为明显差异的组别平均值得分。对比结果为研究生及以上＞大学学历；研究生及以上＞高中及以下。这表明研究生及以上学历的消费者群体在对于日常生活中支持

快递包装循环利用的态度上明显要强于大学学历以及高中及以下学历的消费者群体。总结可知，不同的教育程度对于"包装回收循环与我的生活关系十分密切相关"这一项不会表现出显著性差异，而对于"日常生活中支持快递包装循环利用""包装回收利用对环保是一件很有意义的事"这两项会呈现出显著性差异。

表 1-15 汇总了"职业"与"日常生活中支持快递包装循环利用""包装回收利用对环保是一件很有意义的事""包装回收循环与我的生活关系十分密切相关"的差异性分析。

表 1-15　"职业"与消费者对商品包装回收意识的差异性分析

	学生（n=27）	企业员工（n=158）	事业单位员工（n=23）	自由职业（n=8）	其他（n=2）	F	p
• 日常生活中支持快递包装循环利用	4.26±0.53	4.12±0.69	3.96±0.82	4.13±0.99	4.00±0.00	0.599	0.664
• 包装回收利用对环保是一件很有意义的事	4.30±0.78	4.37±0.76	3.91±0.85	4.25±0.71	4.50±0.71	1.839	0.123
• 包装回收循环与我的生活关系十分密切相关	4.26±0.76	4.09±0.78	4.13±0.81	4.38±0.74	3.00±0.00	1.506	0.202

从表 1-15 可以看出职业样本对于日常生活中支持快递包装循环利用、包装回收利用对环保是一件很有意义的事、包装回收循环与我的生活关系十分密切相关均表现出一致性，并没有差异性（p>0.05）。意味着不同的职业样本对于日常生活中支持快递包装循环利用、包装回收利用对环保是一件很有意义的事、包装回收循环与我的生活关系十分密切相关均不会表现出显著性差异。

三、结论

目前商品包装材料的环保问题依然严峻。通过调查发现，商品的外包装中塑料袋的使用率最高。同时，在内包装缓冲填充物材料的使用调查中发现，泡沫塑料、气泡膜这两项内包装缓冲填充物材料的普及率明显较高。而塑料袋、泡沫塑料、气泡膜均属于不可回收材料。建议企业从商品的包装材料上进行创新，向消费者提供环保的包装材质，从源头上减少非环保材料的使用。

调查发现，当前包装材料重复利用率低、包装材料随意丢弃的问题较为突出。这在一定程度上阻碍了包装在日常生活中的可再循环利用。与此同时，消费者也希望未来商品包装使用的材料"要可降解可回收利用""要结实耐用""减少不可降解的填充物使用"。因此对于企业而言，有必要从包装的易用性、耐用性的方向上拓展包装的用途，从而提升消费者对商品包装的复用与回收。

对过度包装的调查表明，认为使用容积过大的包装箱、使用过多填充物的包装属于过度包装的消费者居多。建议企业在对商品的包装上推崇简约包装的理念，减少包装材料的用量。通过理念的更新来达到包装减量的效果，从而有效地降低包装资源的浪费。

消费者将商品包装当可回收垃圾处置、留下来当收纳箱或收纳袋的意愿占比靠前。大多数消费者对不可降解材料包装袋的使用是介意的，消费者愿意支持二次包装材料的使用。这说明，绿色包装消费理念已经深入人心。但在阻碍商品包装回收利用的最大因素的调查中发现，选择没有专门的回收站点的消费者居多。同时，消费者认为回收站点的距离以及回收站点的操作便利程度是影响包装回收的一大因素，建议在沿街或居民住所附近增设回收站点，给消费者回收包装材料提供更大便利。

当前，绝大多数的消费者对低值可回收物的范围不清楚。对绿色包装知识表示了解和非常了解的消费者群体还不及一半。其主要原因可能是对可回收包装材料、绿色包装知识的相关宣传和信息公开不足，导致消费者缺乏有效的信息接触途径，这也反映出仍需加强对公众的相关科普。从整体来看，在绿色包装的活动宣传等方面仍需要提升与改善，积极引导消费者在购物时注重环保包装材质的选择，助力社会绿色消费习惯的养成。

消费者认为，企业生产制作成本太高是当前阻碍绿色包装推广的最大因素。希望通过国家出台政策支持，给予生产企业鼓励性财税政策。坚持绿色包装政策导向，从而推动企业"绿色包装、减量包装、可循环包装"。同时，消费者认同企业应强化对绿色包装主体责任的落实。企业应明确部门职责，细化商品包装的标准，保证企业在商品包装上的有规可循。

从问卷调查结果可以看到，绝大多数的消费者商品包装的回收意识是非常积极的。消费者非常认同包装回收利用对环保是一件很有意义的事，认为包装回收循环与生活的关系十分密切，表示在日常生活中会支持快递包装循环利用。同时，调查发现，不同教育程度的消费者对商品包装的回收意愿存在显著差异。相较于大学学历以及高中及以下学历的消费者群体，研究生及以上学历的消费者群体对商品包装的回收意愿更高。这类消费者群体对于在日常生活中支持快递包装循环利用的态度上明显要强于大学学历以及高中及以下学历的消费者群体。而大学学历以及高中及以下学历这两类群体在消费者中占据了主体。建议从社区着手，在社区将绿色包装的消费理念融入多彩的社区活动中，如元宵节猜灯谜、志愿者活动日。给社区居民发放可回收材料手册、提供环保包装袋等奖品以及现场宣讲的形式，从细微处向消费者传递"绿色包装"理念，让绿色包装的消费和回收观念一步步深入每个消费者的心中。

综上分析，通过调查，本报告建议企业强化对绿色包装主体责任的落实，推崇简约包装的理念，从包装材料的材质、包装的用途上入手对商品的外包装及内包装填充物进行创新。同时，在位置和数量上规划回收站点，给消费者回收包装材料提供更大便利。通过社区加大对绿色包装的活动宣传，积极引导消费者在购物时注重环保包装材质的选择，助力社会绿色消费习惯的养成。坚持绿色包装政策导向，推动企业"简约包装、绿色包装、可循环包装"。通过以上措施有效降低资源浪费和环境污染，引导消费者形成绿色包装的消费意识，推进包装绿色化的发展。

第二章
行业发展趋势分析

关于加快建设现代化绿色包装产业体系的几点思考

张耀权[①]

党的二十大报告指出,"要坚持把发展经济的着力点放在实体经济上,加快建设现代化产业体系"。2023年5月5日,习近平总书记在主持召开二十届中央财经委员会第一次会议上再次强调"加快建设以实体经济为支撑的现代化产业体系"。因此,加深理解中央关于现代化产业体系建设的战略意涵,厘清未来绿色包装产业发展思路,对于指导绿色包装产业的高质量发展至关重要。通过结构升级、供应链优化、创新驱动和国际合作等方面的努力,可以实现绿色包装产业的超越引领,促进行业的可持续发展,为建设绿色、低碳的现代化产业体系做出贡献。

一、现代化产业体系建设的战略意涵和本质特征

(一)现代化产业体系建设的战略意涵

第一,现代化产业体系建设是我国经济发展新阶段的本质要求。我国经济发展由高速增长转向高质量发展,"质量变革、效率变革、动力变革"将成为产业高质量发展和"制造强国"建设的动力引擎。现代化产业体系主要体现在:提升产业基础能力、实现多样化产业供给、提高全要素生产率、依靠创新驱动实现新

---

① 张耀权,中国包装联合会纸制品包装专业委员会常务副主任兼秘书长。

旧动能转化、推动产业转型升级发展、培育具有国际竞争力的产业优势。

第二，现代化产业体系建设是我国抢占发展主动权的制胜关键。如今，产业竞争是大国竞争的主战场。我国是全球第二大经济体和世界第一大工业国。我国产业发展具有规模大、类型众多、市场广阔、潜力巨大等特征，但与经济发达国家相比较，我国产业整体上还处于全球产业的中低端。

第三，现代化产业体系建设是我国建设现代化国家的必然选择。我国已实现第一个百年奋斗目标，开启全面建设社会主义现代化国家的新征程。全面建设社会主义现代化国家的首要任务就是高质量发展。而现代化产业体系也是国家现代化的重要标志，是经济社会高质量发展的关键支撑。因此，加快建设现代化产业体系是我国在把握全球竞争态势、产业变革趋势和经济发展走势后作出的重大战略安排；同时，对提升产业体系整体水平也具有重要战略意义。

（二）现代化产业体系的本质特征

第一，现代化产业体系应产业体系全。我国目前拥有 41 个工业大类、207 个工业中类、666 个工业小类，是全球唯一拥有联合国产业分类中全部工业门类的国家，从国家产业体系的构建来说，产业门类全，完整度也比较高。但是，有一些产业，依然存在产业链完整性不强、细分领域发展均衡度不高、多元化方向拓展不力、新业态延伸发展能力不足等问题，亟须通过现代化产业体系建设，解决好产业链的固链、强链、延链、补链问题。

第二，现代化产业体系应发展韧性强。能够有效应对复杂多变的国际形势、西方利益集团的市场与技术封锁以及突发事件对产业发展形成巨大冲击，加快构建以国内大循环为主体、国内国际双循环相互促进的新发展格局，有力增强产业发展韧性。对于不同程度存在产业链供应链自主可控能力欠缺、"卡脖子"技术难以有效突破、产业发展可持续性不足等问题，要加以重视，认真对待，逐步解决。

第三，现代化产业体系应整体质量高。我国产业大而不强、宽而不深，处于全球产业链价值链中低端。一是通过补短板与短长板相结合，大力提升产业韧性。

二是通过大中小微企业融通创新和融通发展，持续提升产业质量，三是通过动力产业链企业向上下游两端延伸，协调提升产业价值，四是通过转变制造业产业模式和企业形态，不断提升产业效率。集全国之力全面推进产业高质量发展，加快跻身全球产业链价值链高端。

二、中国现代化绿色包装产业体系建设存在的主要问题

中国是全球第一包装大国，一直保持着逆势增长的良好态势，但我国绿色包装产业大而不强、整体发展质量不高、长期处于全球产业链价值链中低端等问题一直比较突出，在现代化产业体系建设上存在诸多断点、堵点、痛点。

一是区域分布不均。主要集中在珠三角、长三角和环渤海湾地区，中部、西部、东北等地区包装产业基础较薄弱，产业组织较分散，集约集群发展水平较低，没有形成绿色包装产业集群的建设机制。产业"散小乱"问题还比较突出，没有形成系统完善的产业链条。同时，包装产业难以进入所在区域重点支持发展的产业，也没有形成产业培育的长效体系。

二是融通水平不高。产业链上下游缺乏有机衔接，链条不稳不强，链上企业向两端延伸的能力不足，大中小微企业融通发展机制尚未有效形成，低水平、同质化竞争普遍存在，龙头企业在产业融通发展上作用发挥有限。

三是整体韧性不强。首先是公共服务平台数量少，供应链存在断供风险。同时，自主创新能力不强，核心技术突破受到严重制约。先进包装材料、重要包装设备、关键包装技术对外依赖性强，尚未实现自主可控。企业对外开放发展水平不高，难以深度参与国际产业分工合作。

四是数字赋能不深。整个行业长期缺乏工业基础数据库和数据服务平台。中小微企业信息化、数字化进程改造缓慢。全行业两化融合贯标率、工业互联网平台普及率、企业上云用数比例整体较低。智能制造模式也没有得到普遍应用和推广，产业转型升级步伐不快。

五是主体培育不足。全国规模以上工业企业占全行业总数不到3%，上市挂

牌企业、国家级单项冠军企业及专精特新"小巨人"企业数量不足70家。全行业省级以上绿色园区、绿色工厂、绿色产品获评率低。链主企业、龙头企业对全行业、全产业链的带动性不强。中小微企业成长培育机制严重缺失，长期处于自我生长状态。

三、加快我国现代化绿色包装产业体系建设的工作重点

总的来说，要实施"可持续绿色包装战略"，要加快推进"五个转型"，实现"五个可持续"。

一是推动由适应需求到创造需求转型，实现发展生态可持续。即从满足市场需求到引领市场需求的转变，通过技术创新和产品创新，打造具有差异化竞争优势的绿色包装产品，引导市场需求的变革。

二是推动由要素驱动向创新驱动转型，实现发展动力可持续。即从依赖传统要素（如低成本劳动力和资源）驱动发展，转变为依靠科技创新、创新模式和创新机制驱动发展，提高绿色包装产业的核心竞争力。

三是推动由传统制造向先进制造转型，实现发展能力可持续。即通过引进先进制造技术、智能化生产设备和数字化管理手段，提高包装制造的精度、效率和质量，实现绿色包装生产的智能化和高效化。

四是由粗放发展向绿色发展转型，实现发展方式可持续。即从过去注重产量和规模扩张，转变为注重资源节约、环境友好和循环利用的绿色发展模式，减少对环境的负面影响。

五是推动由单链扩张向多链融合转型，实现发展安全可持续。通过整合上下游产业链，构建完整的绿色包装产业生态系统，实现资源共享、协同创新和风险共担，提高整个产业的安全可持续发展能力。

具体讲有七个方面重点。

①构建协调发展格局，引导各区域因地制宜布局和发展绿色包装产业，大力优化产业区域布局，逐步建立梯度发展、错位发展、协调发展的区域产业格局。

一是要厚植东部沿海地区绿色包装产业先发优势，打造集群发展、绿色发展示范引领区。二是要加快完善长江中游沿岸省份的绿色包装产业链，形成产业新兴集聚区。三是发展绿色包装产业转移承接区，加快释放沿海地区绿色包装产能转移压力。

②加快产业结构调整。积极引导包装企业增强市场细分度、发展专业性和上下游协同力，加快形成大中小企业分工协作、共生共长的产业结构，有效缓解行业普遍存在的同质、无序、低效等发展问题。一是着力推动龙头企业集约发展，提升在产业生态中的主导力和在产业链关键节点上的控制力。二是大力引导中型企业走专业化发展道路，发展主导型产品和专业化市场，增强"专新精特"发展能力。三是加强小微企业的个性化发展引导，培育一批"瞪羚"企业和"独角兽"企业。

③增强产业链条韧性。充分发挥各级行业组织在产业链固链、强链、延链、补链中的关键作用，促进各区域、各细分行业建立协调、安全、高质量、可持续发展的现代化产业链条。一是努力推进产业链上下游之间的战略协同，增强产业链条韧性。二是大力加强产业服务平台建设，建立渠道多元、安全可靠、循环畅通的供应链体系。三是发挥龙头企业在产业链条建设中的关键作用，加速构建上中下游有机衔接、大中小微企业有机融通的发展体系。四是支持企业"小升规、规改股、股上市"行动，踏实以中小微企业为基座的产业链条。

④推动产业集群发展。采取"因地制宜、龙头带动、上下游合作、大中小协同"模式，加快推进产业集群培育，有效改变行业"散小乱"局面，提升产业集约集群发展水平。一是发挥好珠三角、长三角、环渤海湾地区绿色包装产业的引领作用，重点打造一批高质量、创新型、示范性绿色包装产业集群。二是鼓励中西部地区、东北地区立足自身优势产业，有效承接发达地区产业转移，延伸产业链条，加快集群培育。三是支持各地区包装产业集群积极参与省级、国家级先进制造业集群竞赛，形成一批引领性绿色包装制造业集群。

⑤提升自主创新能力。要突出创新在产业高质量发展中的关键地位，积极培育创新主体，大力组织自主创新，加速激发支撑产业可持续、高质量发展的创新

动能。一是加大创新投入，形成全行业多元、稳定、良性的研发投入机制。二是加快构建高能级创新载体，壮大国家级、省部级高端创新平台规模，筑牢行业创新底座。三是实施创新人才会聚计划，着力打通行业人才建设孤岛，强化人才对产业创新的支撑。四是深化产业链创新协同，有效组织先进包装材料研究、重大包装装备研制和产业"卡脖子"技术创新。

⑥促进数字深化赋能。积极应用新一代信息技术，踏实数字支撑，加快数字化转型，深入推进全行业数字赋能，大力提升智能制造水平。一是要建设中国包装工业大数据库，加快形成行业基础数据体系。二是打通产业链上下游企业数据通道，加强大数据技术在企业研发、生产、服务中的集成应用。三是实施企业"上云用数赋能"行动，推广工厂设备联网上云、数据集成上云等深度用云模式。四是以数字赋能为支撑，大力推动和广泛应用柔性制造、虚拟制造、协同制造等智能制造模式。

⑦完善合作发展机制。强化"发展共同体"建设理念，加快推进包装产业链之间、同链之间、多元主体之间的协同、融合与开放，不断完善合作发展机制。一是要积极引导产业协同发展，促进产业与产业之间的跨界协同、产业链之间的全域协同、产业集群内部之间的联动协同。二是构建深度融合模式，重点推进信息化和工业化深度融合、制造业与服务业深度融合、教育链与产业链深度融合。三是继续扩大对外合作开放，打造一批具有国际竞争力的跨国领军企业，提升参与全球产业分工的能力，推动更多企业参与国际市场资源配置，推动国内包装产业链向海外延伸。

建设现代化绿色包装产业体系，是我们全体"包装人"的共同追求，也是我国"包装强国"建设的必然要求。全国包装行业的同人们，将并肩携手推进包装大业，不遗余力促进产业发展，在新征程中为包装产业转型升级和提质发展彰显新担当、展现新作为。

长三角PET饮料瓶废弃量与回收利用率分析评估

周传斌[①]　肖黎姗　赖家蓉

  PET塑料是目前最常见的饮料瓶包装材料，塑料垃圾中PET的比例虽然只有11%，但总体而言，PET是一类较为容易回收的塑料产品。中国是世界上最大的PET瓶生产国，产能占世界的55%以上。目前已有一些文献针对我国废PET塑料和废PET瓶的物质流（MFA）、回收利用率开展了研究，采用的研究方法包括静/动态物质流法、基于物质流和环境遗漏调查的"逆向测算法"、典型城市调查或问卷调查等方法。上述研究对于完善我国PET瓶回收利用数据起到了非常重要的作用，也具有开拓性的意义。MFA分析方法是解析物质在社会经济系统中流动、存量、回收等情况的系统化常规方法，但是其模型的构建对数据有较高的要求。同其他类型塑料物质流分析存在的问题一样，PET饮料瓶的物质流分析也存在MFA各环节的数据缺失和数据质量问题。本文讨论了已开展研究的数据不足及其成因，其主要原因是已有的统计资料信息不完整。根据现有的测算结果，我们倾向于认为我国的废PET瓶回收利用率介于83%～95%范围的中间值，多来源数据显示，中国的PET饮料瓶回收率已高于全球平均水平，但仍有改进提升的空间。本研究以长三角地区为例，测算了PET瓶的回收和处理现状。

---

① 周传斌，中国科学院生态环境研究中心教授、博士生导师，研究方向：城市代谢与固废信息学、塑料垃圾资源化。

一、全球及中国的 PET 饮料瓶废弃与回收

（一）不同塑料废弃和回收利用情况概述

到 2015 年，全球已产生约 6300 万吨塑料垃圾，其中约 9% 已被回收利用，12% 被焚烧，79% 堆积在垃圾填埋场或自然环境中。如果当前的生产和废物管理趋势继续，到 2050 年将有大约 120 亿吨塑料废物进入垃圾填埋场或自然环境。从 1950 年到 2015 年，一次和二次（回收）塑料垃圾累积产生的废弃物已达 63 亿吨，其中约 12% 已被焚烧，9% 被回收，只有 10% 被回收一次以上；大约有 60% 的塑料被丢弃，并堆积在垃圾填埋场或自然环境中。目前约有在用（in-use）塑料 25 亿吨，占所有塑料生产总量的 30%（Geyer et al., 2017）。在中高收入国家，塑料在城市生活垃圾中的比例已经从 1960 年的不到 1% 增加到 2005 年的 10% 以上（Jambeck et al., 2015）。全世界每年有 800 万吨塑料进入海洋。在不到 10 年的时间里，海洋中可能会有 2.5 亿吨塑料，几乎在所有主要的海洋盆地都发现了塑料垃圾（Barnes et al., 2009），对生态系统和人体健康造成巨大威胁。对废弃 PET 瓶及其他相关制品进行有效的管理回收，并建立相应的回收处理体系，实现资源再生化是解决当前环境污染、缓解资源能源紧缺的重要途径之一。

塑料回收率在不同研究报告中呈现不同的数值。根据有限的可用数据，Geyer 等认为 2014 年回收率最高的是欧洲国家（30%）和中国（25%），而在美国塑料回收率自 2012 年以来一直稳定在 9% 左右（Geyer et al., 2017）。PET 是世界上回收最广泛的塑料，同时也是目前可回收性较高的塑料包材。根据联合国环境规划署的报告，在所有包装商品和零售部门签署机构中，饮料部门的可回收包装占塑料包装总重比例达 88%，可回收性远超其他部门的塑料包装，这得益于 PET 塑料在饮品包材中的普遍应用。尽管 PET 瓶具有回收潜力，许多国家制订了回收计划，但没有一个国家回收超过 60% 的 PET 瓶，大多数国家平均只回收了 30%。只有不到 15% 的 PET 瓶找到了"第二次生命"，通常是在典型的低负荷原始状态下使用（Rorrer et al., 2019）。PET 塑料废弃物的比例虽然只有 11%，

但总体而言，PET塑料是一类较为容易回收的塑料产品。

根据《2021年新塑料经济全球承诺》，各国政府正在努力促进收集、分类、再利用或回收计划，并投资于基础设施，2019年至2020年间，回收商签约方的回收总量增长了12%，其产能主要用于PET回收；同时2020年收集了回收签署方正在加工的聚合物类型的数据，这凸显了对PET的高度关注，90%的回收签署方进行了回收，占共享该数据签署方总产量的53%（EMF，2020）。欧洲塑料回收商协会对2017年欧洲投放的PET瓶和容器的回收利用率进行了调查，调查结果显示，2017年，欧洲PET回收能力为210万吨。在欧洲的回收利用设施能力中，德国（27%）、法国（15%）、意大利（14%）和西班牙（9%），共占PET回收市场的65%。而2016年欧洲PET瓶和容器的平均回收利用率接近60%，排前三的国家为德国、法国和意大利。据欧洲瓶装水行业协会2018年公布的数据，欧洲各国瓶装水PET瓶的回收利用率差异较大，有些国家PET瓶的回收利用率高于90%，而有些国家的不足20%（周星等，2019）。美国PET容器资源协会（National Association for PET Container Resources，NAPCOR）和塑料回收商协会（The Association of Plastic Recyclers，APR）2020年发布的报告显示，2018年，美国市场销售的PET中约29%通过回收项目收集并出售；鉴于2020年因回收中心关闭和因COVID-19疫情大流行而导致路边回收中断等原因，美国PET瓶的收集量减少了约2.3%，PET塑料瓶的回收率为26.6%，低于2019年的27.9%（NAPCOR，2020）。可回收的PET在美国和加拿大市场中主要用于光纤、薄板和薄膜、包装、食品和饮料瓶、非食品瓶和其他。根据日本PET瓶回收协会（The Council for PET Bottle Recycling）的统计数据，2019年日本PET瓶的回收利用率达到92%，已高于欧洲和美国。

（二）PET饮料瓶回收利用的主要结果分析

根据中国物资再生协会再生塑料分会的分析，目前PET瓶的用途较为广泛，例如油壶占10%、日化用品占5%，用于饮料瓶包装的占比约为85%。下面主要针对废弃PET饮料瓶的相关研究进行分析和评述。

1. 全球 PET 饮料瓶回收利用的主要路径和结果综述

（1）废旧塑料回收管理措施。

许多国家和组织都着手建立形成较完善的废包装回收管理政策和系统，主要的做法是生产者责任延伸机制（extended producer responsibility，EPR），即产品在生命周期内环境影响的责任，由所有相关方包括产品制造者、销售者、消费者和政府共同承担，包括押金制、基金制、目标回收制等。挪威、捷克、冰岛、荷兰等国家主要实施押金制；加拿大、澳大利亚、意大利、西班牙、苏格兰等国家的部分地区实施押金制，瑞典分类而治，对 PET 饮料瓶、铝罐采用押金回收，而玻璃瓶无须押金，已建立起高回收率的回收体系；比利时、日本、瑞士、英国等国家，主要将饮料包装回收与良好的市政回收体系结合，建立起涵盖饮料包装的多品种废物回收体系。多国政府以及食品和饮料行业等许多组织正在积极采取措施，着眼解决当前的海洋塑料问题，包括提高消费者意识、引入融资机制、寻求能力建设以及制定产品禁令和限制。推动包装创新、支持回收工作以及与政府共同制订扩大生产者责任（EPR）计划等措施，都是解决消费后（post-consume）塑料垃圾的关键。

在从源头解决塑料污染的目标的推动下，通过全球承诺和塑料公约网络（Global Commitment and Plastic Pact network），共有 1000 多家企业、政府和其他组织联合起来共同支持塑料循环经济的共同愿景，在这个愿景中塑料永远不会成为废弃物。全球承诺的签署国共占塑料包装市场的 20% 以上，他们制定了 2025 年目标，以帮助实现这一共同愿景。经过几十年的增长，全球承诺品牌和零售商的原生塑料使用量有望达到顶峰，到 2025 年下降速度将更快。

（2）PET 回收技术。

PET 是用途最丰富的聚酯塑料，全球每年生产近 7000 万吨用于纺织品和包装（Markit, 2018）。废弃 PET 回收利用方法主要可分为三大类：物理回收法、化学回收法及生物回收法。当前，废弃 PET 回收利用的主要方法是物理回收法（周星等，2019）。常见的化学回收技术有超临界水解工艺（日本公司开发）、伊斯曼乙二醇水解工艺（伊斯曼化学公司开发）、Reco-PET 工艺；物理-化学回收技术有 Bühler 连续固相缩聚技术、Steching 后缩合工艺、URRC 工艺（美国）；经回收工艺处理过的 PET 瓶回收料可制备非结晶的 PET 片，包装材料及波纹形遮阳棚。经过"瓶—瓶"回收工艺处理的 PET 回收料可用于 PET 瓶的再生产和设计食品的 PET 瓶，利用回收的 PET 制造有色农药瓶代替玻璃瓶，有效减少了产品的破损率（李剑等，2017）。越来越多的废旧 PET 瓶被回收利用。它们被加工用于再制造 PET 瓶、生产用于制造服装或毯子的聚酯纤维（Majumdar et al., 2020；Zhang et al., 2020），以及用于增强混凝土（Foti, 2013；Ganesh Prabhu et al., 2014；Chavan & Rao, 2016）。与用于服装行业的聚酯纤维的生产相比，在瓶子再制造的方向回收 PET 瓶对环境更有益（Gu et al., 2020）。此外，食品级 PET 的瓶对瓶回收被认为是确保高质量回收材料的高效方法。目前 PET 主要通过热机械方式回收，但是会导致机械性能的损失（Ragaert et al., 2017）。科学家致力于开发 PET 新回收方式。已经报道了几种 PET 水解酶，但生产力有限（Wei et al., 2017；Kawai, F. et al., 2019）。Tournier et al.（2020）描述了一种改进的 PET 水解酶，它最终在 10 小时内实现了至少 90% 的 PET 解聚为单体，这种高效、优化的酶优于迄今为止报道的所有 PET 水解酶。科学家将 PET 和可再生资源衍生的化学品结合起来，创造出一种高性能、长寿命的复合材料，这种方法比现在的标准复合材料制造过程减少了能源投入和温室气体排放（Rorrer et al., 2019）。

（3）再生 PET 的利用途径。

一些生产商在其瓶装产品中使用高达 100% 的再生 PET（Brouwer et al., 2020），并且在过去几年中，欧洲使用再生 PET 进行塑料包装的情况显著增加（EMF and UNEP，2020）。一些行业倡议和私营部门公司已承诺提高其产品中的回收率和回收含量（Petcore Europe, 2019; EMF and UNEP, 2020）。他们的目标是到 2030 年回收和再利用 65% 的 PET 包装材料，其中 30% 的目标是通过闭环实现（Petcore Europe, 2019）。可口可乐、百事可乐、达能和雀巢等主要品牌已经签署了 Ellen McArthur 制定的全球承诺，达能和雀巢分别超过了这些目标的 50% 和 30%。虽然一些品牌已经在 PET 瓶中实现了 100% 的回收，但这些瓶子在进入收集和分类流程时，会与其他回收成分相对低得多的瓶子混合。因此，回收的 PET 含量水平有所降低。2018 年欧洲的装瓶商使用的再生 PET 平均含量约为 11%（Eunomia, 2020）。德国的一个 DRS（deposit return schemes）计划 PETCycle 拥有约 8% 的市场份额（Schneider, M. et al., 2020），规定其成员需使用至少 75% 的回收成分（2020 年为 55%）（PETCycle et al., 2020）。欧盟将饮料瓶的收集目标定为到 2029 年达到 90%（European Parliament, 2019）。届时，该收集量将使瓶子中的再生 PET 含量显著增加。包装生产商 Envases Universales de México 报道称，其于 2021 年 3 月启用了"世界上最大的 PET 回收设施"，年产能为 60000 吨，生产 FDA 级树脂，目前用于该公司的饮料产品，并将使他们能够在 2022 年提供至少 15% 的回收材料。目前各大饮料制造企业也纷纷投入到废 PET 瓶的回收与再生料利用中。例如，一家可口可乐旗下但独立于可口可乐公司之外的饮料瓶制造商表示，去年在欧洲生产的 PET 瓶中有 1/3 使用的是再生材料，另有 27.8% 使用的是植物基材料。而在 2014 年全年该公司使用了约 43436 吨再生 PET，折合所使用 PET 总量的 34%。

2. 中国的 PET 及 PET 饮料瓶回收利用情况

（1）PET 产量和回收率。

聚酯是生产 PET 瓶的原料，中国是世界上最大的聚酯生产国，产能占世界的 55% 以上。近年来，随居民消费结构升级，饮料行业提质增效，作为饮料包装主流的 PET 瓶生产量和消费量趋于稳定。据统计，我国饮料包装物中塑料瓶消费量超过 500 万吨 / 年，约 2000 亿个（人均约 143 个），居世界首位。2000—2018 年，中国累计丢弃 PET 瓶约 7800 万吨，相当于每分钟都会产生废弃 PET 瓶约 7 吨。大约 49 吨（63%）的废旧 PET 瓶是在中国国内生产的，29 吨（37%）是从其他国家进口的。中国是废弃 PET 瓶的净进口国，进口废弃 PET 瓶量是出口量的 290 倍（Zhang et al., 2014）。自 2010 年以来，中国已成为世界上最大的 PET 瓶消费国，2018 年前中国进口的消费后塑料中最大份额是 PET 瓶（Ren et al., 2020）。从 2000 年到 2018 年，国内生产的废弃 PET 瓶数量增长了 4.6 倍，亚洲是中国进口废弃 PET 瓶最多的地区，19 年来进口总量为 17.1 Mt，其次是美洲（5.9 Mt）。值得注意的是，由于其完善的回收系统，欧洲近年来只出口了 3.4Mt 的废弃 PET 瓶

（Waste Statistics，2018）。中国实施洋垃圾进口禁令后，2018年净进口回收量大幅下降。进口禁令对全球废塑料贸易的影响造成了中国再生纤维原材料的巨大短缺（Ma et al.，2020）。中国大多数废PET瓶被回收生产PET纤维，显著改善了全球PET循环度，减少了原始PET材料的使用，据估算可节省约109万吨石油化石资源（如煤炭和石油）的使用，避免了233万吨二氧化碳排放；从2000年到2018年，回收节约的资源将生产成本降低了98%（Ma et al.，2020）。

中国物资再生协会再生塑料分会统计数据显示，2019年国内废塑料回收量1890万吨，其中废弃PET瓶回收量最大，高达422万吨，占比22%。在回收的PET瓶中，饮料瓶比重相对较大。我国PET饮料包装的回收利用技术主要是物理回收法，且以生产再生纤维为主。Ma等（2020）认为中国PET瓶的平均回收率为88%，最高可达99%，高于日本、德国和美国等发达国家。根据中国物资再生协会再生塑料分会行业报告（《2019—2020中国再生塑料行业发展报告》），2019年国内回收废弃PET瓶约422万吨。其中，PET饮料瓶占比约为90%，以此比例计算，2019年回收PET饮料包装约380万吨。

中国废PET饮料包装回收经过几十年的实践，目前已经初步建立起了一套基于市场机制和价值规律的PET饮料瓶回收体系。随着垃圾分类在全国的普及，PET瓶的回收有望得到进一步加强。与其他国家相比，中国的原生回收体系受经济市场驱动，具有比较高的运行效率，尤其是在PET饮料包装等价值较高的废弃物方面，有其独特的优势。再生PET在纺织行业已实现了广泛应用，超过了80%的再生PET进入再生纤维行业，但近年来再生纤维行业产能过剩问题凸显，PET的多元化及高值化再生利用成为新趋势。表2-1汇总了目前已有文献中报道的中国废PET瓶回收利用率情况。

表2-1 已有的研究中我国的废PET瓶回收率汇总

文献	PET瓶回收利用率	时间	方法	尺度
卢伟，2010	94.7%	2005	不详	全国
Chu et al.，2021	6%～10%	2000—2005	不详	全国

续表

文献	PET瓶回收利用率	时间	方法	尺度
Chu et al., 2021	84%	2010	不详	全国
Chu et al., 2021	90%	2011—2018	不详	全国
蒋南青, 2020	90%~99%	2020	不详	不详
Ma et al., 2020	83%	2018	MFA	全国
毕莹莹等, 2021	95%	2019	MFA+调研	全国
Zhang & Wen, 2014	100%	2014	问卷调查	北京

（2）PET回收渠道和回收政策模拟。

有研究预测，在未来中国PET瓶生产将处于缓慢增长阶段，2025年前平均增长率为2.37%；随后，增长率逐渐稳定，年均增长率为0.3%，到2035年后产量将达到992万吨。目前正规部门的回收占比较小，仅占市场回收PET瓶的10%，大部分PET瓶被非正规部门回收，即拾荒或废品变卖（Wang et al., 2020）。Zhang and Wen（2014）的研究也表明，2012年，北京PET瓶的消费量接近10万吨。近90%的废弃PET瓶由非正规部门收集回收。我国回收行业的瓶对瓶回收（bottle-to-bottle）概念还处于起步阶段。针对不同政策模拟，退税政策的实施会影响正式回收部门的回收率。当退税政策比率设置为30%时，正式回收部门的利润率不仅高于行业盈利能力，而且实现了最优的外部性成本。退税政策可以有效地刺激正规部门收集和回收废PET瓶，同时抑制非正规部门的回收。政策组合的协同效果明显，当正规回收率比例由10%提高到65.5%，非正规回收率比例相应地可以从90%下降到34.5%。Gu等（2020）模拟了实施押金制度、推广回收材料、加强环保法规，加强PET瓶回收系统再生技术。选择能够有效发挥各政策情境优势的有利策略构建组合政策情境，理想情况下，政府应实施押金制度，促进再生材料的应用，完善环境法规，加强回收技术。从2020年到2040年，组合情景的累积环境性能损失值将进一步达到80.2亿元，仅为基础情景的52.52%，远低于其他情况，废水、废气和固体废物累计减排可分别为0.98万吨、3.61万吨和3.41万吨。

3. 中国 PET 回收率测算的不确定性分析

目前针对中国的 PET 回收率计算尚未从物质流分析的角度，综合考虑 PET 的生产、消费、进口和出口等几个重要环节，PET 回收率的计算可能存在不确定性，主要有以下几个方面。

（1）系统边界的不确定性。

①回收量的不确定性。从国家尺度来说，PET 回收量的计算存在不确定性。一般来说，回收率的计算公式，分子一般指回收量。国际上 PET 回收率的数据有较大波动。日本等发达国家对外公布的回收率较高，在 75%～90%（CPCB，2019）。但是 2006—2017 年，日本出口到中国等国家的废旧 PET 瓶占总回收量的 32%～47%。回收率计算公式中，2018 年前，日本把出口国外的回收量也包含在回收量中，如果去除这部分数据，极大降低了发达国家的回收率数据，日本 PET 的回收率仅在 41%～51%（图 2-1），与对外公布的数据产生较大差异。2000—2018 年，中国有 2900 万吨的 PET 瓶来源于进口，占总回收量的 37%，占全球总 PET 出口量的 40%（Ma et al.，2020）。由此可以推测，在计算中国区域内的回收率时，可能无法进一步厘清废旧 PET 瓶的来源，尤其是在中国禁止洋垃圾入境政策出台之前，可能将国外进口的回收量整合到国内回收体系中，增加了中国区域内的回收量，使得中国回收利用率数据偏高。因此，需要确定系统边界，追溯废旧 PET 瓶的来源和流向，以合理分析 PET 瓶回收率，也增强各国 PET 回收数据的可比性。

② PET 瓶的生产和销售量的不确定性。由于国际贸易，PET 瓶的生产量和销售量存在一定差异，在回收率计算公式中的分母具有较大差异。有的选择 PET 瓶的生产量，有的选择销售量，也导致了回收率计算的差异。2005 年之后，日本采用销售量作为回收率计算的依据，而在此之前，选择生产量作为计算依据（CPCB，2018）。

（2）回收渠道的不确定性。

PET 瓶的收运过程数据存在不确定性。回收渠道多，政府主导下的物资回收公司、市场主导的物资回收公司和大量小型分散的非正规回收者，给抽样调研带来一定困难，给回收率的测算带来一定困难。全国 70% 以上地级市出台或修订了垃圾分类管理条例或办法，设定了定量的分类目标和规范。厦门等城市已经开展精细化分类试点，2020 年制定《厦门市生活垃圾低附加值可回收物指导目录》，但是可回收物的流动和去向尚未完全纳入官方统计。从收运环节上看，PET 的回收率计算也存在难点。课题组实地走访了上海的物资回收公司，该公司负责上海市宝山区 84 个小区，覆盖人口大约 19 万人。在走访中我们发现，由于塑料种类多，该公司并没有掌握 PET 回收量的细分数据。大量非正规部门是回收渠道的主要力量。有研究表明，中国有 0.53%～0.93% 的人口在城市从事非正规的垃圾回收工作，这一群体以农村务工人员为主（Linzner et al., 2014）。调查显示，2012 年，67% 的居民选择非正规回收作为可回收物的回收渠道，2017 年仍有 38% 的人选择非正规回收作为可回收物的回收渠道，在郊区这一数字高达 45%（Xiao et al., 2017）。非正规回收渠道处于灰色地带，往往没有体现在回收率的测算中。由此可见，回收渠道多、数据来源复杂，从回收渠道计算回收率，也存在一定困难；需要进一步设计并细化调研方案，以进一步掌握 PET 的回收率数据。

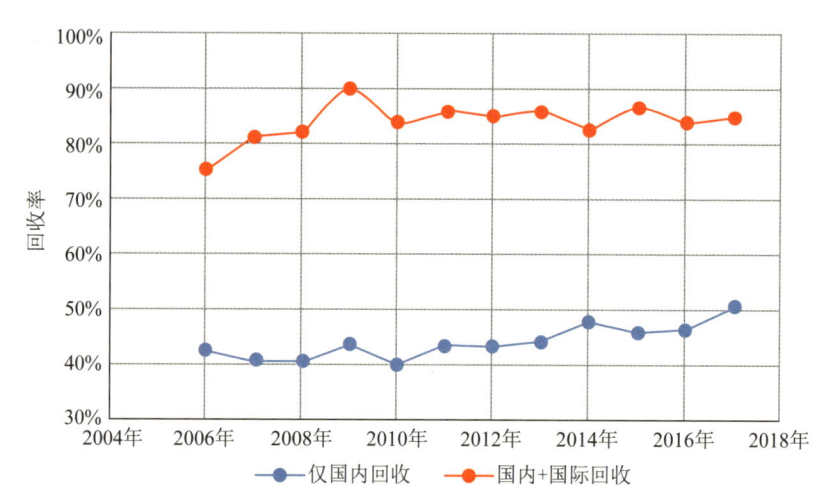

图 2-1 考虑国内和国外回收市场的日本 PET 瓶回收率

（3）抽样调研的不确定性。

我国社会经济发展具有不均衡性，区域差距持续扩大，对固废管理采取不同的优先级别，将显著影响区域的 PET 回收率。如各省的垃圾填埋比例与 GDP 呈现显著负相关（r=-0.434，p=0.015），东部沿海经济发达省份焚烧比例显著高于其他地区。在一些调研报告中，仅选取东部省份进行抽样调研，这些地区已经初步建立起市场驱动的回收体系。生活垃圾产量和成分或将受到个体（生活习惯、家庭规模等）、区位（气候特征、城市化水平、城市规模、社会经济发展）和制度（回收政策）等多重因素综合影响。在 PET 收运过程中，还存在大量中途弃置，造成 PET 统计的流失。利用个别城市末端填埋厂和焚烧厂的 PET 数据推算 PET 回收率，不具有典型性和代表性，导致回收率的结果存在不确定性。因此，综合考虑区域社会经济、消费习惯等因素，合理选取抽样调查区域，是科学评估中国 PET 回收率的重要前提。

二、PET 饮料瓶回收利用率的研究综述

尽管 PET 瓶被认为是全球最容易被回收利用的塑料之一，但实际上目前仍然缺乏废弃 PET 瓶回收利用率的可靠数据，不同研究之间的数据差异较大。目前对于废弃 PET 瓶回收利用率测算的方法并不统一，总体而言都是基于静态或动态物质流（material flow analysis，MFA）的方法学框架，在数据来源和关键参数确定等方面仍各有差异。以下对目前开展的 PET 瓶回收利用率测算研究采用的方法进行分析。

（一）物质流分析法

1. 概述

物质流分析是在一个国家或地区范围内，对特定的某种物质进行工业代谢研究的有效手段，它向我们展示了某种元素在该地区的流动模式，可以用来评估元素生命周期中的各个过程对环境产生的影响。由于工业代谢是原料和能源在转变为最终产品和废物的过程中，相互关联的一系列物质变化的总称，所以物质流分析的任务是弄清楚与这些物质变化有关的各股物流的情况，以及它们之间的相互

关系，其目的是从中找到节省自然资源、改善环境的途径，以推动工业系统向可持续发展的方向转化。物质流分析研究因其强烈的政策导向和对政策的指导意义而受到国际上的关注，通过物质流分析，可以控制有毒有害物质的投入和流向，分析物质流的使用总量和使用强度，为环境政策提供新的方法和视角，为决策者在资源和环境方面决策提供参考。目前已有大量的物质流分析的研究，在钢铁、有色金属、稀土、塑料、生活垃圾等都有应用。MFA 的研究一般会建立某种物质的生产加工、流通、使用、废弃物产生、回收、处理处置等不同阶段的物质流动过程，研究其流量和存量规律，并基于物质平衡的基本原理，对不同来源的数据进行交叉检验，最终得出某种物质的系统流向。物质流分析分为静态和动态物质流（Dynamic MFA, DMFA）两种，DMFA 一般是基于某种产品的历史存量和寿命期（或使用时间），预测或反推其在某年的废弃物产生量。采用 MFA 计算某种物质的回收利用量，进而测算其回收利用率，可以用来找到某种物质在社会经济系统中的循环利用关键节点，进而找到促进其物质减量或循环利用的对策。

栾晓玉等（2020）建立了我国全种类塑料的物质流分析框架，如图 2-2 所示。同其他物质流分析框架类似，塑料物质流的分析框架将塑料生命周期分为 3 个阶段：生产加工阶段、使用阶段、回收处理阶段。其中，生产加工阶段包括塑料生产、塑料产品生产等过程；使用阶段为塑料在各终端领域的使用和消费过程；回收处理阶段包括塑料的报废、废旧塑料产品的回收、终端处理以及再生利用等过程。

在本节，我们汇总了 3 项有代表性的 PET 瓶相关的物质流研究成果，分别来自国内塑料物质流研究领域较有影响力的研究团队，分别是山东大学（栾晓玉等，2020）、北京工业大学（戴铁军和肖庆丰，2017）和中国科学院厦门城市环境研究所（Ma et al., 2020）。值得注意的是，从已有的文献看，国内 PET 的 MFA 分析在 2017 年起步，是目前 MFA 研究领域的热点之一。表 2-2 是目前开展 PET 塑料或 PET 瓶物质流研究常用的数据来源，图 2-2 是有代表性的 PET 塑料或 PET 瓶物质流研究框架图。

表 2-2　中国 PET 等塑料利用的主要数据来源

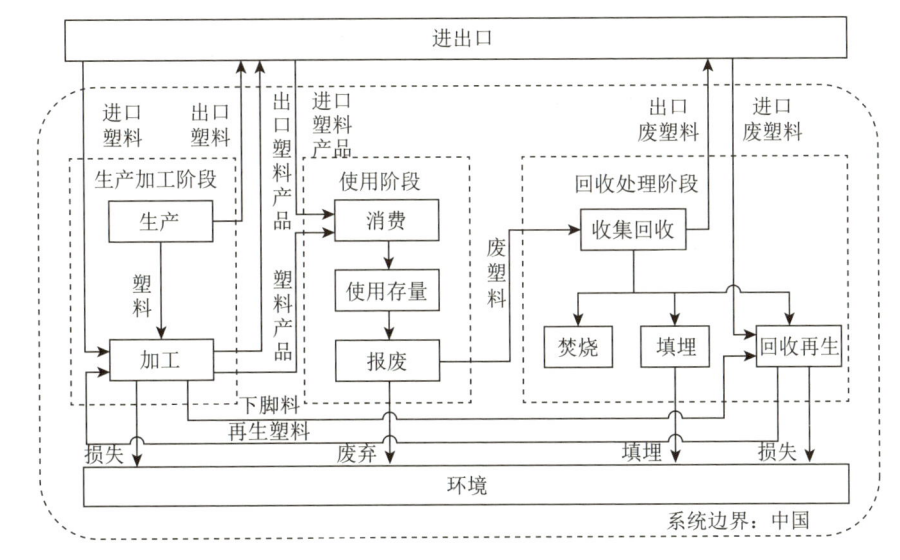

数据类型	数据来源
塑料生产量、进出口量、塑料产品进出口量	《中国统计年鉴》《中国海关统计年鉴》《中国塑料工业年鉴》《中国化学工业年鉴》《中国纺织工业年鉴》
塑料产品消费结构、使用年限	《中国塑料工业年鉴》
废塑料回收率、生活垃圾焚烧量、填埋量、废塑料进出口量	《中国塑料工业年鉴》《中国城市建设统计年鉴》《中国再生塑料行业发展报告》《中国资源综合利用年度报告》

资料来源：栾晓玉等（2020）。

图 2-2　目前已有的塑料物质流分析框架

（1）北京工业大学的研究。

戴铁军和肖庆丰（2017）较早采用物质代谢分析的方法报道了我国 PET 瓶回收利用率。研究表明，2011—2014 年我国塑料包装废弃物回收利用量分别为 837 万吨、992 万吨、847 万吨和 1240 万吨。在回收利用的塑料包装废弃物中，很大一部分来自废弃的 PET 瓶，约占 49.2%。在这项研究中，2011 年至 2014 年的废 PET 瓶回收利用量分别为 411.8 万吨/年、488.1 万吨/年、416.7 万吨/年、610.1 万吨/年。而 49.2% 的关键参数引用自清华大学张天柱教授课题组博士论文《废弃物循环利用系统物质代谢分析模型及其应用》，"从废塑料包装的回收利用上看，PET 瓶的回收量占到了废塑料包装回收总量的 49.1%"（图 2-3）。而此图所标注的数据来源是中国物资再生协会、《中国包装年鉴》。根据清华大学的这项研究，2005 年我国 PET 瓶的回收量为 142 万吨，回收利用率为 94.7%。

资料来源：卢伟，2010。

图 2-3　2005 年废弃包装物的物质流动分析

（2）山东大学的研究。

从 PET 瓶的生产消费数据看，《中国塑料工业年鉴》中有关于 PET 塑料的生产量、进出口量、消费量的数据。而按照终端产品类型划分，可分为建筑材料、包装产品、农业产品、家用电器、家庭用品、服装鞋帽、汽车、家具、玩娱用品、工业产品、其他等 11 个类型。按照目前已有的统计数据划分方法，PET 饮料瓶的生产和消费数据并没有专项的统计数据来源。Chu et al.（2021）在其 PET 塑料物质流研究中对四类 PET 产品进行了划分，分别是纤维级、瓶级、薄膜级，其他（EP-grade PET）。在其研究中引用了高小山等（2012）的工作，提供了上述四类 PET 聚酯产品的产量数据（2000 年、2005 年、2010 年），如在 2010 年 PET 聚酯的总产量为 2905 万吨，其中瓶级 PET 的产量为 445 万吨，占 15.3%。

从 PET 瓶消费后的废弃物管理数据看，Chu et al.（2020）的研究将 PET 产品的使用期（residence time）设定为 1 年，即当年消费的 PET 塑料产品全部将转变为 PET 废弃物，对于 PET 瓶也是如此。Chu et al.（2020）的研究中，其 MFA 的结果中并没有显示 PET 瓶的回收利用量，但是在结论中做了如下说明（但未见文献出处）：

① 2000 年至 2005 年，PET 瓶的回收利用率为 6%～10%；

② 2010 年，PET 瓶的回收利用率为 84%，但未说明其快速提高的原因；

③ 2011 年至 2018 年，PET 瓶的回收利用率为 90%。

在 2011—2018 年 PET 回收利用率的描述中，该研究引用了中国合成树脂供销协会蒋南青博士在"废塑料新观察"中的推测，即"中国 PET 瓶的回收率，尽管没有确切调研数据，但中国 PET 瓶的高回收率是一个不争的事实，与业内同行讨论，得到的所有回答都是很高，90%，甚至有的说达到 99%"。表 2-3 是 Chu et al.（2020）文献的 Supporting Information 里提供的计算数据。从该数据表也可以看出，对于 PET 塑料回收的数据也没有分解到不同的 PET 产品类型，即没有我国 PET 瓶回收利用率的准确数据和可靠的数据来源。

表 2-3　我国 PET 塑料回收和处理情况（2000—2018 年）　　单位：万吨

年份	机械回收	化学回收	焚烧	垃圾填埋	未知方式 / 丢弃
2000	89.66	4.98	1.54	214.38	242.07
2001	92.22	5.12	1.59	220.52	249.00
2002	133.56	7.42	2.30	319.36	360.60
2003	165.35	9.18	2.85	395.39	446.45
2004	199.62	11.08	3.44	477.32	538.97
2005	229.84	12.76	3.96	549.59	620.57
2006	413.89	13.00	150.21	584.83	460.61
2007	497.83	15.63	180.68	703.44	554.03
2008	485.48	15.24	176.20	685.99	540.29
2009	533.91	16.77	193.77	754.43	594.19
2010	626.06	19.66	227.22	884.63	696.74
2011	715.44	22.47	259.65	1010.93	796.21
2012	787.78	24.74	285.91	1113.75	876.72
2013	792.92	24.90	287.77	1120.41	882.43

续表

年份	机械回收	化学回收	焚烧	垃圾填埋	未知方式/丢弃
2014	864.42	27.14	313.72	1221.45	962.01
2015	943.84	29.64	342.55	1333.67	1050.40
2016	880.65	27.65	319.62	1244.38	980.07
2017	971.19	30.50	352.47	1372.31	1080.83
2018	995.78	31.27	361.40	1407.06	1108.20

资料来源 Chu et al., 2020。

对于现有 PET 瓶物质流研究中引用得较多的数据来源之一《中国再生塑料行业发展报告》[1]（编写单位为中国物资再生协会再生塑料分会），目前已经有 2016—2017 年、2017—2018 年、2018—2019 年、2019—2020 年、2020—2021 年等年份的数据。在"中国再生 PET 国内回收情况"的章节中，对 2012 年至 2017 年的数据进行了汇总。PET 塑料的国内回收量为 400 万～500 万吨/年，其中 2017 年的再生 PET 塑料的实际产量约为 522 万吨，其中废旧 PET 瓶是我国再生 PET 的主要回收来源，占比超过 60%。而根据表观消费量预测，PET 塑料应该可以达到 820 万吨/年，其主要原因是废旧 PET 瓶回收低于预期。2012 年至 2017 年我国再生 PET 回收利用的情况如图 2-4 所示。2020 年，中国废弃 PET 毛瓶回收量为 380 万吨，同比下降了 80% 以上，目前中国 PET 毛瓶回收率为 70%～90%。

（3）中科院城环所的研究。

Ma et al.（2020）也采用物质流方法对我国的 PET 瓶流动过程进行了分析。该研究同样也是基于生产、制造、使用、废弃物管理全过程，建立了 MFA 模型。在回收方面的主要数据来源是中国物资再生协会再生塑料分会的行业发展报告。以下为 2000 年和 2018 年 2 个年份点的 MFA 结果（单位为万吨）。可以很清楚地看到，在 2000 年废 PET 瓶的回收量主要是来自进口，而在 2018 年由于我国的"绿篱行动"禁止塑料垃圾进口，国内的废 PET 瓶回收已经成为绝对的主导。采用此数据估算 2018 年我国废 PET 瓶的回收利用率为 83%。

---

[1] 资料来源：《中国再生塑料行业发展报告（2017—2018）》。

图 2-4　2012—2017 年中国再生 PET 国内回收量变化趋势[①]

表 2-4　中国 PET 瓶生产、处理处置与回收　　　　　　单位：Mt

年份	生产			处理处置		回收			
	PET 瓶片	PET 瓶坯	PET 瓶生产	焚烧	填埋	新瓶	纤维	PET 带	其他
2000	1.04	0.99	0.95	0.00	0.11	0.00	2.03	0.17	0.22
2001	1.12	1.07	1.03	0.00	0.12	0.00	2.08	0.17	0.22
2002	1.32	1.26	1.21	0.00	0.14	0.00	2.16	0.18	0.23
2003	1.57	1.49	1.43	0.00	0.17	0.00	1.82	0.15	0.20
2004	1.92	1.82	1.75	0.00	0.21	0.00	2.69	0.22	0.29
2005	1.94	1.82	1.75	0.00	0.21	0.00	1.85	0.15	0.20
2006	2.20	2.06	1.98	0.00	0.24	0.00	2.09	0.17	0.22
2007	2.52	2.36	2.26	0.00	0.27	0.00	2.60	0.22	0.28
2008	2.43	2.26	2.17	0.00	0.26	0.00	2.49	0.21	0.27
2009	2.79	2.59	2.49	0.00	0.30	0.00	2.98	0.25	0.32
2010	3.67	3.42	3.29	0.00	0.88	0.00	3.41	0.28	0.37
2011	3.27	3.01	2.89	0.00	0.28	0.00	3.59	0.30	0.38
2012	3.49	3.21	3.08	0.00	0.10	0.00	4.22	0.35	0.45

① 资料来源：《中国再生塑料行业发展报告（2017—2018）》。

续表

年份	生产			处理处置		回收			
	PET瓶片	PET瓶坯	PET瓶生产	焚烧	填埋	新瓶	纤维	PET带	其他
2013	3.86	3.56	3.42	0.00	0.10	0.00	4.63	0.39	0.50
2014	3.87	3.57	3.43	0.00	0.15	0.00	4.49	0.37	0.48
2015	4.44	4.11	3.95	0.00	0.05	0.00	4.99	0.42	0.54
2016	4.33	4.00	3.84	0.00	0.07	0.00	5.29	0.44	0.57
2017	4.75	4.38	4.20	0.00	0.31	0.00	5.09	0.42	0.55
2018	4.96	4.56	4.38	0.00	0.26	0.00	3.47	0.29	0.37

资料来源：Ma et al., 2020。

2. 基于 MFA 的逆向测算法

2020 年 8 月，中国环境科学研究院、中国饮料工业协会联合发布了《我国 PET 饮料包装回收利用情况研究报告》，2021 年 8 月该研究发表于《环境工程技术学报》（毕莹莹等，2021）。该研究总体基于 MFA 框架，其中有大量数据基于一线实际调研，在评估我国废旧 PET 瓶回收利用率中提供了很有价值的参数。不同于以往的 PET 塑料物质流研究，该研究从 PET 瓶生产端和环境损失端入手，采用"逆向"测算的方法分析 PET 瓶的回收利用率。该研究的技术路线如下图 2-5 所示：

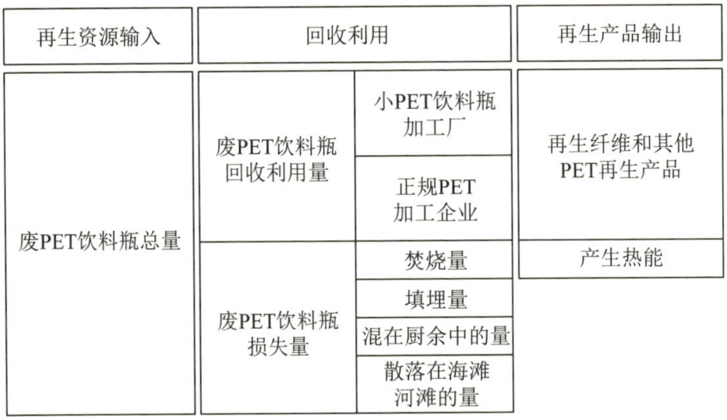

图 2-5 技术路线图[①]

---

① 资料来源：毕莹莹等，我国废 PET 饮料瓶产生量与回收水平研究，环境工程技术学报，2021。

该研究的主要发现如下：

①获得了我国单个PET饮料瓶的平均质量参数。对饮料瓶类型、使用量、单个饮料瓶质量进行调查，调查典型样本企业的包装饮用水、碳酸饮料、非碳酸饮料等不同饮料产品的不同规格（330mL、400mL、500mL、550mL、600mL、1000mL、1250mL、1500mL、2000mL、2500mL、5000mL）PET瓶的质量。调研样本为包装饮用水、碳酸饮料、非碳酸饮料三大类饮品的主要供应企业，能够反映国内饮料市场分布情况，其PET瓶子规格涵盖了市场上90%以上种类。该研究调查的$3.3×10^{10}$个PET饮料瓶的质量及占比信息：碳酸饮料的单个PET瓶质量为18～45.7g，其中，20～30g占比最大，为53.52%；非碳酸饮料的单个PET瓶质量为22～46g，其中，20～30g占比最大，为13.29%；包装饮用水的单个PET瓶质量为9.4～76g，其中，20g以下占比最大，为21.74%。根据不同规格PET饮料生产量（消费量）的占比，确定了我国单个PET饮料瓶的平均质量为23g。根据上节的分析，我国一直缺乏实际进入消费流通环节的PET饮料瓶的质量数据，该研究得出的23g/PET瓶的参数，提供了一种采用"饮料总产量"测算废PET瓶产生量的新途径。

②获得了我国典型地区各类垃圾处理厂中的废PET瓶遗漏率。该研究选择北京和海南两地开展了实地调研，调研样地包括7个不同类型的垃圾处理厂，采用称重法得到废PET饮料瓶占进场垃圾的比例数据，再通过我国城市生活垃圾处理量的官方统计数据建立关联，从而得到进入各类生活垃圾处理厂的废PET瓶量的数据（未被回收利用的PET瓶）。采用该方法获得的废PET瓶比例参数具有一定的参考意义。主要结论如下：a.餐厨垃圾处理厂中，3t的餐厨垃圾运输车含有10～15个PET饮料瓶，餐厨垃圾处理厂的PET饮料瓶在我国废PET饮料瓶总量中占比约为0.25%；b.垃圾填埋场中，1t填埋垃圾中含有15～35个PET饮料瓶，垃圾填埋场中PET饮料瓶在我国废PET饮料瓶总量中占比约为1.57%；c.焚烧发电厂中，1t垃圾中含有20～38个PET饮料瓶，垃圾焚烧厂PET饮料瓶在我国PET饮料瓶总量中占比约为1.80%。

③估算了我国海洋垃圾中的PET瓶占比。不同海滩的一般塑料类垃圾数量

为 0.02～3.6 个 /m²，质量为 0.4～110g/m²，其中，PET 饮料瓶数量不尽相同，其密度在 0～0.025 个 /m²。海滩面积以我国滩涂面积为 21709km² 计，则海滩垃圾中的 PET 饮料瓶在我国废 PET 饮料瓶总量中的比例远低于 1%。

④其他有价值的关键参数：a. 根据中国物资再生协会再生塑料分会的不完全统计，饮料瓶在废 PET 瓶中的占比近 90%，而饮料瓶的流通周期通常为半年左右；b. 我国废 PET 瓶 2014 年至 2019 年的产生量分别为 415 万吨、440 万吨、457 万吨、449 万吨、389 万吨、442 万吨。

⑤采用该方法推测，现阶段我国 PET 瓶的回收率超过 95%[①]，已处于较高的水平。

3. 其他研究方法

（1）清华大学的研究。

Zhang and Wen（2014）研究了北京市废 PET 瓶的消费和回收系统。该研究在北京市发放了两类调查问卷，其中一份给 PET 瓶消费者，另一份给 PET 瓶回收商，即参与收集和回收 PET 瓶的人。回收 PET 瓶的人包括拾荒者、巡回垃圾购买者、小型社区垃圾购买站、中型 / 大型回收站和回收公司。总共完成了 580 份调查问卷，其中 461 份由消费者完成，119 份由回收商完成。研究发现，2012 年北京的 PET 瓶消费量接近 10 万吨。90% 的消费后 PET 瓶由非正式收集者收集。调查还发现，几乎所有 PET 瓶都是由缺乏环境污染控制设施的小工厂进行再加工的，这使得他们能够为可回收的废瓶提供更高的价格。相比全国尺度的 PET 物质流研究，这项研究以城市为案例，开展了更为细致的工作。但是在这项工作中，作者假设了 100% 的废 PET 瓶回收利用率，即消费后的 PET 瓶在北京市得到了完全的回收。

这项研究进一步打开了 PET 瓶进入废弃物管理阶段后可能的流向，但对于掌握中国废 PET 瓶回收利用率参数也存在一定的局限性：①首先，在本研究中未考虑流入环境或生活垃圾处理设施的废 PET 瓶；②本研究基于问卷调查，即消费者或者回收商个人的态度，采用这种方式区分 PET 瓶的流向；在人群选择的代表性

---

① 资料来源于较新的科技文献（毕莹莹等，2021）。

以及"态度—行动"一致性等方面,采用这种方法也可能存在一定的不确定性。

(2)中科院生态环境中心的研究。

中科院生态环境中心在 2019 年承担世界自然基金会基线研究课题"长江中下游地区塑料垃圾产生源特征与迁移规律研究",开展了全国范围的问卷调查,其中也涉及 PET 瓶回收利用的问卷,对于认识废 PET 瓶回收利用也有一定的参考价值。

在开展该研究时,设置以下问题:Q16 对于上述 7 种类型塑料制品,您共同生活的所有家庭成员曾经贩卖或赠送给保洁、物业、拾荒者的类型有:[多选题]
□一次性塑料袋;□食品包装塑料瓶罐;□日化用品塑料瓶罐;□快递塑料包装;□零副食品塑料包装;□外卖塑料包装;□生鲜塑料包装盒;□都没有。

问卷调查共获得中国大陆地区有效数据 10357 份,关于上述问题的结果如图 2-6 所示。食品包装塑料瓶罐(以 PET 材料为主),有 60.45% 的受访者表示曾经贩卖或赠送给保洁、物业、拾荒者。这说明只要消费者有贩卖或者赠送的渠道,废 PET 瓶得到回收利用的可能性还是较大的。

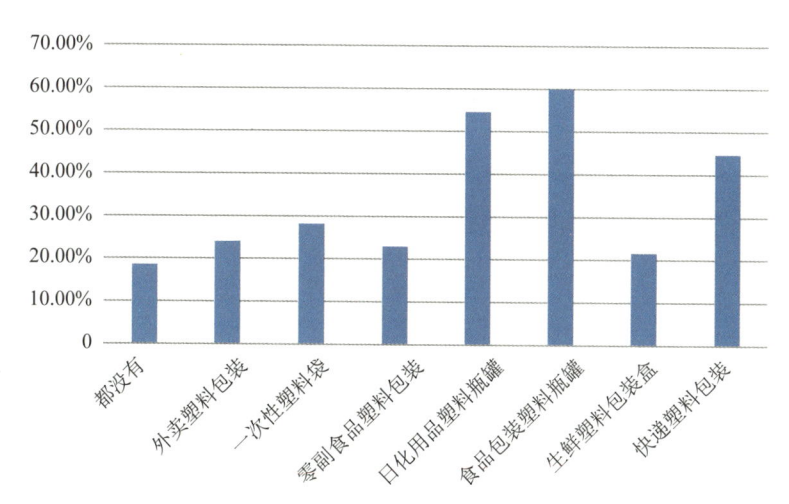

资料来源:中科院研究报告。

图 2-6 家庭曾经贩卖或赠送的塑料包装种类分布

此外,中科院生态环境研究中心还开展了一项基于价值链的城市可回收物回收可持续性模型的研究。在这项工作中，研究团队调研了北京市各类典型可回收物的价值链传递过程，基于北京市内的收集、中转以及外运资源化利用的成本分析和各类可回收物的预期收益，对不同类型的可回收利用可持续性进行了评价。研究结果表明，在所有的 7 类可回收物中，废 PET 瓶具有最高的回收可持续性，总收益 / 总成本 >1 的网格（1km²）覆盖率为 100%，且高达 3.80 ～ 5.15，远超回收临界值。这说明，在现有的回收体系中，如果不是非常规的环境遗漏（如随意抛弃到难以捡拾的自然环境中），废 PET 瓶具有 100% 理论回收可能性。当然，这并不代表在北京市所有的 PET 瓶都得到了回收利用，例如被污染的 PET 瓶仍然可能送到垃圾处理设施处理处置。但这项研究的结果显示，在常规条件下，PET 瓶的回收至少在北京市并不是一件非常困难的事情。

4. 汇总评估各类方法的要点与不足

（1）基于 MFA 的统计数据测算法。

尽管 MFA 分析方法是解析物质在社会经济系统中流动、存量、回收等情况的系统化常规方法，但是其模型的构建对数据有较高的要求。目前同其他塑料物质流分析存在数据质量问题一样，PET 瓶的物质流分析也存在 MFA 各环节的数据缺失和数据质量问题。表 2-4 展示了目前的塑料物质流研究各个环节的数据质量水平（Wang et al., 2022）。可以看出，对于构建一个完善的塑料物质流模型，目前仍然大量缺乏高精度和连贯的数据。总体而言，塑料制品和废弃物的数据不相匹配的情况非常突出。目前，塑料库存和流量的数据是根据不同的目的编制的，以适用不同的生命周期阶段。在材料生产阶段，按聚合物类型收集数据。在半制造、制造和消费阶段，数据主要按含有塑料的产品收集，而不是按塑料类型收集。在寿命结束阶段，塑料废物未被专门跟踪，但通常被视为工业固废或城市生活垃圾的一部分。通常，塑料废弃物处理路径没有完全记录，尤其是对于管理不当的废弃物。此外，回收塑料废物的使用情况也很少有记录，需要估计各种半成品、成品、工业废物和城市生活垃圾中塑料的数量和类型（Wang et al., 2022）。

在物质流分析框架下解析 PET 瓶的回收利用率同样存在数据局限性。

第一，从PET瓶的生产消费数据看，《中国塑料工业年鉴》中有关于PET塑料的生产量、进出口量、消费量的数据。而按照终端产品类型划分，可分为建筑材料、包装产品、农业产品、家用电器、家庭用品、服装鞋帽、汽车、家具、玩娱用品、工业产品、其他等11个类型。按照目前已有的统计数据划分方法，PET饮料瓶的生产和消费数据并没有专项的统计数据来源。

第二，在已有的物质流研究中，对于我国实际的废PET瓶回收利用量或回收利用率并没有来自官方口径的统计数据。例如，在Chu et al.（2020）的研究中，其划分的三个年份段，即2000—2005年、2010年、2011—2018年，其PET瓶的回收利用率为6.0%～10%、84%、90%。而这些全国尺度的回收利用率的数据还是缺乏可靠的统计来源。再如，《中国再生塑料行业发展报告》中提供了中国再生PET国内回收量数据，这个数据的绝对值来自中国物资再生协会，是协会各个会员企业提供的数据，相对较为可靠。但是，废旧PET瓶的回收量在所有再生PET塑料中的占比为60%，这也仅仅是粗估的数据。

第三，我国PET瓶还有数量可观的非正规回收，这些回收虽然可能会造成一定的环境影响，但从PET的回收利用角度，其也得到了回收并产生了相应的再生资源经济价值。这部分的回收量统计目前仍然是我国废PET瓶回收利用数据收集的"盲区"。

（2）基于MFA的环境遗漏逆向测算法。

中国环境科学研究院、中国饮料工业协会联合发布的《我国PET饮料包装回收利用情况研究报告》针对前期PET瓶物质流研究的关键数据缺失问题，基于大量的实地调研采样分析，获得了非常有价值的参数，得出的结论具有一定的参考意义。但是在数据的准确性上也存在以下不足：

①实地调研和样本采集的数量仍然有限。

该研究选择北京和海南两地开展了实地调研，调研样地包括7个不同类型的垃圾处理厂。垃圾厂调研难度巨大，调研获得的数据仍然有较大的局限性。第一，北京和海口两地都是省会城市，其经济发展和消费水平同同区域的其他城市差异较大，因此PET饮料瓶的消费水平和城市配套的可回收物收集能力也存在较大的差异。第二，在上述文献中没有说明调研的季节，如果是单一季节采样，其数据也可能存在较大的波动。例如在夏季是瓶装饮料消费的高峰，而冬季的消费量明显低于其他季节。第三，采样的样本量也偏低，例如餐厨垃圾的PET残留测算，采用了12组数据进行分析，代表性相对有限。

②关于生活垃圾产生量和处理量等关键数据的范围有局限。

该研究采用了我国城市生活垃圾统计年报的数据作为PET瓶垃圾场流向的计算基数，再采用PET瓶的生产量作为分母分析总体回收利用率，这会导致计算结果偏高。根据我国生活垃圾管理的统计口径，目前分为地级市（主城区范围）、县城（有数据）、村镇（暂无公开的官方统计数据），在该研究报告中使用的是地级市（主城区范围），未考虑县城和村镇。根据住建部统计公报，2019年我国县城的生活垃圾产生量为6871万吨，是地级市（主城区范围）生活垃圾产生量的28%。另外，我国还有约50%的人口生活在村镇，而村镇垃圾的回收距离大于农村，如按回收的经济效益考虑，PET瓶回收的概率也低于城市。因此，该研究中提出流向垃圾处理厂的废PET瓶占生产量的3.6%，此数据可能被低估。

③关于海滩环境遗漏PET瓶的关键数据准确度还有待提升。

该研究采用的海滩塑料垃圾密度数据来自海滩现场实测，并综合了全国公益净滩行动的统计数据。根据研究结果不同类型海滩塑料垃圾的质量波动范围为$0.4 \sim 110 \text{g/m}^2$，波动范围较大，再叠加我国总体的海滩面积来估算我国海滩的废PET瓶垃圾可能带来较大的差异。此外，海洋PET瓶遗漏包括海滩和海洋两部分，还可能包含河流、湖泊、农田、森林等内陆环境的遗漏，仅采用海滩的遗漏也会低估废PET瓶环境遗漏的实际数值。

三、长三角PET饮料瓶废弃量与回收利用率分析评估

本部分内容选择我国经济发展水平最高的长三角地区，研究该地区废弃PET饮料瓶产生、回收利用、处理处置和环境排放的现状情况。第一，根据前期完成的问卷调查结果，得到废弃PET瓶产生量；第二，根据上章综述的PET饮料瓶

回收利用率范围，估算长三角地区的回收利用情况；第三，未被回收利用的废弃 PET 饮料瓶被认为当作生活垃圾处理处置，其无害化处理率按住建口统计资料计算；第四，未被妥善处理处置的 PET 饮料瓶，被认为是环境遗漏，这既包括排放到自然环境中的，如河流、海滩、农田等，也包括排放到未达到无害化标准的处理设施中的，如简易堆场、露天焚烧场等。

（一）长三角地区废弃 PET 饮料瓶产量分析

长江三角洲地区（简称长三角地区），包括上海市、江苏省、浙江省、安徽省，共计 41 个城市；位于中国长江的下游地区，濒临黄海与东海，地处江海交汇之地，沿江沿海港口众多，是长江入海之前形成的冲积平原。根据《中国统计年鉴》（2021 年）数据，长三角地区 4 省份的相关社会经济数据如表 2-5 所示。总体而言，除安徽省外，长三角地区的江浙沪三省市在城镇化率、人均 GDP、城乡居民的人均消费支出（食品烟酒类）均显著高于全国平均水平。

表 2-5 长三角地区四省市社会经济相关数据

省份	人口数/万人	城镇化率/%	GDP/亿元	人均消费支出（食品烟酒）/元 平均	城镇	农村
全国	141212	63.89	1015986.2	6397.3	7880.5	4479.4
上海市	2488	89.30	38700.58	11224.7	11515.1	8647.8
江苏省	8477	73.44	102718.98	7258.4	8291.7	5216.3
浙江省	6468	72.17	64613.34	8922.1	9913.7	6952.1
安徽省	6105	58.33	38680.63	6280.4	7400.8	5145.8

（二）长三角地区 PET 瓶废弃量测算

采用中国科学院生态环境研究中心开展的全国塑料垃圾问卷调查数据，估算长三角地区四省市农村、城镇 PET 瓶废弃量，结果如图 2-7 所示。本研究的问卷传播与数据收集主要采用线上的形式，包括借助问卷星网络平台，在各个微信群里进行问卷传播，同时采用问卷星平台上的付费推广方式来进行问卷数据的收集。问卷数据收集时间从 2020 年 3 月 10 日到 8 月 15 日，共收集到 22769 份问卷，经过筛选后，得到符合质量要求的有效问卷共 10357 份。采用该系数计算得到的上海、江苏、浙江、安徽 PET 瓶废弃量分别为 8.83 万吨/年、27.61 万吨/年、21.28 万吨/年、18.31 万吨/年，总计 76.03 万吨/年；其中城镇的 PET 瓶废弃量为 59.50 万吨/年，农村的 PET 瓶废弃量为 16.53 万吨/年，城镇是农村的 3.6 倍。这主要是因为我国长三角地区的城镇化率相对较高，特别是上海、江苏、浙江三省市的城镇化率为 72%～89%。

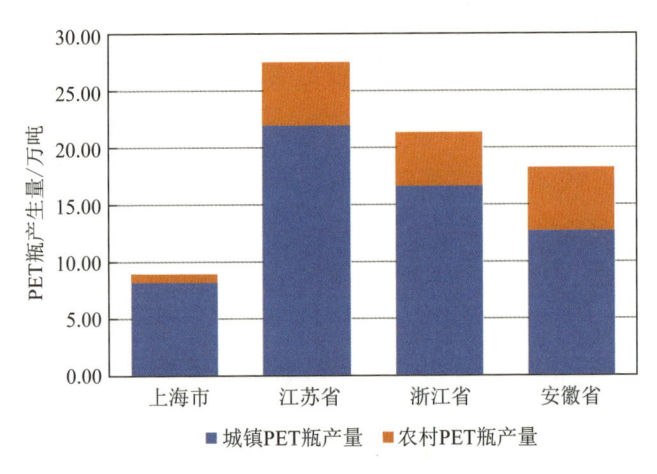

图 2-7　长三角地区四省市废弃 PET 饮料瓶产生量估算

（三）长三角地区废弃 PET 饮料瓶回收与处理

1. 长三角地区废弃饮料瓶回收量

根据本研究汇总并分析的全国 PET 瓶回收利用率可信区间 83%～95%（取均值89%）测算长三角地区的 PET 瓶回收利用量为 67.65 万吨/年（63.09 万～72.21 万吨/年），见图 2-8。其中，上海、江苏、浙江、安徽 PET 瓶回收量分别为 7.85 万吨/年、24.57 万吨/年、18.94 万吨/年、16.29 万吨/年。

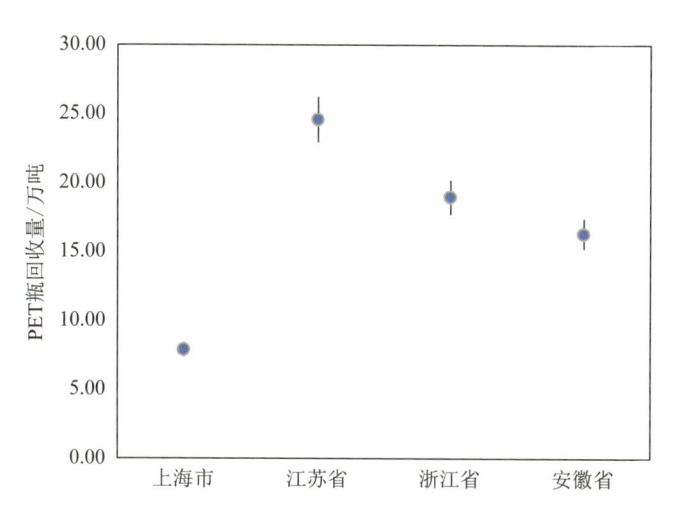

图 2-8　长三角地区江浙沪皖各地区 PET 饮料瓶回收量估算

2. 长三角地区废弃 PET 瓶处理量

长三角地区废弃 PET 瓶处理与环境遗漏量估算如表 2-6 所示。各地城镇、乡村无害化处理率数据来源为住建部《城乡建设统计年鉴》《城市建设统计年鉴》。长三角地区四省市的 PET 瓶无害化处理总量为 6.54 万吨/年，其中有约 86% 为焚烧处理，乡村 PET 瓶无害化处理量为 1.47 万吨/年。由于长三角地区城镇化率、城镇垃圾无害化处理率的总体水平都较高，四省市的城镇垃圾无害化处理率均为 100%，农村生活垃圾无害化处理率为 57%～94%，也远高于全国平均水平。

表 2-6　长三角地区废弃饮料瓶处理与环境遗漏量

省份	城镇 PET 瓶无害化处理量/（万吨/年）		乡村 PET 瓶无害化处理量/（万吨/年）
	填埋	焚烧	
上海市	0.08	0.81	0.07
江苏省	0.26	2.14	0.57
浙江省	0.40	1.44	0.29
安徽省	0.19	1.21	0.54
合计	0.94	5.61	1.47

3. 长三角地区废弃 PET 瓶环境遗漏量

根据长三角地区废弃 PET 瓶的产生量、回收量、处理量的测算结果，其总体环境遗漏量估算为 0.35 万吨 / 年，由于长三角地区总体具有较高的生活垃圾无害化处理水平，因此长三角地区 PET 瓶的环境遗漏量总体水平较低。

（四）促进 PET 饮料瓶回收利用的对策

目前，长三角地区的生活垃圾回收利用和无害化处理处置水平优于全国平均水平，因此 PET 瓶的规范化处理程度较高、环境遗漏水平较低。建议在以下方面进一步提高该地区的 PET 瓶回收和可持续管理水平。第一，应进一步提升乡村的 PET 瓶回收利用率和无害化处理率。乡村一直是我国垃圾回收和处理的短板，建议进一步构建完善的乡村 PET 瓶回收利用网络。第二，应充分利用长三角地区的 PET 瓶片加工产业资源。《2020—2021 中国再生塑料行业发展报告》显示，华东地区是我国 PET 瓶加工集中度最高的地区，其占比达到全国的 28%，排名第一。可充分利用该地区的产业基础，鼓励企业进一步提升 PET 饮料瓶回收利用的技术水平，鼓励"瓶到瓶"的高质量资源化利用。第三，加大 PET 饮料瓶能源高值回收、化学回收等方面的创新尝试。

参考文献：

[1] Barnes D K A, Galgani F, Thompson RC , et al. Accumulation and fragmentation of plastic debris in global environments[J]. Philosophical Transactions of the Royal Society B: Biological Sciences. 2009, 364: 1985–1998.

[2] Chavan S, Rao P. Utilization of waste PET bottle fibers in concrete as an innovation in building materials[J]. International Journal of Engine Research, 2016, 5(1): 304–307.

[3] Chu J, Cai Y, Li C, et al. Dynamic flows of polyethylene terephthalate (PET) plastic in China[J]. Waste Management, 2021, 124: 273–282.

[4] Linzner R, Salhofer S. Municipal solid waste recycling and the significance of informal sector in urban China[J]. Waste Management and Research, 2014, 32: 896-907.

[5] Ma Z, Ryberg MW, Wang P et al. China's import of waste PET bottles benefited global plastic circularity and environmental performance[J]. Sustainable Chemistry and Engineering, 2020, 8: 16868-16881.

[6] Tournier V, Topham C, Gilles A, David, B, Marty A. An engineered PET depolymerase to break down and recycle plastic bottles[J]. Nature, 2020, 580(7802): 216-219.

[7] 毕莹莹, 刘景洋, 董莉, 孙晓明. 我国废PET饮料瓶产生量与回收水平研究[J]. 环境工程技术学报, 2022, 12(1): 185-190.

[8] 戴铁军, 肖庆丰. 塑料包装废弃物的物质代谢分析[J]. 生态经济, 2017, 33(1): 97-101.

[9] 高小山, 王爽芳, 周娜. 我国聚酯产业的发展现状[J]. 新材料产业, 2012(2): 44-49.

[10] 李剑. PET瓶回收再生技术进展[J]. 低碳世界, 2017(17): 12.

[11] 栾晓玉, 刘巍, 崔兆杰. 基于物质流分析的中国塑料资源代谢研究[J]. 资源科学, 2020, 42(2): 372-382.

[12] 周星, 邢科, 方长青, 等. 包装废弃PET瓶的处理及再生资源化技术研究进展[J]. 包装学报, 2019, 11(3): 8.

植物纤维模塑创新技术与发展趋势

黄俊彦[①]

随着我国国民经济各行业健康快速的发展，我国植物纤维模塑行业也发生了日新月异的变化，生产规模不断扩大，技术水平不断提高，装备水平也快速提升。特别是在全国各地广泛实施禁塑限塑的新形势下，植物纤维模塑制品由于其优异的环保和可降解性能，成为"限塑令"后一次性塑料制品的主要替代品之一，植物纤维模塑行业迎来了其快速发展的大好时期。

植物纤维模塑是个多领域综合的行业，它涉及机械设备、模具设计与制造、制品设计与制造、原料选用与处理、化学助剂的选用与添加、印刷油墨与印刷方式、工业品缓冲包装制品、餐饮具与食品药品包装制品、精品工业包装制品等多个领域与行业，其应用范围也涉及餐饮具、蛋托果托、食品药品包装、电器衬垫、农用器具、医用器具、军品包装、儿童玩具、器具道具、工艺品、家具、装饰装潢、文创品等多个领域。因此，植物纤维模塑在每个行业领域都有着无限的创新和发展空间。

近年来，我国植物纤维模塑行业专业人员已从多方面开展了植物纤维模塑创新技术的研究与开发，在植物纤维模塑生产工艺技术创新、植物纤维模塑制品结构设计创新、功能性植物纤维模塑制品的开发、高新技术应用于植物纤维模塑行业等方面做了大量的研发工作，并且已经取得了许多不菲的成果。

---

① 黄俊彦，教授，原大连工业大学轻工与化学工程学院包装工程系主任，研究领域：植物纤维包装新材料研发、生态化包装材料。

一、植物纤维模塑生产工艺技术创新

1. 采用双吸法成型制作特殊要求的植物纤维模塑制品

吸滤成型是植物纤维模塑生产过程的重要环节，通常采用单吸成型的方法，即通过一个沉浸在浆槽中的吸浆模板抽真空吸附纤维浆料成为湿纸模坯，这种单吸成型方法用于制作一些特殊要求的植物纤维模塑制品时就显得力不从心，所以业内专业人士开发出一种双吸法成型方法。采用这种上下双吸法成型方法可制作出缓冲性能更好、承载能力更大的一些植物纤维模塑制品。该工艺技术的原理：在设备吸浆成型工位，设有一个可容纳上下两个独立的吸浆模板的浆槽，每个吸浆模板可以各自或同步进行往复吸浆成型。可以选择上方的吸浆模吸浆、下方的吸浆模吸浆、上吸浆模和下吸浆模同步吸浆等方式，将这三种吸浆工艺装置于同台设备上，可以满足不同产品的生产要求。使用该设备上下吸浆模同步吸浆方式，将两个吸浆模成型后的湿纸模坯合模结合一起，使制品的厚度增加至两倍厚，突破了通常单模吸浆模板生产纸塑制品厚度的局限性。在纸塑制品密度 $0.7 \sim 0.8 \mathrm{g/cm}^3$ 情况下，可以将以往生产的湿压纸塑制品最大厚度 1.2mm 左右提高到 2.4～2.8mm。可以应用于高厚实质感的外包装盒，或者具有缓冲性的制品设计上，大大拓宽了植物纤维模塑制品的应用范围。

2. 双层植物纤维模塑制品的开发与应用

为拓展植物纤维模塑制品的用途范围，业内人士开发了双层植物纤维模塑制品的制作方法。双层植物纤维模塑制品的制作可以采用以下方法：一是采用二次吸滤成型的工艺，先往成型模具中注入一定量的面层浆料，然后进行第一次真空吸滤成型，当面层纸浆已经基本成型后，再继续注入一定量的底层浆料，并进行第二次真空吸滤成型，从而制成双层植物纤维模塑制品湿坯，再进行干燥和热压整型；二是制作双层双色纸塑制品，可以采用内外层二次成型干燥后再复合的结构；三是采用分别成型再挤压复合法制作双层双色纸塑制品，这样可以大大简化生产工艺过程，制品内外层牢牢地成为一体，提高了双层双色植物纤维模塑制品的强度和耐用性，丰富了植物纤维模塑制品的结构和外观。

3. 立体中空蜂格植物纤维模塑创新技术

植物纤维模塑制品应用于大型机电产品、托盘运输包装等重型包装方面还有很大的开发应用空间。业内研发人员在成功开发植物纤维模塑中空成型技术基础上博瓦楞纸板和蜂窝纸板之长，利用现代仿生学原理研究开发出模塑中空蜂格包装制品及其制造方法，并研发出相应的生产设备和制品。

该技术利用植物纤维模塑吸滤成型的原理，采用上下两副模具组成双面组合模具，通过上下模具开合、双面立体吸滤一体化成型，形成由纸浆双面吸滤层和若干立体管孔状支撑构成的产品结构，制作成立体中空蜂格状、平凸凹结构相结合的植物纤维模塑包装制品。因此制品具有优异的承载强度、缓冲性能和超高（厚）尺寸。该项技术制造方法简单、一体化成型模塑制品质量高、结构稳定、结构变化多样、成本低，弥补了传统植物纤维模塑单面吸滤成型、凸凹薄壁结构、不能承载重物的缺陷，也可以避免现有蜂窝板材料制作缓冲包装制品工序复杂、质量难以保证等技术弊病，可以替代蜂窝板材料制成重型包装的缓冲材料。

立体吸滤成型中空蜂格模塑制品是利用双模立体成型，制品的承重是依靠不同形状、不同密度的管孔由立面支撑，形成多层次的模塑制品，上下面的凸凹形状起到对内装物的定位作用。故立体中空蜂格模塑包装制品强度大、刚性大、承载能力强、吸收能量大、缓冲性能好、不易变形。弥补了传统的单层模塑制品的缺陷和不足，拓宽了植物纤维模塑制品在重型产品包装领域的应用。如图2-9所示为立体中空蜂格植物纤维模塑制品的应用实例。

（a）汽车水泵缓冲包装　　　　　　（b）汽车轮毂缓冲包装

图2-9　立体中空蜂格植物纤维模塑制品的应用

4. 干法模压生产线的开发和应用

瑞典 PULPAC 公司打破传统的植物纤维模塑湿法成型工艺，突破性地使用干法模压工艺制作出各种精致的植物纤维模塑产品，这种干法模压工艺技术利用卷筒状或平板状原料浆板或纸板作原料，经过碎解分散纤维、干法成型、纸幅预压、喷淋助剂、复合面纸、热压、定型和切边等过程，整个生产过程连续自动化完成，将植物纤维加工成价格非常有竞争力的包装制品，可以大规模取代一次性塑料制品。该生产线可以在线添加具有阻隔性能的助剂以及表面涂布、印刷等装置，可以将所有的制造过程整合在一条生产线，高效生产数十亿可降解的植物纤维模塑产品。在其生产过程中不需要额外的纤维再湿和干燥工序，可以大大降低生产过程的能源消耗，节省人力，降低成本，提高效率。

这种干法模压工艺使高速制造几乎任何形状或用途的植物纤维产品成为可能，并且可以利用各种纤维素纤维原料，不管是未经处理的、残余的还是回收的边角料。这种制造工艺节约能源，减少二氧化碳排放，并显示出许多传统植物纤维成型方法无法满足的设计和技术优势，是未来植物纤维模塑生产创新技术的一个发展方向。

二、植物纤维模塑制品结构设计创新

1. 瓶类植物纤维模塑制品设计

植物纤维模塑瓶是一种纸塑设计理念上的创新，它开启了包装的全新世界。瓶类植物纤维模塑制品可分为分部组合式纸塑瓶和一体成型式纸塑瓶两种类型。

分部组合式纸塑瓶是通过传统的植物纤维模塑生产技术先生产出两片完全相同或相互啮合的半瓶身结构，再装入内胆，最后通过黏合剂黏合，组装成整体纸塑瓶（图 2-10）这种纸塑瓶的瓶身外层结构部分采用植物纤维模塑成型，而承装内容物的内胆部分则采用更轻薄的塑料制造，这样可以使塑料的使用量减少 50% 以上。纤维模塑瓶身外部结构可以有效地缓冲外力带来的冲击，使内部的 PET 瓶无须设计成过厚的结构，便可达到保护产品方便储运的目的。

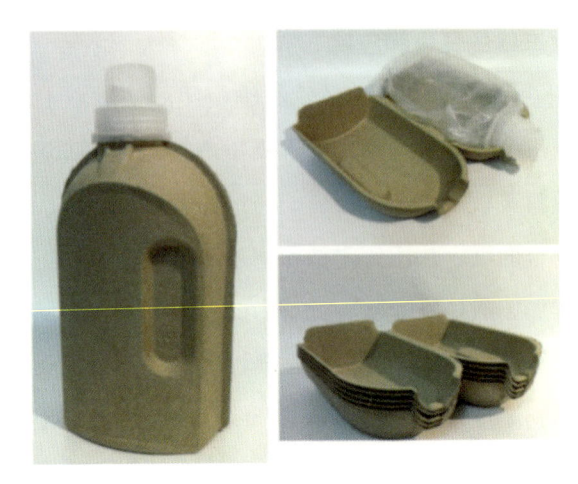

图 2-10　分部组合式植物纤维模塑瓶

一体成型式纸塑瓶应用了一种新型的纸塑生产技术。其制作过程采用一种新型的模具结构，即上下模具组成的具有中部空心腔体的外模和由耐高温气袋组成的内模。利用真空吸附和内模气袋充气挤压的原理制作出一体成型式纸塑瓶。纸塑瓶的内胆可以采用更薄的 PET 制成瓶坯（壁厚可在 0.05mm 以下），再在纸塑瓶身内吹塑成型，也可以采用直接瓶内喷涂可降解的防水涂层的方式，制作出用于盛装液体的纸塑瓶。

2. 内部缓冲和外部包装一体化设计

传统植物纤维模塑工业包装制品一般是用来作为缓冲衬垫材料使用的，外面再裹包一层外层包装。一些新款的植物纤维模塑制品将内部缓冲衬垫和外部包装结构设计成一体，在一定应用场合可以代替折叠纸盒纸箱，这种内部缓冲和外部包装一体化纸塑设计，通过组装或黏合成型成为一体化包装，减少了外包纸箱纸盒的使用，大大降低了包装成本。这种包装 100% 采用纸质材料，符合当下绿色环保的理念，同时可以通过造型或表面纹理来赋予其高级感时尚感，是一种礼盒包装的新思路。

由于植物纤维模塑制品具有立体造型的特点，其外包装造型不仅仅局限于普通的长方体，还可以实现包装的异形化，同时也可以在长方形的基础上进行倒角、圆角、凹印等各种加工。另外，其表面图案不仅仅局限于平面印刷，也可以设计一些复杂纹理和有凹凸感的 logo 或图案，从而提升产品的档次和品质。如图 2-11 所示。

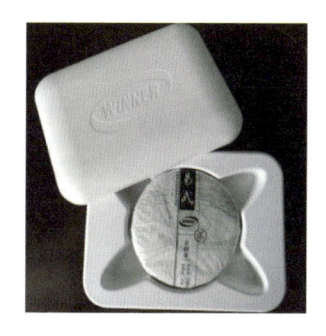

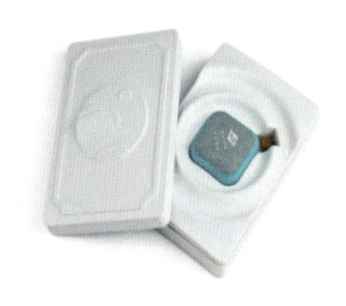

图 2-11 内部缓冲和外部包装一体化设计植物纤维模塑制品

3. 将精品盒制作工艺引入植物纤维模塑制品

基于机械力学、缓冲力学、人机工程学原理，业内专业人员对植物纤维模塑结构的承载机理和成型特点进行了系统研究，创新性地将精品盒制作过程的模切、折叠、粘贴成型等工艺引入植物纤维模塑制品设计生产过程中，开发出折叠型结构、复杂缓冲腔结构、侧壁微倾斜结构、内外复合结构等植物纤维模塑制品新结构。大幅提升了植物纤维模塑的承载性能、空间利用率、展示性能，复杂缓冲腔植物纤维模塑制品的抗压性能提升 3 倍以上。图 2-12 所示为创新结构设计的植物纤维模塑包装制品。

（a）内外复合结构组合型植物纤维模塑制品

图 2-12 创新结构设计的植物纤维模塑包装制品

（b）折叠结构植物纤维模塑制品

图 2-12　创新结构设计的植物纤维模塑包装制品（续）

4. 组合式重载植物纤维模塑纸品设计

针对植物纤维模塑制品结构和功能过于单一的现状，针对植物纤维模塑托盘承载能力不足的共性问题，以结构创新、成型工艺创新为着力点，提出模块化植物纤维模塑托盘设计思想，业内研发人员发明了分层式和组合可拆卸式重载植物纤维模塑托盘，解决了传统一次性成型植物纤维模塑托盘承载能力差的问题。以组合创新为着力点，充分发挥蜂窝材料、瓦楞材料与植物纤维模塑材料的优点，提出了"纸包纸"的设计思想，创新性地研发了植物纤维模塑材料与蜂窝纸板材料/瓦楞纸板材料组合托盘，新型组合托盘的承载能力提升5倍以上，推动了"以纸代木"的技术发展。

三、植物纤维模塑模具设计创新

1. 高精植物纤维模塑模具与工艺创新

随着植物纤维模塑包装在高端电子产品、礼品、奢侈品等领域的应用，对产品的外观和尺寸要求也在朝着高精方向发展，通过植物纤维模塑模具与工艺的设计创新，极大地提高了植物纤维模塑制品的性能和质量。

①传统的植物纤维模塑的拔模角度为3°～5°，通过高端植物纤维模塑模具的设计，高端植物纤维模塑制品的拔模角度可以做到2°以下，技术上可以达

到 0°。在工艺上多采用多次模压工艺，一些厂家开发出相应的模具，可采用一次模压成型工艺，大大减少了成本，提高了效益。

②通过高端植物纤维模塑模具的设计，可以使模塑制品的直线度公差达到≤0.5 毫米，表面粗糙度可以做到≤3 微米，边缘 R 角极端可以做到 $R0.2$ 毫米。

③采用创新设计的植物纤维模塑模具制作盒型模塑产品，盒型模塑产品厚度由 0.7～0.8 毫米增加至 1.5 毫米以上，甚至更高。其强度可以与工业纸板相媲美，大大扩大了盒型模塑产品，在一定范围能够代替纸盒包装化妆品、礼品等中小型纸盒。

④将传统的整体模具和整体加热板设计成分体式模具和分体式加热板，用于免切边植物纤维模塑餐具制品的制作过程，可以省掉模塑制品后加工的切边工序，而且还可以省去切下的边料和回收处理过程，省工省力，节能降耗。

2. 3D 打印技术应用于研发植物纤维模塑模具

植物纤维模塑制品的生产主要依赖于模具的设计及其制造技术，可靠的模具制造能够提高模塑制品的生产效率，同时也为产品的快速更新换代创造了条件。模塑模具开发的技术难度大，模塑制品的外观不同，模具制造的难度也不同，结构越复杂的模塑制品，其模具的制造越难实现。因此，模塑模具设计水平的高低、加工设备的好坏、制造力量的强弱、模具质量的优劣，都会影响模塑新产品的开发和产品的更新换代。考虑到市场风险的影响，模塑模具的加工必须保证一定的产品生产量，才能降低模塑制品的生产成本。近年来，3D 打印技术的发展和其在植物纤维模塑行业的应用，为传统的植物纤维模塑模具制造技术提供了重大改革和突破的可能。

3D 打印通常是采用数字技术材料打印机来实现的，常应用在模具制造、工业设计等领域。对于需要模具生产的植物纤维模塑制品，用 3D 打印技术制作其生产模具，无论是时间成本还是开模设计费用都将极大降低。业内研发人员采用 3D 打印技术，使用 PA 材料快速打印出植物纤维模塑生产用模具。图 2-13 为利用 3D 打印技术制作的真空吸滤成型模具。

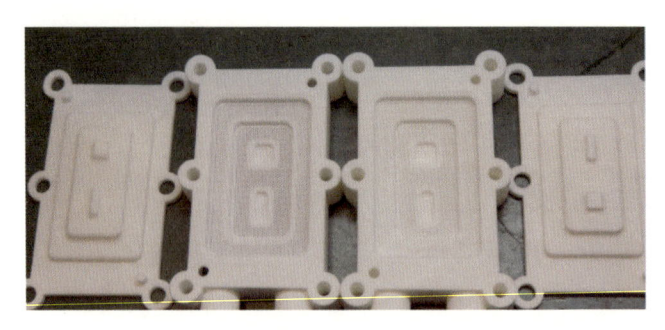

图 2-13　3D 打印技术制作的真空吸滤成型模具

传统的真空吸滤成型模具的制造工艺是采用 CNC 技术将实心钢材预加工成模具形状，一般传统的 3 轴 CNC 技术只能实现在模具顶面打孔，对于模具侧边的吸滤孔，则需要采用人工打孔的方式来成型，制作模具时间长，且由于 CNC 本身技术的限制，吸滤孔距和孔径过大会造成吸浆不均匀，湿模塑坯表面凹凸不平会导致湿坯厚度不均，从而影响产品外观。3D 打印技术制作的真空吸滤成型模具，是通过 3D 设计软件设计出的中空形状，其中空部分采用支架结构支撑，这样既加快了排气速度也节约了模具制造成本，其加工过程可直接使模具一体化成型，节约了模具制造时间，同时制造精度高，吸浆效率高，湿纸模坯表面均一性好。

四、功能性植物纤维模塑制品的开发

1. 功能性植物纤维模塑创新设计

为了适应各行各业限塑禁塑的发展需求，基于高性能特种浆料配方与制品加工工艺，进行多元化的植物纤维模塑结构功能创新设计（图 2-14）已成为植物纤维模塑行业的发展趋势。目前开发的医疗针盒、花盆、方便面餐盒、衣架、挂扣等新型功能性植物纤维模塑制品突破了传统模塑制品在包装中的应用局限，使植物纤维模塑制品成功拓展到医疗、餐饮、服饰、农业、日化等领域，功能性植物纤维模塑新产品的开发对于塑料制品的替代提供了根本性的解决方案。

（a）衣架 　　　　　　　　　　（b）口罩

（c）医疗盆 　　　　　　　　　（d）花盆

图 2-14　功能性代塑植物纤维模塑制品

2. 管状植物纤维模塑制品的开发与应用

采用一种创新的植物纤维模塑生产工艺可以制造一种在铸造作业中用的纸质浇道管，代替传统的陶瓷浇道管，这种纸质浇道管具有特殊的耐高温、抗压等性能，其原料采用不需脱墨的废纸，加入一定量的无机黏结剂、有机黏结剂、增强剂等助剂，通过特制的模具进行成型，再经过干燥、整形等工序制成纸质浇道管。纸质浇道管的模塑生产不仅实现了废纸资源再利用，而且在使用过程中其对生产的铸件也无影响，是典型的环保可再利用产品，使用后的废弃物能自然降解。

也有连续生产的植物纤维模塑制管机，其生产工艺是利用特定的模具生产连续状的植物纤维模塑管状制品，在模塑管状制品成型脱水的同时进行转移，湿纸管坯在移动的同时利用专用的烘干设备进行烘干，然后按要求规格进行切断和捆包，形成模塑管状制品，其产品在食品、工业产品、农用器具等方面有着广泛的用途。

3.利用农作物秸秆制作植物纤维模塑制品

我国大片区域资源丰富的农作物秸秆也可以作为植物纤维模塑的原料，根据植物纤维模塑产品使用场景的需要，将稻麦草发泡技术与植物纤维模塑生产技术相结合，可以制作出结构疏松的植物纤维模塑制品，可用于加热榻榻米、水稻育秧板和草坪育苗移植板材等材料。

以农作物秸秆等废弃物作为生态栽培基质，制作育秧基质板，经过原料混合及预处理、发酵、添加营养剂及防病药剂、成型、烘干、包装等环节。开发出的生态育秧基质板产品具有良好的保水、保肥性能，育苗过程操作管理方便；应用育秧基质板育苗，秧苗根系发达，盘根效果极佳；地上部生长整齐，适于机械作业，插秧后返青快；育秧基质板在成型过程中已加入防病、除草配方，保证了育秧过程中无杂草，可有效防止病虫害；育秧基质板使用操作流程简单，不调酸，不备土，不用壮秧剂和苗床除草剂，使用这种全新育秧技术可减少劳动力、人工费，减轻劳动时间和强度等，可以有效节省育秧成本。图 2-15 所示为植物纤维模塑育秧基质板应用示例。

图 2-15 植物纤维模塑育秧基质板应用示例

4.其他功能性植物纤维模塑制品的研究

①具有保鲜功能的植物纤维模塑制品，在模塑浆料中添加一些抑菌和杀菌的助剂，可以延长内包装果蔬的保鲜期，可以使柑橘保鲜 3 个月，荔枝保鲜 30 天。

②可食用的植物纤维模塑制品是以果蔬为基材，添加适当的增塑剂、增稠剂、抗水剂，保留果蔬原有天然色泽，制成浆料，利用植物纤维模塑生产工艺

制成内包装制品,这种包装制品,既保证包装功能,又可以食用,减少污染,一举多得。

③高精植物纤维模塑制品的生产技术也为进一步研发植物纤维模塑的机械产品配件提供了可能,比如利用植物纤维模塑可以制作机械行业的离合器和制动用的摩擦片、润滑油过滤器、缓冲配件等。

④利用高精植物纤维模塑制品的生产技术还可以制作房屋装饰材料,工艺品、文创产品等。

⑤植物纤维模塑复合材料的研发也是业内人士关注的热点,随着植物纤维模塑制品市场对产品功能和质量的要求不断复杂化,单纯通过改进生产工艺和添加助剂的方法已经不足以满足市场需求。而通过添加其他材料来改变模塑产品的原料配方和产品性能,例如将纳米材料或高强度的纤维材料添加到模塑原料当中,从而生产出具有特殊性能的模塑包装材料,也是未来植物纤维模塑的一个重要研究方向。

五、高新技术在植物纤维模塑行业的应用

1. 超疏水抗掉粉技术在植物纤维模塑制品表面的应用

近年来,随着全球限塑的发展,很多电子产品将包装的选择方向投向环保型植物纤维模塑制品,而普通的植物纤维模塑制品防水性能达不到电子产品的防水要求,这就需要研发植物纤维模塑包装制品新的防水技术以适应相关电子产品对包装的防水要求。此外,大多数植物纤维模塑包装制品废弃后将被回收再次进入制造植物纤维模塑制品的循环生产中,而植物纤维模塑包装制品在使用过程中一旦被污水或浓稠液体污染后,将会增加循环生产的处理工序、处理难度和处理成本,植物纤维模塑包装制品制造企业迫切希望植物纤维模塑包装制品具有较强的抗液体黏附和易于清洁的性能,以确保植物纤维模塑废弃品再次循环生产的环保性和便利性。为了满足客户对植物纤维模塑包装制品提出的高防水性、抗液体污染性、易清洁的需求,业内人士开展了防潮、超疏水植物纤维模塑制品的开发。

超疏水植物纤维模塑制品具有优异的防水性和抗液体黏附性，并且极易清洁。解决了部分电子产品对植物纤维模塑包装制品高防水性的需求，解决了植物纤维模塑包装制品循环再利用的环保处理需求。并且，该技术具有成本低、效率高等优点，获得的植物纤维模塑制品具有较好的耐磨性，能满足中小型产品的包装耐磨需求。

当植物纤维模塑制品用于包装电子产品时，从模塑制品表面掉落的粉屑不仅影响电子产品表面的美观，若掉落的粉屑贴附于线路板上，还可能引发电路短路等意外事故。因此亚马逊、苹果、华为等企业均对植物纤维模塑包装制品提出了具有抗掉粉性能的要求。而早期的解决方案是通过在成型后的植物纤维模塑包装制品表面喷一层清漆的方式来解决。然而喷清漆后模塑制品表面有毒有害物质超标，不能通过环保检测；而且喷清漆的过程也污染生产环境，不符合环保包装的生产要求。因此，研发抗掉粉的植物纤维模塑制品势在必行。

采用上述方案研发出的具有较好抗掉粉性能的植物纤维模塑包装制品，与现有的采用喷清漆、涂光油等方法相比，具有生产过程环保、产品环保安全性更高等优点，满足了亚马逊、苹果、华为等国际国内高端电子产品客户对于植物纤维模塑包装制品抗掉粉性能的实际应用需求，突破了植物纤维模塑包装制品在高端电子产品包装中的应用"瓶颈"，解决了长期困扰植物纤维模塑行业的抗掉粉技术难题。

2. 植物纤维模塑制品精美印刷技术逐步应用

为了扩大植物纤维模塑制品在高端产品包装领域的应用，某些植物纤维模塑制品制成后往往需要在其表面进行精美印刷，以展示其包装商品的形象和外观。在模塑制品表面印刷过程中，由于模塑制品表面比较粗糙，而且一般模塑制品具有与被包装物外形相吻合的几何形状，其结构多样，凹凸变化多，印刷幅面小，采用传统常规印刷工艺难以满足其要求，因此常采用比较灵活的印刷方式。如移印、喷墨印刷、丝网印刷、凸版胶印、UV打印等印刷方式，能够完成对模塑制品的凹凸表面进行多色精美印刷。

目前在模塑行业推广的UV打印是一种高科技免制版的全彩色数码印刷技

术，它可以在各种材质表面进行彩色照片级印刷。无须印前制版，一次完成多色印刷，色彩亮丽，印墨耐磨损，防紫外线，操作简单，方便小批量印刷，印刷速度快，印品完全符合工业印刷标准。目前已有厂家开发出适合植物纤维模塑制品快速印刷的高速 UV 彩印机，应用于各种模塑制品的表面印刷。如图 2-16 所示。

图 2-16　UV 打印的植物纤维模塑制品

3. 利用计算机技术测试分析产品的性能和参数

利用计算机技术精确测定植物纤维模塑产品的性能和参数以实现工艺参数设计的量化计算，是提高植物纤维模塑产品质量和生产能力的关键，而计算机技术则是利用这些参数进行具体的产品与工艺设计的基础。依据量化的参数并利用专业软件建模，通过对植物纤维模塑产品进行模拟分析、计算产品工艺与使用性能和各项参数之间的关系，可以高效地完成植物纤维模塑制品及其生产工艺的优化设计。

4. 智能化全自动纸浆模塑餐具生产线的研发与应用

随着我国植物纤维模塑行业的快速发展和各种高新技术在植物纤维模塑行业的应用，机器人技术也在植物纤维模塑生产中逐步得到推广和应用。国内某些植物纤维模塑装备企业已经研发出智能化全自动纸浆模塑餐具生产线，其主要组成有成型机、热压定型机、自动切边机、转移机器人、成品取料机器人、成品输送线、控制系统等。

图 2-17 为智能化全自动纸浆模塑餐具生产线，该生产线采用注浆式吸滤成型或捞浆式吸滤成型方式，湿纸模坯和模塑成品取料转移分别由 200kg、10kg 六轴关节机器人完成，整版切边。各功能机构动作设计合理，简单紧凑，可实现一人多机操作，高效节能。该生产线生产过程由 PLC 控制，数字化伺服定位，采用电磁、光电等传感器全程监控，检测异常自动停机，大幅度降低了作业劳动强度，提高了设备的安全稳定性，达到快速平稳运行，提高了设备产能。

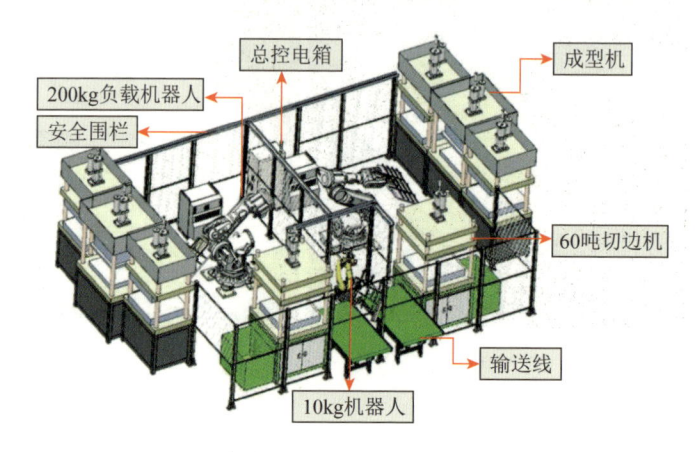

图 2-17　智能化全自动纸浆模塑餐具生产线

六、结语

目前，我国植物纤维模塑创新技术的研究与开发已经取得了许多令人可喜的成果，然而，在植物纤维模塑生产工艺技术与装备技术创新、植物纤维模塑制品结构设计与模具设计创新、高性能植物纤维模塑制品的开发、其他高新技术在植物纤维模塑行业的应用等方面还有很大的提升空间。这有赖于我国植物纤维模塑行业的科研技术人员投入更大的研发热情，在现有技术基础上进一步开发高性能的植物纤维模塑制品和材料、装备和技术，为植物纤维模塑制品的开发及其新应用提供足够的施展空间，也为禁塑代塑环保事业贡献新的力量。

中国建设具有国际影响力的"碳交易、碳定价、碳金融中心"思考：以上海为例[①]

黄明　宾晖　王宇露[②]

自 1972 年召开的斯德哥尔摩大会以来，中国一直致力于推动建立一个公平合理、合作共赢的全球气候治理体系。中国已经成为全球应对气候变化的重要参与者、贡献者、引领者。建设具有国际影响力的碳交易、碳定价、碳金融中心（以下简称为"三碳中心"），不仅能顺应全球应对气候变化趋势，契合国家"3060 双碳"目标，对中国引领全球气候治理、发展"双碳"经济、引导气候融资和低碳投资、应对国际贸易碳边境调解机制、推动碳技术创新等也具有重要意义。在全国各个城市中，北京、上海、武汉都曾提出建设具有国际影响力的碳交易中心、碳定价中心或碳金融中心。通过调研总结全球碳交易中心、碳定价中心和碳金融中心的建设经验，重点对比分析上海"三碳中心"建设，揭示中国建设"三碳中心"存在的四方面问题，提出推动中国"三碳中心"建设的四方面对策建议，启发中国各大城市加快建设具有国际影响力的碳交易、碳定价和碳金融中心，进一步强化中国在全国气候变化治理中的引领者角色。

---

① 基金项目：国家自然科学基金项目（71972050）、上海市哲学社会科学规划课题（2018BFX006）。
② 黄明，博士，复旦大学经济学院副研究员。宾晖，博士，上海环境能源交易所副总经理。通讯作者：王宇露，博士，上海电机学院商学院教授

一、中国"三碳中心"建设存在的四方面问题

（一）三碳中心亟须强有力的顶层设计，基础不牢，内涵不足，高度不够

"三碳中心"建设是一个系统性工程，需要进行顶层设计、周密谋划。碳交易中心是三碳中心的根基，碳金融中心是三碳中心的内涵，碳定价中心是三碳中心的高度（图2-18）。当前，中国各大城市对三碳中心建设的顶层设计有待进一步清晰。以上海为例，虽然2021年7月16日，全国碳排放权交易在上海正式启动上线交易，但上海在全国金融市场建设力度仍有待加强，以支撑上海在国际三碳中心的竞争中胜出。

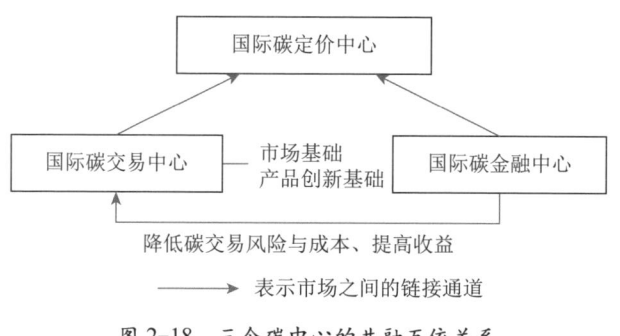

图2-18 三个碳中心的共融互依关系

碳交易市场的主体多元、规模壮大、机制完善是国际碳金融中心建立的市场基础、产品创新基础。从全球碳市场发展经验看，欧盟碳交易市场和碳金融市场同步推出，碳金融市场的发展反过来能降低碳市场主体参与碳交易的风险与成本，提高碳交易收益，增强企业参与碳交易的积极性，提高碳市场的流动性，反哺碳交易市场的发展。当前，受参与全国碳市场的主体单一、参与者规模偏小等影响，碳金融需求主体参与积极性不高，碳金融市场的潜在需求未转化为有效需求，碳交易主体的风险管理需求、投融资需求、履约成本降低需求难以支撑上海国际碳

金融市场的快速发展，进而制约了上海国际碳定价中心的建设，三个碳中心一体化发展的格局尚未形成。

（二）碳交易中心面临激烈竞争，迫切需要积聚资源，提升平台综合实力

1. 全国碳排放交易市场覆盖温室气体单一，多元化的交易品种和交易主体体系尚未形成，交易量和市场活跃度有待提升。当前，全国碳排放权交易市场仅覆盖六种温室气体中的一种：二氧化碳；参与主体仅有2162家发电企业，投资机构和个体尚未开放；交易品种仅有配额现货和CCER；国内配额价格、CCER价格与全球碳价格的联动渠道缺失，交易量和市场活跃度与欧盟仍有较大差距。

2. 国际碳交易中心竞争激烈，中国碳交易功能平台分散，不利于集聚整合全国资源，参与全球碳市场竞争。以上海为例，上海是全国碳排放配额交易的承载地，但是登记结算平台放在湖北武汉，北京市开展全国CCER交易，广东省将碳期货纳入广州期货交易所的业务规划。全国碳市场主要功能平台分散将导致市场长期处于功能重叠、运行低效的状态，微观上不利于我国碳市场规模化、规范化发展，不利于交易成本降低，宏观上将直接导致我国在全球一体化碳市场建设中丧失主导权，增加我国企业的碳治理成本，损害国家参与全球气候治理的主动权。以全球交易量最大的碳交易所欧洲气候交易所（ECX）为例，其交易产品包括了碳现货（配额、减排量）、碳期货等多种交易产品。ECX占全球80%多的碳交易量推动了其所在地伦敦成为国际碳交易中心。

3. 规范全国碳排放权交易的法律层级偏低，法律法规体系有待加快建设。当前出台的《碳排放权交易管理办法》（试行）层级偏低，碳排放权交易管理暂行条例、应对气候变化法尚未出台，难以有效保障市场参与者的权益。全国碳市场清缴履约制度有待加强力度，市场信用评价制度、市场活跃制度、市场调节制度、配额拍卖制度都有待建立健全。

4. 碳交易平台综合实力较弱，不利于发挥后发优势，完成国际碳排放权交易中心建设的重任。从全球碳交易所的发展来看，强大的股东支持、优越的治理结

构是交易所发展壮大的必要条件。与国际碳交易平台相比，我国碳交易平台综合实力较弱。以上海为例，上海环境能源交易所的股权结构分散，不利于做大做强，承担建设上海国际碳交易中心的主体责任。

（三）碳金融市场规模小、功能弱，亟须找准发力点，有序重点突破

1. 碳金融市场规模小，流动性不足，有效性不强。以上海为例，上海前期在试点碳市场开展了多种碳金融创新，但绝大多数碳金融产品的交易量较小。目前，全国碳配额市场尚未对投资机构放开，使得全国碳金融交易难以大规模展开。受交易主体碳资产管理意识欠缺、碳排放权的法律认可模糊等影响，全国碳金融融资工具的交易量很小，金融机构创新碳金融产品、参与碳金融市场的动力也缺乏。上海投资机构参与国际碳金融产品交易，国际金融机构参与国内碳金融市场的渠道都较少。

2. 碳金融市场的价格发现功能、风险规避功能、成本节约、投融资等功能表现尚不明显。由于全国碳市场的碳远期、碳期货等碳金融交易工具尚未推出，碳金融市场的价格发现功能、风险转移与规避功能表现不明显。受控排企业的碳资产管理意识不强等因素制约，碳市场的投融资等功能表现尚不明显。

3. 支持国际碳金融中心建设的政策有待完善。具体表现在：第一，针对碳市场参与主体的需求端政策方面。推动碳市场主体参与碳金融市场的激励政策，支持碳市场主体的碳金融能力建设政策有待出台。第二，针对各类金融机构的供给端政策方面。鼓励金融机构参与碳金融市场，创新金融产品，降低参与成本的政策，支持金融机构认知碳金融、设计开发碳金融产品、管理碳资产、风险防范等方面的能力建设政策有待出台。第三，防范金融风险的政策方面。对碳金融的监管规范尚不够明确，增加了碳金融交易的监管风险。

4. 碳金融生态圈尚未形成。中国当前的碳金融市场，呈现碳金融机构参与主体少、参与数量小、机构能力弱、服务品种少等特征，碳金融生态圈尚未形成。碳排放核算、碳资产评估、碳资产管理、碳足迹管理、碳信息披露、低碳技术认证等服务机构与碳金融市场发展滞后，银行、证券、保险、基金等金融机构尚未围绕碳金融形成一个有机的碳金融产品与服务体系。

（四）中国碳价格影响弱，亟须提高站位，系统布局

1. 中国在全球项目减排量的定价权较弱。虽然我国清洁发展机制（CDM）项目、碳汇项目资源较丰富，但全球项目减排量认证规则、交易规则、交易价格等均受欧盟、美国等发达国家控制，加之上海中资金融机构提供国际金融服务、配置全球碳资源的能力较弱，使得我国在全球项目减排量市场的定价权较弱，处于被动接受地位。

2. 中国对全球碳排放配额市场的影响力较弱。当前，我国碳排放配额交易的规模占全球配额总成交额的比例偏低。2021年欧盟碳交易所的成交金额占全球交易所的成交金额的80%左右。由于我国碳排放权交易市场缺少国际对接通道，碳金融市场国际化水平偏低，我国对全球碳排放配额市场的影响力也有待强化。在欧盟实施碳边境调节机制趋势下，我国迫切需要研究解决碳配额市场与欧盟碳配额市场的对接问题。

3. 中国碳价格对于可再生能源发展、低碳技术的引领不足。碳交易与碳金融市场规模小，流动性有待提升。我国碳价格偏低，对违约惩罚力度低，制约了碳价格对可再生能源发展、低碳技术的引领作用发挥。

4. 人民币尚不是全球碳交易的主要计价结算货币。欧盟、美国率先通过构建具有全球影响力的碳排放交易系统，凭借特别提款权（SDR）篮子货币地位、成熟的金融体系及国际金融优势地位，推动欧元、英镑、美元成为国际碳交易主要计价结算货币，由此掌控了国际碳价格话语权。

二、推动中国"三碳"中心建设的四方面对策建议

（一）加强顶层设计，提高建设能级

以上海为例，迫切需要加强顶层设计，提高建设能级，将"三碳"中心打造融入上海五大中心建设与国家战略实施。

1. 重视打造三碳中心的战略价值，提高三碳中心的建设能级。一是组建上海市推进三碳中心建设领导小组，组建上海三碳中心建设专家委员会和国际咨询委员会；二是将三碳中心建设积极融入五大中心建设与国家战略实施。建议紧密结合应对气候变化南南合作、国家"一带一路"战略、长三角一体化国家战略，丰富上海三碳中心打造的路径与抓手。

2. 明确打造"三碳"中心采取三阶段战略。以上海为例，建议采取如下三阶段的"三碳"中心建设战略，即第一阶段全面赋能碳交易市场，夯实三碳中心根基；第二阶段纵深发展碳金融市场，丰富三碳中心内涵；第三阶段全面提升国际碳定价能力，铸造三碳中心高度（表2-7）。

表2-7 上海打造三碳中心的阶段、任务与评价指标

阶段	核心任务	评价指标及具体维度	
第一阶段	全面赋能碳交易市场，夯实三碳中心根基	碳交易生态形成	碳交易平台国际竞争优势明显；碳交易组织体系健全；碳交易品种丰富
		碳交易市场有效	碳交易市场交易规模全球排名靠前；碳市场透明、有效性强
		碳交易制度成熟	碳交易制度成熟、健全且得到国际认可
第二阶段	纵深发展碳金融市场，丰富三碳中心内涵	碳金融生态形成	碳金融平台国际竞争优势明显；碳金融组织体系健全；碳金融品种丰富
		碳金融市场有效	碳金融市场交易规模全球排名靠前；碳金融市场透明、有效性强
		碳金融制度成熟	碳金融制度成熟、健全且得到国际认可
第三阶段	全面提升国际碳定价能力，铸造三碳中心高度	上海碳价格对全球碳价格的影响力	采用中国碳价格作为定价基准的机构数/国家数、挂牌中国碳交易品的机构数
		上海碳标准体系影响力	中国碳定价研究机构的国际影响力；上海减排量核证标准的国际影响力
		上海碳价格的引领力	对全球碳资本的吸引力；对碳技术创新的引领；人民币在全球碳定价中的地位

（二）着眼全球碳市场竞争，做大做强交易平台，提高国际影响力

1. 着眼全球碳市场竞争，集聚碳交易主要功能平台，打造具有国际竞争力的综合型碳交易平台。以上海为例，一是建议上海积极争取证监会等主管部门支持，推动上海环境能源交易所在上海自贸区新片区开展国际自愿减排量交易。抢先把握《格拉斯哥气候公约》后全球自愿减排市场大力发展的先机，结合人民币国际化和数字货币推进工作，以数字人民币作为国际自愿减排量的计价结算货币，支持上海环境能源交易所在上海自贸区新片区建设国际自愿减排量交易平台，允许国内合格投资主体入市开展国际自愿减排量交易。二是建议加大力度支持国家自愿减排市场、碳普惠市场的发展，并逐渐与全国碳配额市场互联互通。三是建议上海市金融主管部门向证监会争取在上海开展碳期货业务。四是建议市金融主管部门支持和协调上海联交所、上海环境能源交易所、上海期货交易所、上海清算所和相关金融机构，合作开展碳远期、碳期货等衍生品创新与交易，形成包含国际国内碳排放现货市场（碳配额、项目减排量），碳排放金融产品在内的多层次碳市场体系。五是建议加快多元市场主体入市。尽快将钢铁、化工、水泥等其他重点排放源行业纳入全国碳市场；尽快纳入各类机构投资者，择机引入个人投资者。六是建议集中上海环境能源交易所股权，优化治理结构，提高决策效率。由上海市国资委协调将其他本市股东的股权统一划拨给上海联合产权交易所，优化治理结构，提高决策效率，加快将上海环境能源交易所打造为具有国际竞争力的综合型碳交易平台步伐。

2. 整合全国碳交易市场与平台，加快全国碳市场与地方碳市场的一体化建设。以上海为例，建议开展上海试点碳市场与全国碳市场一体化的试点工作，逐步提高全国碳市场规模。积极开展全国9个地方市场与全国碳市场一体化的研究探索，以股权合作、市场共建共享为合作机制，整合全国各个碳市场，提高市场集中度，形成市场的规模化效应，形成全国统一的碳价信号，降低碳泄漏风险。

3. 进一步完善全国碳排放权交易的制度体系。一是加快出台《碳排放权交易管理暂行条例》《气候变化法》《全国碳排放交易法》，建立以《中国应对气候变化

法》和《全国碳排放交易法》为主要监管法律，配套实施《碳排放交易配额分配法》《配额分配方案》《碳排放管理条例》及《拍卖条例》等实施细则的全面立法体系。二是进一步完善市场信用评价制度、市场活跃制度、市场调节制度。引入双向竞价、连续竞价机制，为碳市场提供多层次的灵活定价方式，引导价格发现。通过建立市场调节保护机制，增强市场稳定力量。三是进一步完善配额分配制度。加快引入有偿分配机制并逐步提高有偿分配比例，不断优化配额分配方法，充分发挥碳市场资源优化配置功能。四是深刻领会碳排放双控的要求，明确全国碳排放权交易在实现"3060双碳"目标中的核心地位，在上海试点打通全国碳排放交易、用能权交易、绿电交易、新能源积分等节能减排机制之间的通道，鼓励其他交易市场允许使用碳配额抵销或履约，增强碳市场的流动性。

（三）以碳市场金融化发展为突破口，以碳市场融资工具和碳市场支持工具为短期发力点，以碳市场交易工具为中期战略重心，有序推动碳金融市场发展

1.加大政策支持，推动全国碳市场的金融化发展。以上海为例，一是建议上海市政府与生态环境部和证监会协调，寻求政策突破，创新监管模式，将碳交易纳入标准化金融交易范畴。二是支持在全国碳市场采用金融市场的主流交易方式，提高市场流动性。给予交易机构在交易方式与清算交付方面更大的灵活性，积极引入双向交易、连续竞价等交易方式。三是出台精准有效的碳金融支持政策。包括：通过财政贴息、税收减免等方式降低"双碳"项目的融资成本，间接实现对双碳项目正外部性的收益补偿和推动双碳项目的发展；扩大碳债券的发行主体范围，鼓励探索发行碳中和国债、双碳地方政府专项债、双碳专项ABS、双碳项目收益专项债等产品，并强化碳债券的信息报告和披露要求；对投资碳中和债的利息收入给予免税处理，增加投资者收益。四是参照成熟的标准化金融市场的运作模式，制定激励政策鼓励更多中介机构参与碳金融业务，推动涉及碳金融业务的投资咨询、信用评级、核证等业务，打造碳金融生态圈，降低交易成本，提高资本运行效率，有效减少市场风险。

2. 以碳期货等碳市场交易工具为中期战略重心，持续推动。以上海为例，建议在上海试点市场的碳远期、碳租借、碳回购基础上，加快在全国碳市场推出相关产品；同时，建议整合上海金融资源，加快研发和持续推动市场带动力更强的全国碳期货、碳期权。

3. 以拓宽碳融资渠道，降低成本与风险为重心，迅速发展壮大多样化碳融资市场。一是积极对接央行碳减排支持工具，鼓励建立碳市场发展基金和低碳导向的政府投资基金，支持低碳零碳负碳产业发展。二是加快推广碳排放权抵押/质押业务，吸引更多资本投入一级和二级碳市场，满足交易主体多元融资需求。三是积极推进气候投融资体系建设。鼓励建立气候投融资基金，引导国际国内资金更好投向应对气候变化领域，打造全球碳金融资产配置中心。四是探索引入中央对手方清算机制，降低市场参与者信用风险，加强碳风险管理体系的建设。

4. 以碳信用评价和碳价指数为重心，加快发展碳市场支持工具。一是加快建设与推广碳信用评价体系，对接 ESG 评级与央行碳减排支持工具，评价企业碳信用与资产；二是加快碳价指数等碳市场价格指数的推广应用，打造上海配额 ETF 等金融产品，支持碳价指数在信托、券商、基金等领域的应用。

（四）以区域碳市场对接为突破点，以减排量市场为关键发力点，输出国际碳标准，打造具有国际影响力的碳价格

1. 以区域碳市场对接为突破点，借助抵销机制、配额互认、金融合作等机制，循序渐进联通国际碳市场。以上海为例，一是积极引入境外投资机构参与全国碳市场交易。"十四五"期间，建议在放开国内投资机构与个人参与全国碳市场的基础上，允许境外投资机构参与中国碳市场交易。二是增强全国碳市场抵销机制的国际性。建议在市场调节机制建立过程中，考虑在市场价格超过"天花板"价格后，允许"一带一路"及南南合作框架下的发展中国家经认可的项目减排量纳入抵销机制的范围。三是由远及近，先易后难，积极研究探索与国际碳市场的互认工作。建议在"3060 双碳"目标下，探索全国碳市场与日、韩、"一带一路"国家碳市场的碳配额互认；推动中国经认可的项目减排量纳入日、韩等东北亚区

域及欧美等发达碳市场的抵销机制；在《格拉斯哥气候公约》下，积极研究探讨中国核证自愿减排量参与国际自愿减排量交易的机制；开展中国碳市场与欧美碳市场碳配额互认的研究。四是加强国际金融合作。支持上海与境外金融市场在碳价指数发布、相互挂牌、碳资产管理等方面开展合作，提升我国国际碳定价能力，形成上海在碳市场即期价格、远期价格，配额价格、减排量价格等领域的主导权和引领性。

2. 以减排量市场为关键发力点，加强减排量市场的标准制定影响力，加强中国自愿减排核证标准的研发与推广。建议加大对减排量认证机构与标准建设的支持，加快国内与国际碳交易机制间的政策协调，建立与国际碳市场发展相对应的国家标准；引导国际"行业减排"的碳价机制建设（如国际航空、航海领域的减排）及参与实践；加强对《格拉斯哥气候公约》、欧盟碳边境调节机制等国际气候治理机制，以及未来全球碳价机制的研究、参与和引领。

3. 统筹减排量开发，合理开发碳排放资源，注重通过供给影响全球碳价格。以上海为例，建议积极宣传全国碳市场"一盘棋"的观念，有序开发碳汇资源，着眼于加强碳减排量供给管理、碳技术研发管理，引领碳减排量开发与碳技术研发，增强中国在国际碳市场的定价影响力。

参考文献：

[1]　上海市人民政府办公厅. 上海加快打造国际绿色金融枢纽服务碳达峰碳中和目标的实施意见[EB/OL]. https://www.shanghai.gov.cn/nw12344/20211019/a201939175c8417c9cda322f556bbbaf.html.

[2]　任秋潇, 瞿亢. 绿色金融创新与碳交易市场协同实现"双碳"目标的研究[J]. 国际金融, 2022(6): 10-15.

[3]　汪惠青. 碳市场建设的国际经验、中国发展及前景展望[J]. 国际金融, 2021(12): 23-33. DOI: 10.16474/j.cnki.1673-8489.2021.12.004.

[4]　曾文革, 江莉.《巴黎协定》下我国碳市场面临的外部挑战与构建思路[J]. 复旦国际关系评论, 2021(2): 272-288.

[5]　蔡宁. 借鉴国际经验加强碳市场建设[J]. 中国金融, 2022(04): 63-64.

[6]　Eichner T, Pethig R. International Carbon Emissions Trading and Strategic Incentives to Subsidize Green Energy[J]. Resource & Energy Economics, 2014(2): 469-486.

包装行业绿色转型的底层逻辑与应对举措

崔庆斌　宗利永[①]

党的二十大在科学部署推进中国式现代化建设的重大战略任务中，明确提出尊重自然、顺应自然、保护自然是全面建设社会主义现代化国家的内在要求，强调必须牢固树立和践行绿水青山就是金山银山的理念，站在人与自然和谐共生的高度谋划发展，大力推进美丽中国建设。在全球环保形势日益严峻的背景下，包装行业作为资源消耗较大的行业，其绿色转型是响应全球环境保护呼声的必然选择。

包装行业绿色转型不仅是企业的责任，更是为了实现经济、社会和环境的协调发展而必须迈出的重要一步。尊重自然、保护环境是企业履行社会责任的体现，也是实现可持续发展的前提。本报告着重探讨包装行业绿色转型的底层逻辑和相应的应对举措，以期能助力我国包装产业的可持续发展。

一、包装行业绿色转型的底层逻辑

包装产业的发展依赖于技术环境的提升，同时也更依赖于社会生态体系的建设。实现包装行业的绿色化，需要政府的行政干预和社会组织的推动。尤其是在发展初期，企业的意愿往往会面临成本、利润等问题的艰难博弈。为推动绿色包装产业的发展，需要政府长期对公民进行宣导，引导他们关注环保问题。同时，头部企业应承担消费者教育的责任，提高消费者对绿色包装的认知和重视程度。

[①] 崔庆斌，上海出版印刷高等专科学校副教授，上海市绿色包装专业技术服务平台副主任；宗利永，副教授，上海出版印刷高等专科学校科研处副处长，上海市绿色包装专业技术服务平台副主任。

这样的推动措施将迫使企业加大绿色投入，并从以成本和短期利益最大化为导向的闭环博弈转变为以品牌价值和社会价值最大化为导向的开放式博弈。

1. 公众环保意识的变化

全球范围内对环境保护的重视程度逐渐增加，人们对于包装材料和包装废弃物对环境的影响有了更深刻的认识。这种环保意识的提高推动了包装行业向绿色转型的需求。消费者对环保产品和包装的需求逐渐增加。越来越多的消费者关注产品的环保属性，并倾向于选择绿色包装的产品。人们对于包装材料和包装废弃物对环境的影响有了更深刻的认识，从而引发了对包装行业的环境责任和可持续性的关注。消费者的需求变化和环保意识对企业产生了市场压力，推动了包装行业向绿色转型的进程。消费者越来越关注产品的环境友好性，他们更愿意选择使用对环境影响较小的包装产品，消费者需求的变化促使企业改变包装策略，采用更环保的包装材料和设计。这种环境意识的提升推动了企业和整个行业向绿色转型迈进。主要表现在以下 5 个方面。

（1）环保包装材料的需求增加：消费者对环保包装材料的需求逐渐增加。他们更关注包装材料的可持续性和环境友好性，倾向选择可回收、可降解、生物基或再生材料等绿色包装材料。

（2）包装减量化和轻量化：消费者对过度包装的反感日益增强。人们会倾向选择轻巧、简约的包装，减少包装材料的使用量，降低资源消耗和废弃物产生，同时提高包装效率。

（3）循环利用和回收利用的需求提升：消费者更加关注包装废弃物的处理方式。他们倡导循环利用和回收利用的理念，希望企业提供可回收包装、提供便利的回收系统，或支持包装材料的再利用和再循环利用。

（4）绿色品牌形象的认同：消费者更倾向于选择那些积极追求绿色转型的企业和品牌。他们更加关注企业的环保承诺和实践，愿意购买那些具有绿色品牌形象的产品。

（5）社交媒体和品牌形象传播：消费者通过社交媒体和互联网平台分享对环保包装的看法和体验，加强了对企业的监督和评价。消费者的口碑和反馈能够迅速传播，对企业的声誉和市场形象产生了影响。

2. 企业可持续发展的要求

可持续发展的要求：包装行业作为商品流通环节的重要组成部分，被要求在生产和消费过程中遵循可持续发展原则。绿色转型是包装行业实现可持续发展的重要举措之一，可以减少资源消耗、降低能源消耗、减少废弃物产生等，以满足可持续发展的需求。通过绿色转型，包装行业可以采取一系列措施来减少资源消耗、降低能源消耗和减少废弃物的产生，以满足可持续发展的需求。下面是一些相关的措施。

（1）环保材料的使用：绿色转型鼓励包装行业采用环保材料，例如可回收材料、可降解材料和生物基材料等。这些材料可以减少对有限资源的依赖，并降低包装过程的环境影响。

（2）生产过程中的节能减排技术改进：包装行业可以通过改进生产工艺、优化能源利用和引入高效设备等措施来降低能源消耗和减少碳排放。这包括使用低能耗设备、改进包装生产线的设计和运行方式，以及推广节能技术等。

（3）废弃物管理：包装行业可以通过提倡回收和循环利用，减少废弃物的产生和对环境的负面影响。这包括推广包装材料的回收利用、设计易于回收的包装产品、建立回收网络和相关基础设施等。

（4）包装设计优化：通过包装设计的优化，可以减少资源和材料的使用量，从而降低对环境的影响。包装设计应考虑材料的可持续性、包装尺寸的优化，以及产品和包装之间的匹配，以实现更高效的包装和更少的废弃物。

（5）整体供应链管理：包装行业可以与供应链伙伴合作，共同努力实现可持续发展目标。这包括与原材料供应商合作推动环保原材料的使用，与物流合作伙伴优化包装和运输方式，以及与零售商合作推广环保包装的采用等。

通过绿色转型，包装行业可以减少对自然资源的消耗，降低能源消耗和碳排放，减少废弃物的产生，从而实现可持续发展的目标。这有助于建立更环保、更可持续的包装产业，并为未来的商品流通环节做出贡献。

3. 政府政策的引导和支持

政府在环境保护和可持续发展方面扮演着重要的角色。许多国家和地区制定了环境法规和政策，鼓励企业采用绿色包装材料、推动循环利用和回收利用、限制不可降解或有害材料的使用等。政府的政策引导和支持为包装行业的绿色转型提供了动力和指导。政府对包装行业的绿色转型起到了推动和引导作用。以下是政府在这方面的一些主要作用。

（1）法律法规制定：政府通过制定环境法律法规，对包装行业的环境行为进行规范和监管。这些法律法规包括环境保护法、废物管理法、资源循环利用法等，旨在鼓励和强制企业采取绿色包装措施，限制使用不可降解或有害材料，推动循环利用和回收利用等。

（2）政策引导和经济激励：政府制定政策来鼓励包装行业的绿色转型。这包括给予税收优惠、贷款支持、补贴资金等经济激励措施，以及制定购买政府采购环保包装的政策。政府还可以通过采购政策来推动市场对绿色包装的需求，促进绿色转型。

（3）环境标准和认证：政府可以制定环境标准和认证制度，对绿色包装材料和产品进行认证和标识，以帮助企业和消费者辨别和选择环境友好的包装。这些标准和认证可以提高绿色包装的市场竞争力，鼓励企业采用绿色包装材料和技术。

（4）技术研发和创新支持：政府可以投入资金和资源，支持包装行业的绿色技术研发和创新。通过支持研发和推广环保包装技术，政府可以提高包装行业的技术水平和可持续发展能力，推动绿色转型的进程。

（5）教育和宣传：政府可以通过教育和宣传活动，提高公众和企业对环境保护的意识，推动绿色包装的认知和采用。这包括开展环保意识教育活动、举办绿色包装论坛和展览、发布环保包装的信息和案例等。

4. 科技进步对产业的持续赋能

包装行业的智能化或者更为先进的数字孪生在制造过程的赋能都依赖于传感器技术、通信技术、虚拟现实技术以及人工智能算法的优化等等。因此包装制造业的智能化是产业发展浪潮中自然推动的。随着科技的不断进步，出现了更多环保和可持续的包装技术和材料。例如，可降解材料、可回收材料、生物基材料等的出现为包装行业提供了更多绿色选择。同时，智能化技术的应用也能提高包装过程的效率和资源利用率，从而促进绿色转型。

（1）科技的进步推动了新型环保材料的开发和应用。可降解材料、可回收材料、生物基材料等在包装领域得到广泛应用。这些材料可以减少对有限资源的消耗，降低对环境的影响，并且在适当条件下能够降解或回收利用，符合可持续发展的原则。

（2）智能化技术在包装行业中的应用可以提高生产效率、优化生产质量控制过程，并且降低资源消耗。例如，自动化包装系统、智能仓储和物流系统等可以减少人力成本、降低能源消耗，同时提高包装的精确度和一致性。

（3）基于数据分析的优化可以帮助企业更准确地预测需求，避免过度包装和资源浪费。科技进步使得大数据分析和人工智能等技术在包装行业中得到应用。通过对包装过程中的数据进行分析和优化，可以实现资源的有效利用和废弃物的减少。

二、绿色制造发展是全球未来产业零和博弈的主战场

绿色发展是人类文明发展的初心，旨在实现国家和人民的利益。然而，在当今复杂多变的全球经济环境中，绿色发展面临着新的挑战。绿色发展在当前的全球议程中占据了重要地位，旨在推动可持续经济增长和环境保护。然而，在国际政治和经济竞争的背景下，绿色发展也可能成为一种竞争手段和利益追求的工具。

西方发达国家和地区，通常拥有更先进的绿色技术和更严苛的环境标准。他们在国内推动绿色发展的同时，也试图将自己的标准和要求推广到全球范围，以确保其在国际竞争中的优势地位。这可能包括通过贸易限制、绿色壁垒、技术转让条件等方式，对其他国家和地区的绿色发展进行限制或打压。绿色发展本身是一种全球性的挑战和责任。各国都应该积极参与和支持绿色发展，通过合作和共享最佳实践成果，实现全球可持续发展的目标。同时，也需要寻求平衡，确保绿色发展不成为国际关系中的政治工具和不公平竞争的手段，为全球环境和人类福祉服务共同努力。

2021年欧洲议会投票通过了设立欧盟近期提出"碳边境调节机制"（CBAM）的决议，计划对欧盟进口商品征收碳边境税或要求购买碳排放配额。欧盟又将碳

中和目标定为强制性法律约束。欧盟 CBAM 也由此获得了"合法"身份。围绕 CBAM 其实一直充满争议，支持方认为，实施该机制可以减少"碳泄漏"风险；反对方则认为该机制是一种变相的贸易保护主义。2023 年 4 月 18 日，欧洲议会议员投票通过了包括碳边界调整机制（CBAM）在内的多项法案，其中"碳边境调节机制"（CBAM）的决议框架如图 2-19 所示。

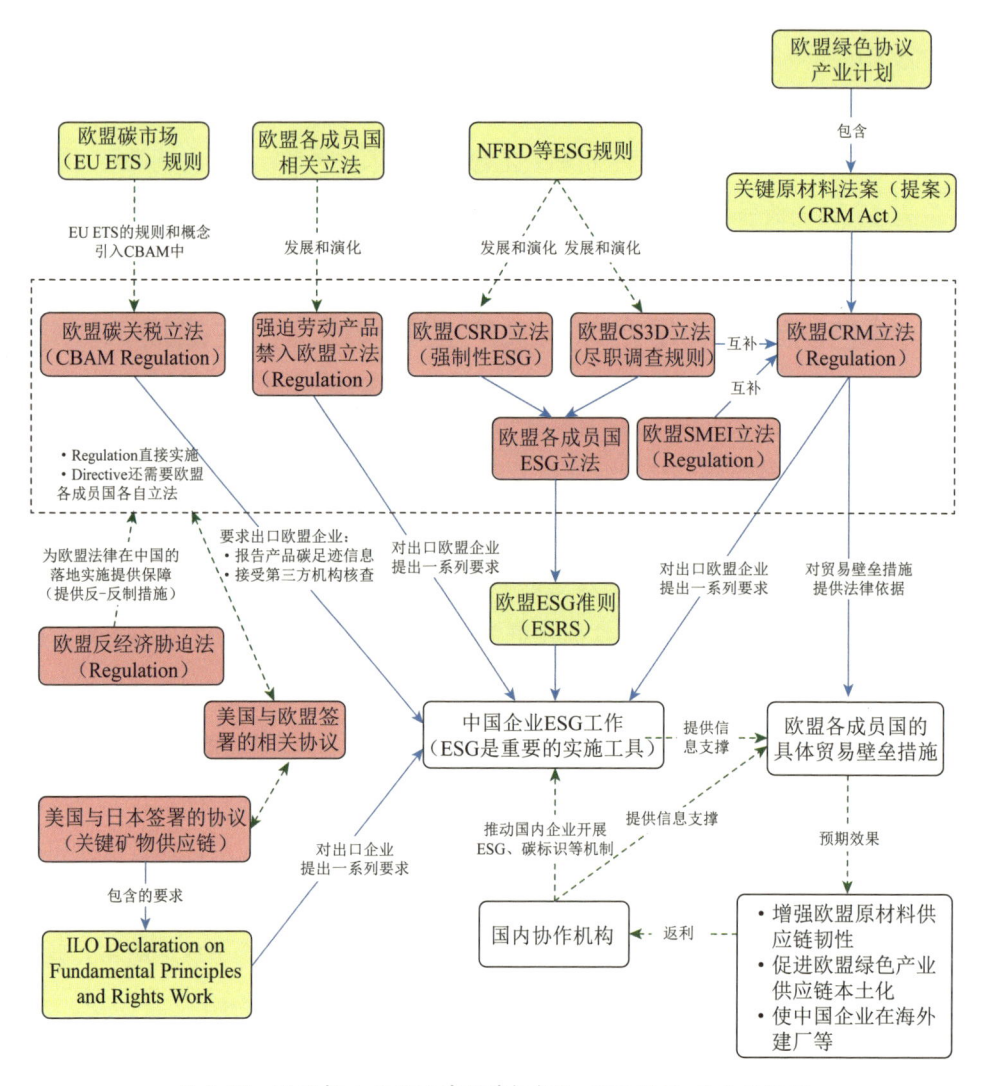

图 2-19 欧盟提出"碳边境调节机制"（CBAM）的决议框架

CBAM 涵盖的产品包括铁、钢、水泥、铝、化肥、电力、氢气以及特定条件下的"间接"排放，这些产品的进口商必须支付生产国支付的碳价格与欧盟碳排放交易体系中碳配额价格之间的差价。CBAM 将从 2026—2034 年逐步实施，与欧盟交易体系逐步取消免费配额的速度相同。欧盟 CBAM 的强势推出，意欲"一石四鸟"，其关键目标包括限制碳泄漏、防止本土产业竞争力下降、增加财政收入、抢占气候治理话语权。

2020 年，中国已成为欧盟第一大进口贸易伙伴，随着欧盟 CBAM 的实施，中国企业出口产品中额外交易成本和出口成本将显著提升，价格竞争优势也随之减弱，同时也将间接导致在华欧资企业退出中国市场，对未来美欧可能借助"气候外衣"加剧对我国"绿色打压"的风险，我国应及时采取有效措施积极应对。未来需要加强绿色技术研发和创新，推动绿色产业发展，提高中国在可再生能源、清洁技术和环保产业等领域的竞争力；加强国际合作与对话，即加强与国际组织、国际伙伴和其他国家的合作与对话，共同应对气候变化和环境挑战。通过积极参与国际气候谈判、分享经验和技术，树立中国作为全球环境领导者的形象；加强环境法律法规的制定和执行，提高环境监管的严格性和效力，确保企业和产业符合绿色发展要求。通过提升绿色标准和环境监管能力，中国可以展示自身对环境保护的承诺和实际行动；加强公众对环境保护和绿色发展的宣传和教育，提高公众的环保意识和参与度。通过宣传中国在绿色转型方面的努力和成就，增强国内外对中国环保努力的认同和支持。

三、我国包装产业发展应对举措

包装制造（包含各类载具）是我国出口商品必不可少的环节之一，国际贸易中绿色通关包装是独立检查并履行相关政策的，也就意味着假设商品绿色、低碳，而包装不满足，极有可能导致出口受阻或出口障碍。2023 年是疫情雾霾消散后的第一年，年初的调研体现出中国包装产业纵向整合之势已经到来，无论是终端客户的需求诱因还是为未来的国际竞争做准备，企业的可持续成长将不得不考虑

"绿色"在发展中的角色地位。如何才能助力产业在绿色的发展中不跑偏、在绿色发展中踏准国际节奏、在绿色发展中夺回国际话语权，这需要产业上下游的齐心协力，需要监管部门的"一盘棋"决策、需要每一位包装同人的群策群力。具体措施如下。

①响应国际规则的同时，依托国内的禀赋优势，筹建并推广本国绿色国际规则。

随着我国中产人数的不断扩张，消费市场将迎来可持续的增长，这也意味着包装需求增速前景向好。2023年一季度出口数据的强劲复苏，为国内的制造业信心提振增添了动力；包装产业原纸价格的止跌企稳，同样说明了中国经济的韧性极强。2023年4月18日的欧盟碳关税相关政策的落地，意味着给予中国的时间、空间被压缩。产品绿色化与包装绿色化认同捆绑式地进入国际竞争舞台。中国的包装市场有天然的、极具潜力的应用市场，同时商品的性价比深受海外消费者的认同，为此我国应尽快考虑商品出口带动商品标准的输出效应。其中以绿色包装标准为例：托盘是几乎所有货物流通的载具，我国托盘标准化以及规则一直以来按照主要出口国的要求生产制造，缺乏话语权，制定绿色可回收、可循环的托盘国际标识是较好地推广中国标准走向国际化的窗口，一旦形成共振效应，其标识将类似印刷行业公认的颜色控制G7标准一样，形成话语权。

②对绿色包装产业以及相关领域进行网状标准的制定，为中国标准走向世界打下基础。

近些年随着企业标准化、生产标准化、产品标准化、服务标准化理念的进一步落实，市场参与标准化的热情进一步高涨，但地方、企业标准化发布的乱象也屡见不鲜，绿色包装市场也不例外。更好地统筹、强化绿色包装标准化的落实性、可行性以及是否具备国际性推广，产业链上下游认同是当下迫切需要考量的。"绿色"包装其涉及面极其广泛，其中包括了绿色材料、绿色设计、绿色使用方式、绿色处理方式、绿色包装生态等等，查漏补缺将我国的绿色包装标准化尽快形成网状结构，从而以高质量、上下游高认同度的编队走向国际舞台，是中国包装标准能否可持续发展的关键。

③进一步推动高质量、高标准的绿色智能制造理念，用组合拳政策扶持头部企业或创新型企业做大做强。

智能制造、绿色制造在国际经济贸易舞台中同样重要，但对国际政治舞台而言，绿色制造比起智能制造更为重要，尤其是对类似非高尖端的大众消费品产业链而言。从产业发展的深层次谈及，绿色与智能又是不可分割的，产业的绿色化离不开智能化、标准化、信息化的全方位辅佐。对包装产业绿色化而言，绿色应该是包装在其全生命周期对于环境是无污染的，并且无论后处理的回填、再造都能够有效控制负效应的，那智能化的生产制造是极大降低单品包装的碳排放量，是包装绿色可量化的基础，是包装后处理精确分选、再造、拆解、智慧填埋降解、再生产的根基。为此，包装产业做好智能制造是绿色化的主要前提条件之一。我国包装产业呈现长尾型产业结构，头部企业的总产值比例较低，政府的引导性产业政策难以快速显现优化效应，为此在兼顾包装健康的创新市场以及包装应用市场的前提下，对于可标准化、可智能化的细分产业应引导做大做强，对于具备灵活性、独特性、创新性的企业应积极鼓励，并形成细分领域的话语权，从而为绿色智能制造的产业氛围提供优质土壤。

④积极推动使用产品包装生命周期评价理念，有量化目标的推动并全面实现包装可持续发展理念。

产品包装生命周期评价理念是推动绿色包装不断向前发展的主要方法。同时，ESG（环境、社会和公司治理）、CSR（企业社会责任）是包装规模企业、品牌企业绕不开的话题，加快产品以及产品包装绿色化是重要目标之一，但由于上下游供应链的稳定，消费品牌形象的考虑，实施过程往往不是一蹴而就的，阶段性目标与长期目标量化是实施绿色可持续的关键。为此，如何将产品包装生命周期理念更快推广，使得包装产业上下游能够共同为绿色发力，是包装绿色化发展关键中的关键。制定通用的标准和规范，明确产品包装生命周期评价的流程和指标，使得从业人员能够遵循统一的方法进行评价。这样有助于降低学习成本，提高评价的一致性和可比性。让绝大多数的包装开发人员能够低"门槛"地熟练掌握，加强对于包装生命周期评价重要性的宣传和倡导，提高行业和公众的意识。

⑤优化包装材料的循环率以及缩短包装二次料链路，压缩信息不对称的中间环节。

我国包装废弃物市场巨大，如何让材料细分、应用范围细分、回收链路缩短是确保包装废弃物相对高价值回收再用的关键之一。在中国塑料循环的产业链闭环中，塑料生产、塑料消费、塑料废弃、塑料回收以及再生加工的每一个环节都具有重要产业价值，只有打通整个闭环才能够实现对塑料制品的高效回收及资源化利用。塑料本身并不是污染物，塑料废弃物管理不当造成的环境泄漏问题才是塑料垃圾对环境产生的主要影响。发展塑料循环经济是解决塑料环境泄漏问题的主要手段之一，在减少塑料垃圾污染、保护生态环境的同时，变废为宝，使废弃塑料能够重新产生经济价值，这样才能使塑料循环闭环得以稳定地运行。以 PET 瓶为例，我国 PET 瓶消费后基本被扔进垃圾箱，然后由拾荒者或者专业处置机构分拣出 PET 瓶，通过收集后，一层层流通到破碎分选再料粒的企业，中间的链路多达 30～50 层，导致 PET 瓶消费信息差距大，同等级回收的风险较大，缩短回收链路，加强检测装备的研发是解决该塑料再生风险的关键，但这对于城市消费需要更多的便捷回收处理系统来做支撑。

⑥加强不同层次、不同学科背景的绿色包装人才培养力度。

在高等教育机构中开设相关专业课程，如绿色包装设计、绿色材料科学等，培养专业的绿色包装人才。绿色包装涉及面较广，国内相关高校包装教育的学科背景各不相同，有的基于高分子材料、有的基于物流包装、有的基于印刷包装、有的基于包装视觉传达、有的基于循环经济等等。应鼓励不同学科背景的学生参与绿色包装研究和创新，如工程学、材料科学、设计艺术等。通过跨学科的培养，促进不同领域的交流和合作，推动绿色包装的跨界发展。通过加强宏观教育和跨学科人才培养，我们可以培养更多具备绿色包装意识和专业技能的人才，为包装行业的绿色转型提供坚实的智力资源支持。此外，还需要加强包装绿色宏观教育，不仅能够提高公众对绿色包装的认识，还能够培养出专业的绿色包装从业者。

塑造绿色未来：电子电器产品的环保包装创新与趋势

徐欣[①]

随着人们对环境保护和可持续发展的关注日益加深，绿色包装已成为包装工程领域的一个重要发展趋势。特别是在电子电器行业，由于产品更新换代速度快，包装废弃物产生量大，前端的绿色包装设计对于降低环境污染、节约资源具有重要意义。本文旨在介绍电子电器产品绿色包装设计的原则、方法和案例，以期推动绿色包装在电子电器行业的广泛应用。

一、电子电器产品绿色包装设计原则和方法

绿色包装的实现需要绿色包装设计先行。电子电器产品的绿色包装设计不仅要关注包装本身的环保性能，还强调产品在整个生命周期中的环境影响。通过采用环保材料、降低包装重量、优化包装结构等方式，绿色包装设计旨在实现资源节约、减少废弃物、降低运输成本等目标，同时提供良好的用户体验。

在绿色包装设计中，通常遵循环保3R原则，即Recycle（循环回收）、Reuse（物尽其用）和Reduce（减少使用）。这三个原则为绿色包装设计提供了基本指导思想，旨在降低包装对环境的影响、提高资源利用效率。具体设计原则及方法如下。

①减少包装材料使用（Reduce）：设计更紧凑、轻便的包装，以减少材料消

[①] 徐欣，Signify（昕诺飞，原飞利浦照明）亚太区包装中心包装经理，中国包装联合会专家库入库专家，上海市包装技术协会物流包装专委会专家。

耗和运输成本。简化包装结构和形状，避免过度包装，从源头上减少对资源的消耗。同时，减少包装重量有助于降低运输过程中的能源消耗和碳排放。

②采用可再生或可回收材料（Recycle）：使用可回收的纸张、塑料、金属等材料，以减少对环境的影响。在设计过程中，应考虑包装材料的回收利用性，选择易于分离和回收的材料组合。此外，可以优先考虑采用生物基材料、再生材料等环保材料，从而减少对非可再生资源的依赖。

③提高包装的可重复使用性（Reuse）：设计易拆卸、易回收、易重复使用的包装结构，提高资源利用率。例如，设计具有多功能或可扩展性的包装，使其在完成保护电子电器产品的任务后，仍具备其他使用价值。此外，应鼓励消费者参与回收和再利用的活动，提高整个社会对包装资源的利用意识。

④优化包装结构：设计符合人体工程学原则的包装结构，以提高产品的使用便捷性和用户体验。同时，通过合理的结构设计，实现包装在运输、储存和使用过程中的高效性能，降低损耗和浪费。

总之，遵循环保 3R 原则并结合上述具体方法，可以帮助设计师和企业实现电子电器产品绿色包装设计的目标。在实际操作过程中，不同类型的电子电器产品中有着自身各自的差异和特点，这些差异也会影响到绿色包装的设计实施。因此，不同企业和设计师需要根据被设计产品的自身特性、市场需求和可行性等因素进行综合权衡，以实现绿色包装设计的最佳效果。下面结合常见的几种电子电器产品来说说设计上的差异与特点。

①手机类产品：手机类产品通常较小巧轻便，因此其包装设计要求紧凑、简洁。采用可回收纸板、纸浆等环保材料制作包装盒，减少塑料使用。此外，为提高用户体验，可以设计易于拆卸的包装结构，方便用户回收和重复使用。

②电视类产品：电视类产品尺寸较大，包装设计需要考虑产品在运输和储存过程中的保护性能。采用可回收泡沫塑料、纸板等材料制作防震缓冲结构，提高包装的环保性能。同时，设计简单易拆的包装结构，方便用户回收和处理。另外循环使用的电视包装循环箱也曾经得到很好的环保宣传体验。

③家电类产品：家电类产品种类繁多，包装设计需要根据具体产品特点进行

定制。常用的绿色包装材料包括可回收纸板、生物降解塑料等。此外，可以设计具有一定功能性的包装，如可作为产品展示架或收纳盒等，提高包装的实用性和可重复使用性。

二、绿色包装设计案例分析

根据上述设计原则和方法，以及不同类产品的差异与特点，下面就市面上看到的部分实际案例，来进行实际分析与介绍。

案例 1：苹果公司的 iPhone 包装

苹果公司在近年来对 iPhone 包装进行了一系列绿色改进。减少了包装尺寸，从而减轻了运输成本和碳排放。此外，苹果还采用了可回收的纸板作为包装材料，减少了对环境的影响。为了提高用户体验，包装结构简洁大方，便于拆卸和回收。

案例 2：戴尔公司的可再生包装

戴尔公司在其部分产品的包装中使用了由可再生竹子天然纤维制成的可再生材料。这种材料具有良好的保护性能和生物降解性，可以在一定程度上减少包装废弃物对环境的影响。此外，该包装设计简单实用，易于回收和重复使用。

案例 3：索尼公司的 PlayStation 游戏机包装

索尼公司在其 PlayStation 游戏机的包装中采用了可回收纸板和纸浆缓冲托盘，减少了塑料使用和环境污染。同时，其包装结构紧凑简洁，便于运输和回收。此外，索尼还通过生产过程中的废弃物再利用，降低了整个包装生命周期的环境影响。

案例 4：三星电子的可持续包装设计

为了支持可持续发展，三星电子在其部分产品的包装上采用了环保材料，如可回收纸板和塑料材料占比。此外，三星还关注包装结构设计的创新，通过减量、再利用、循环再造，使包装用量到使用材质都有简化，大幅减少了包装废弃物。

案例 5：飞利浦的 LED 灯泡去塑包装

飞利浦针对其 LED 灯泡产品开展了一系列绿色包装去除塑料的设计（图 2-20）。

通过使用可回收纸板去除了所有 LED 灯泡包装中的塑料，降低了包装的环境影响。同时，包装结构简单实用，方便消费者拆卸和回收。飞利浦的这一做法得到了消费者的广泛认可，有力地推动了绿色包装在照明行业的应用。

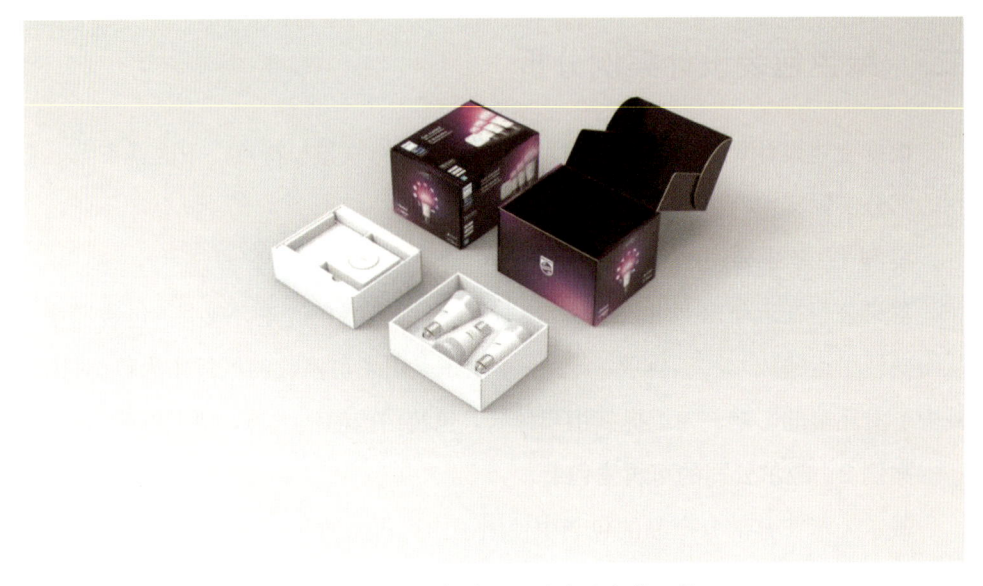

图 2-20　LED 灯泡产品的去除塑料设计

以上案例展示了电子电器行业在绿色包装设计方面的成功实践，它们通过采用环保材料、创新设计和循环利用等方式，有效地降低了产品对环境的影响，提高了企业的社会责任感和竞争力。

三、绿色包装材料研发与趋势

绿色包装设计离不开绿色包装材料，无论是传统的绿色包装材料，还是新型的绿色包装材料，在随着消费者对环保意识的日益增强，绿色概念大行其道的情况下，越来越多的企业在开发新型的材料来满足市场需求和环保要求。以下是一些值得关注的包装新材料研发以及方向。

①首先是塑料类新材料。针对塑料包装的环境问题，行业内已经开发出了各种生物塑料及可降解塑料。生物塑料主要来源于植物或微生物，如聚乳酸（PLA）、

PBAT 等，这些材料具有良好的生物降解性，可减少包装废弃物对环境的影响。

除此之外，还有各种可降解类发泡材料，用于替代传统的聚苯乙烯发泡材料。这些新型发泡材料采用生物基原料或可降解聚合物，如聚乳酸发泡材料、生物基聚氨酯发泡材料等，具有良好的环保性能和保护性能。同时，单一材质可回收材料和高比例回收料制品也在市场上逐渐流行，以便更好地实现资源循环利用。例如，采用单一材料制作的包装，可在保持包装性能的同时，简化回收和处理过程。

②其次是纸类新材料。瓦楞纸和蜂窝纸结构的包装材料，在环保性能和缓冲性能方面具有显著优势，成为一种非常受欢迎的绿色包装材料。瓦楞纸由纸板和波纹纸组成，可提供良好的抗压性和保护性。蜂窝纸结构则以其独特的蜂窝形状，提供一定的抗冲击性能。这些纸类包装材料均可广泛应用于各类电子电器产品包装。

卡纸系列包装在轻质、环保、成本优势方面表现出色，逐步取代部分传统塑料包装。卡纸包装采用纸板材料，可进行各种印刷和加工处理，如磨砂、覆膜等。这种包装材料不仅美观大方，还具有很好的环保性能，可广泛应用于电子产品、食品、化妆品等领域。

此外，纸浆类模塑产品也在市场上越来越受到关注，这种材料具有良好的生物降解性，可以替代一些传统的塑料制品。纸浆模具通过将纸浆加压成型，形成各种形状的容器，如电子产品托盘、餐具等。这种生物降解包装材料在使用后可被回收或自然分解，减轻环境负担。

③其他材料类。除了上述这两大类材料，其他材料主要包括生物菌类新材料、纤维类新材料等。

生物菌类新材料如菌丝体材料等，以其独特的环保性能和生物降解性，正逐渐成为一种有潜力的绿色包装材料。菌丝体材料是一种由菌菇菌丝发酵生长而成的天然材料，具有轻质、可降解、可塑性强等特点。这种材料可用于替代泡沫塑料等传统包装材料，具有很高的环保价值。

纤维类新材料，如天然纤维、再生纤维等，同样具有良好的环保性能，可广泛应用于各种绿色包装设计。天然纤维来源于植物或动物，如棉、麻、竹、羊毛等，具有可再生、可降解等优点。再生纤维则通过废弃纤维材料的回收和再加工，形成新的纤维材料，如再生木质纤维、再生黏胶纤维等。这些纤维类新材料在保持包装性能的同时，减轻了环境压力。

随着电子电器产品的持续创新和更新，绿色包装新材料也需要不断适应这些变化，以满足产品在保护性、美观性、低成本性和环保性等方面的要求。例如，随着可穿戴设备和物联网技术的普及，包装材料需求将更加多样化，不仅要求轻质、薄型，还要求具有一定的柔韧性和抗冲击性。此外，随着消费者对个性化和定制化需求的增加，包装材料也需要具备更好的印刷和加工性能，以满足不同品牌和产品的特色展示。

四、绿色新材料的设计落地

新材料不仅有利于降低包装废弃物对环境的影响，还有助于提高资源利用效率。无论是塑料类、纸类还是其他材料类，新型绿色包装材料都将为电子电器行业提供更环保、更可持续的包装解决方案。

在全球范围内，政府、企业和消费者对环保的关注日益加强，绿色包装新材料的研究与应用将迎来更多的机遇和挑战。各国政府可能出台更严格的环保法规和标准，推动绿色包装材料的研发和推广。同时，企业在响应政策和市场需求的过程中，需要投入更多资源开发具有竞争力的绿色包装材料，形成良好的市场竞争格局。消费者作为绿色包装的最终使用者，他们的购买行为和环保意识将在很大程度上影响绿色包装新材料的市场前景。

新材料及新设计在包装行业的应用日益增加，然而要将其推广到实际应用中，还需克服一系列挑战。对于推动新材料设计的落地，可以从新材料的成本、验证与实施两个方面入手，实现经济效益与社会效益的双丰收。

（1）成本方面的考量。

新材料固然重要，也值得去使用和推广，但对于企业而言，新材料的成本变得尤为关键。新材料往往意味着研发投入，对于开发新材料的企业而言，在初期应用时，肯定是希望能够把投入的研发费用通过新材料售卖得以收回。企业在选择新材料时，首先要考虑的便是其价格，新材料要能在价格上接近甚至低于传统材料，才有可能在市场上取得竞争优势。那如何在实际使用过程中去平衡这一点呢？

首先，在核算过程中，可以考虑整个包装成本核算，而不是只看材料成本。新材料的使用可能会降低其他方面的成本，如运输、仓储等，这些方面的节省可能会抵消部分材料成本的增加。企业在评估新材料的成本时，应从整体角度出发，进行全面的成本核算。其次，寻找好的合作伙伴（供应商）。选择与可靠的新材料供应商合作，可以确保新材料的质量和稳定供应，降低因质量波动带来的风险，同时也有利于在价格方面的协商和优化。最后，寻求法律法规以及政府的政策支持。政府对环保材料的扶持政策和法规，往往能为新材料的推广提供有力支持。企业应关注这些政策，了解如何合法合规地享受相关优惠，降低推广新材料的成本。

（2）验证与实施。

新材料新设计如何确保实施中降低风险和避免风险，或者不会因为使用了新材料，导致产品的保护性不足，产生更大的货损。首先，需要大胆尝试，小心求证，逐步扩大应用面。因此，在实际应用中，企业需要勇于尝试新材料，但在推广前，必须进行充分的验证。可以从小规模的实验开始，逐步扩大应用范围，确保新材料在实际使用中的性能与预期相符。其次，还要盯紧国际环保/包装材料的趋势动态。要推动新材料新设计落地，企业需要关注国际上的环保政策、新材料研究和包装行业的发展趋势。这有助于企业了解最新的技术和市场动态，把握行业发展方向，为实施新材料新设计提供指导。

同时，还需要重新定义包装试验标准——物流环境的监测与数据。在推广新材料新设计之前，企业需要根据物流环境的实际情况，重新制定包装试验标准，确保新材料在物流过程中能够满足产品保护、成本和环保等多方面的需求。此外，企业还应加强物流环境的监测和数据分析，了解新材料在实际应用中的性能，以便对新材料进行优化和改进。通过这些措施，企业可以成功地推动新材料新设计在包装行业的广泛应用，实现环保与经济效益的双重目标。

五、绿色包装可持续发展的趋势与探讨

随着消费者环保意识的提高和政策法规的加强，电子电器产品绿色包装设计将成为企业的重要责任和竞争力。当前市场上不断涌现的绿色包装新技术和新材料为电子电器行业带来了更多环保创新的可能性。因此，未来的绿色包装可持续发展的行业趋势是一定的，未来的发展也是可期待的，主要会体现在以下几方面。

第一，绿色包装新技术和新材料的发展趋势。首先，生物降解材料，如聚乳酸（PLA）、聚羟基脂肪酸酯（PHA）等。这些材料具有良好的生物降解性，可在一定程度上减少包装废弃物对环境的影响。在电子电器行业中，生物降解材料可用于制作保护性膜、缓冲填充物等。其次，再生材料，如再生纸、再生塑料等。这些材料通过对废弃物进行回收、再加工，生产出具有一定性能的再生材料。这些材料可以应用于电子电器产品的包装制作，降低对非可再生资源的依赖。

第二，新技术对包装材料的改进及应用的发展趋势。首先，智能包装技术，如应用物联网技术、RFID 技术等。可以实现对包装的追踪、定位和推动对产品及物流相关数据的采集。在电子电器行业中，智能包装技术可帮助企业优化供应链管理，提高产品的安全性和品质。其次，纳米技术。纳米技术在包装材料中的应用，可以提高材料的性能，利用纳米材料充填，可以增强塑料的抗压性、抗老化性等。这将有利于电子电器产品包装的保护性能和使用寿命。

第三，未来电子电器产品绿色包装设计的发展趋势。随着对环境保护意识的提高，电子电器产品绿色包装将进一步发展。绿色包装设计将更加注重材料的可再生性、生物降解性和循环利用性，从而降低包装对环境的影响。利用物联网、大数据、人工智能等技术，实现包装的智能化。智能包装可以实时监测产品的状态、环境条件等信息，帮助企业提高供应链管理效率，同时为消费者提供更加个性化的服务。随着消费者需求的多样化和个性化，电子电器产品绿色包装将更加注重设计的创新性、美观性。例如，利用数字印刷技术实现包装的个性化定制，

提高消费者的认同感和满意度。未来绿色包装设计将逐渐成为电子电器行业的标配，企业将更加注重包装在整个生命周期中的环境影响。从原材料的选择、生产工艺、运输、使用到废弃物处理，未来的绿色包装将更加注重可持续性发展和循环经济的目标。

六、结语

随着新技术和新材料的不断涌现，绿色包装将在降低环境影响、提高资源利用效率、满足消费者需求等方面发挥更大的作用。企业应积极关注行业动态，用先进技术和理念，推动绿色包装的发展，以实现可持续发展和循环经济的目标。为此，也呼吁更多的企业和设计师能够关注和参与到绿色包装的可持续发展工作当中来。绿色包装，设计先行，通过创新设计、材料选择和生产工艺，共同推动电子电器行业的绿色转型，为保护地球环境、促进可持续发展做出贡献。

第三章
行业标准及政策解读

《上海市绿色包装产品认证实施规则》系列标准解读

郭金山[①]

在"协调、绿色、开放、共享"发展理念下，我国大力提倡生态文明建设、推行绿色制造产业，推广绿色产品，促进绿色消费。绿色产品是符合我国生态文明建设目标的一大类中高端产品，推进绿色产品供给侧改革，是深化生态文明体制改革的必然要求。建立统一的绿色产品体系有利于助推供给侧结构性改革、推动制造业水平和产品质量提升，有利于满足消费升级需求、为人民健康生活提供保障，有利于落实生产企业主体责任、提升社会诚信水平。

国务院办公厅发布的《关于建立统一的绿色产品标准、认证、标识体系的意见》（国办发〔2016〕86号）要求"建立绿色产品标准推广和认证采信机制，支持绿色金融、绿色制造、绿色消费、绿色采购等政策实施""研究推行政府绿色采购制度，扩大政府采购规模"，开展绿色产品标准体系顶层设计和系统规划，统一构建绿色产品标准体系，统一的绿色产品评价方法和评价指标体系，是制定各领域、各行业、各类别绿色产品评价标准的方法基础。早在2016年12月6日工业和信息化部和商务部就联合发布了《关于加快我国包装产业转型发展的指导意见》（工信部联消费〔2016〕397号），指导意见中强调包装产业是与国计民生密切相关的服务型制造业，推进以"节能减排，环境友好"为核心的绿色包装制度与法规建设，制定《包装行业清洁生产评价指标体系》，开展包装企业清洁生产水平的系统评价，推行包装绿色评估和绿色认证制度。

---

① 郭金山，上海市包装技术协会绿色包装委员会秘书长。

2020年3月25日，国家市场监督管理总局发布《市场监管总局国家邮政局关于开展快递包装绿色产品认证工作的实施意见》，提出按照"统一管理、共同规范、政府引导、市场运作"的原则，共同组织推动快递包装绿色产品认证工作。2020年12月初上海市市场监管局印发的《关于加强"上海品牌"认证工作的指导意见》也于2021年1月1日起施行。该指导意见明确"上海品牌"认证是自愿性高端品质认证，根据国际通行的合格评定方式，依据"上海品牌"标准及相关规定，对申请"上海品牌"认证的市场主体及其产品或服务进行的第三方评价活动。

绿色包装产品是授予企业绿色包装产品评价认证证书，允许产品使用绿色包装标志，有助于消费者识别，提高评价认证合格企业的核心竞争力，提高绿色包装产品质量水平。实施绿色包装产品评价认证的关键技术之一就是制定统一绿色包装产品的评价方法，基于全生命周期理念，科学确定绿色产品评价关键阶段、关键指标，建立相应评价方法与指标体系。并且构建统一的绿色产品标准、评价认证与标识体系，发挥行业组织部门的职能作用。

在此背景下，上海市包装技术协会提出了由协会绿色包装委员会作为牵头起草单位，上海数智绿色包装研究所、上海海洋大学、上海博疆新材料科技有限公司、国家食品软包装产品及设备质量检验检测中心（广东）、华东理工大学等单位按照GB/T 1.1规定起草了《上海市绿色包装产品评价认证实施规则》系列团体标准，截至目前完成了通则、塑料包装和纸包装三项。结合行业发展和企业需求，下一步重点放在竹木包装、金属包装以及储能产品用纸基复合包装、生物降解热收缩膜、生物降解压敏胶和胶带等方面或领域。

一、范围和主要技术内容

系列标准规定了上海市绿色包装产品评价认证的基本原则、产品评价要求、评价指标和评价方法等内容，明确了适用于上海市绿色包装产品评价标准的相关工作。同时这部分明确指出了，标准的评价认证特性，将在上海市包协的统一协调和指导下，由上海数智绿色包装研究所具体组织实施相关的评价认证工作。

绿色包装产品评价体系分为基本要求和评价指标两部分。基本要求是针对生产企业组织、管理层面的绿色要求，以定性为主。评价指标为针对包装产品生产全生命周期层面的绿色指标，包括了生命周期环节步骤、指标和具体的指标要求组成，生命周期环节步骤包括产品原材料及设计、生产加工、应用及运输、产品属性以及末端处置，下设具体指标要求，以定量评价为主。

二、规范性引用文件

在这部分中，重点引用了 GB/T 16716 系列标准、GB 17167 计量器具、GB/T19001 管理体系等标准及产业结构调整指导目录的要求。通过现有国标对内容和指标进行了规范和限定，体现了本规则制定的严肃性和准确性。

三、产品评价要求

不同类型的包装产品评价标准必须要符合 T/SHBX001—2021 通则中的基本要求，同时结合不同产品属性列出具体要求，比如食品用绿色塑料包装产品应符合国家工业产品生产许可有关的规定。

整个评价认证方式采用评分制的评价方法，针对整个包装的生命周期，分为产品原材料及设计、生产加工、应用及运输、末端处置及产品属性等五个环节，针对每一个环节的环境要素、环境因子进行识别，结合生产加工实际和提供的见证资料等采用符合性评价和定量评分的方法，最终得出一个加权总分。在符合基本要求的前提下，满足评价指标要求得分的产品，可判定为绿色包装产品，而且根据分数的高低，划分为不同的三个等级（一星级、二星级和三星级），以三星级为最高，也就是说全生命周期绿色评价最好，得分最高。

（1）部分要素采用一票否决制，如产品质量、有毒有害、生产环境等有问题的，或产品在监督抽查被判为不合格的，或企业被列入失信名单的。

（2）环境因子、环境要素需要进一步的识别，目前比如可再生利用、可降解材料的设计，无溶剂复合、单一材质、生物质材料、水性油墨等均可以作为重要的环境要素来考虑。

（3）考虑的内容主要包括：

①实行包装减量化。绿色包装在满足保护、方便、销售等功能的条件下，应是用量最少的适度包装。本系列标准也采纳欧美等发达国家将包装减量化列为发展无害包装的首选措施。

②易于重复利用或易于回收再生。符合 GB/T 16716.6——2012 标准要求，通过多次重复使用，或通过回收废弃物，考虑重复使用次数和周期。生产再生制品、焚烧利用热能、堆肥化改善土壤等措施，达到再利用的目的。既不污染环境，又可充分利用资源。

③包装废弃物可以降解腐化。为了不形成永久的垃圾，不可回收利用的包装废弃物要能分解腐化，进而达到改善土壤的目的。Reduce、Reuse、Recycle 和 Degradable 即是现今 21 世纪世界公认的发展绿色包装的 3R 和 1D 原则。

④包装材料对人体和生物应无毒无害。包装材料中不应含有有毒物质或有毒物质的含量应控制在有关标准指标以下，根据产品的不同，有毒有害物质的含量或限值会有差异。

⑤在包装产品的整个生命周期中，均不应对环境产生污染或造成公害。即包装制品从原材料采集、材料加工、制造产品、产品使用、废弃物回收再生，直至最终处理的生命全过程均不应对人体及环境造成公害。

⑥节能管理及技术，鼓励采用 GB/T 22336—2008 规定的节能管理、节能技术。水的重复利用率≥90%，或不用水。

评价准则从包装全生命周期中的上述五个环节步骤规定了绿色包装产品等级评价的关键技术要求，给出了基准分值的设置原则。并给重复使用、实际回收利用率、降解性能等重点指标赋予了较高的分值。

四、评价认证流程

（一）评价认证流程图

绿色包装产品评价认证流程如图 3-1 所示。

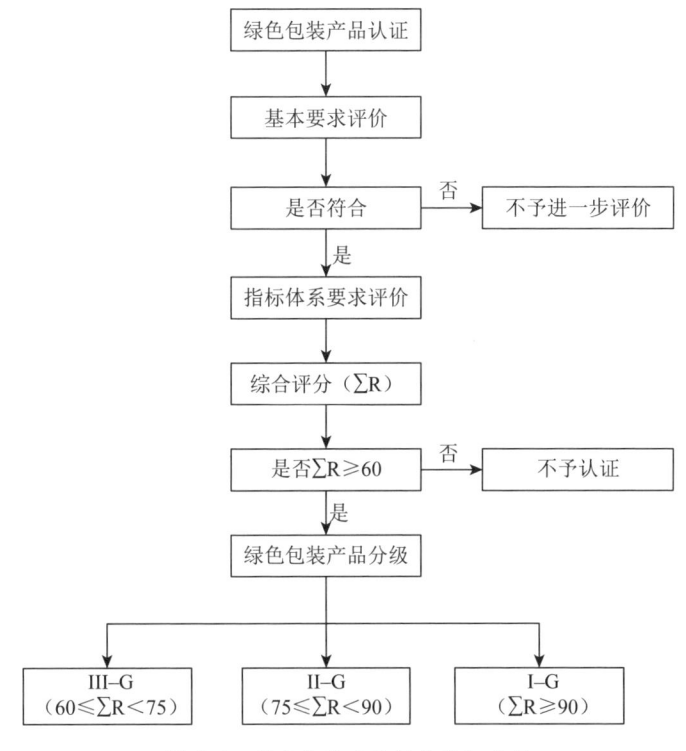

图 3-1 绿色包装产品评价认证流程

（二）核查方法

绿色包装产品评价认证采用文件审查结合现场检查的方式。文件中要求的数据优先提供一年内的有效检测报告。不能提供检验检测报告的，在评价认证机构许可的前提下，可提供文件、记录或企业自我声明等代替。所有的管理制度、措施、记录均应提供相应的文件资料。所有的生产废弃物处置应提供生产方与回收方签订的合同及相关的回收记录，危险废弃物处理应提供具备资质机构的处置合同。

五、结语

《上海市绿色包装产品认证实施规则》等系列标准是在国家绿色产品与"双碳"战略的大需求下产生的，离不开上海市包装技术协会的指导和参编企事业单位专家的共同努力。相信未来会有更多的企业通过评价认证，共同推进上海包装产业的健康、绿色、低碳发展。

《产品包装碳排放核算方法与规则》标准解读

邵芬娟[①]　崔庆斌

包装产业是社会经济发展到一定阶段的必然产物，已经逐渐成为我国国民经济发展的重要组成部分之一，起着举足轻重的作用。从总量上看，我国已经成为世界包装大国，但是在品质、质量、新品研发能力以及经济效益等方面，均与发达国家存在较大的差距。绿色包装是世界包装行业发展的大趋势，通过对产品包装的碳足迹进行核算，可以更好地为绿色包装的发展做出相应的贡献，为此上海市包装技术协会提出并归口，相关企业、研究所、高校等参与并起草了此标准。《产品包装碳排放核算方法与规则》已于 2022 年 10 月 31 日发布，于 2022 年 12 月 31 日实施，解读这些规则有助于企业了解相关政策要求，确保自身的包装设计和生产符合法规要求。这有助于降低企业的合规风险，避免可能的法律和环境问题。

对《产品包装碳排放核算方法与规则》进行解读的意义在于促进环境保护、可持续发展，优化资源利用，有助于企业和政府了解和评估产品包装的碳排放量。通过减少包装的碳排放，可以降低对环境的负面影响，促进可持续发展。这将有助于建立更加可持续和环保的包装行业和市场环境。现就编制背景、主要内容解读如下。

---

① 邵芬娟，博士，上海出版印刷高等专科学校印刷包装工程系副教授，上海市绿色包装专业技术服务平台兼职研究员，研究方向：产品包装碳足迹评价。

一、《产品包装碳排放核算方法与规则》编制目的

在全球变暖的大背景下，中国正在积极采取措施节能减排控制二氧化碳排放。在 2009 年哥本哈根气候大会上，中国承诺到 2020 年单位国内生产总值二氧化碳排放比 2005 年下降 40%～50%。2015 年的巴黎气候大会上，中国承诺，单位国内生产总值温室气体排放到 2030 年在 2005 年的基础上减少 60%～65%。2021 年全国两会提出中国力争 2030 年前实现碳达峰，2060 年前实现碳中和。

目前，国际上以生命周期评价 ISO 14040 标准为基础形成的与碳足迹相关量化标准主要有 ISO 14064（1-3）、ISO/TS 14067、GHG Protocol、PAS 2050，以及与碳中和相关的主要标准 PAS 2060、INTE B5 和国际标准化组织正在研究制定的 ISO/WD 14068。对于中国而言，生态环境部 2019 年发布《大型活动碳中和实施指南（试行）》规范了大型活动的碳中和实施，填补了我国在这方面的空白。此后，各行各业也相继制定了不同行业的碳足迹核算，主要涉及化工、建材、机械、电气、电子、制药、照明、有色金属（包括铝制品）、纺织、太阳能、家用电器、汽车制造、机电、轻工日化、超市服务、酒店服务等众多行业。

二、本文件的总体结构和部分内容说明

《产品包装碳排放核算方法与规则》文件结构包括 7 个部分，三个资料性附录。

（一）适用范围

本文件规定了产品包装碳足迹评价的功能单位、系统边界、数据收集、分配与计算、产品包装碳足迹通报等内容。所谓产品包装，是指在产品运输、储存、销售等流通过程中，为了保护产品、方便储存、促进销售，按一定技术方法而采用容器、材料和辅助物等对产品所附的装饰总称。

（二）规范性引用文件

本部分给出了标准编制过程中引用的相关文件，包括 GB/T 24025—2009《环境标志和声明Ⅲ型环境声明 原则和程序》、GB/T 24040—2008《环境管理 生命周期评价 原则与框架》、ISO/TS 14067：2018《温室气体 产品碳足迹 量化要求及指南》（*Greenhouse gases - Carbon footprint of products--Requirements and guidelines for quantification and communication*）、PAS 2050—2008《商品和服务在生命周期内的温室气体排放评价规范》（*Specification for the assessment of the life cycle greenhouse gas emissions of goods and services*）。

（三）术语和定义

本文件在 3 部分和 4 部分给出了标准编制过程涉及的 4 个术语，包括产品包装、产品碳排放、功能单位、单元过程；7 个定义，包括核算的原则相关性、完整性、一致性、统一性、准确性、透明性、可操作性。

（四）核算边界和范围

在本部分主要介绍了产品包装碳排放核算的边界、功能单位以及核算时的数据的选择。建议采用数量单位为功能单位进行核算，产品包装的系统边界原则上宜包括产品全生命周期的每个阶段，包括原材料获取阶段、包装制造阶段、物流阶段、后处理阶段等四个主要阶段，其中使用阶段可以不收集数据，忽略计算。

（五）产品碳排放核算

报告主体以一个产品包装为边界，核算和报告产品包装"从摇篮到坟墓"整个过程产生的温室气体排放。从"摇篮到坟墓"包括原材料的获取、包装辅助材料获取、包装制造、包装物流、包装回收利用和废弃物处理等过程。该标准只核算二氧化碳一种温室气体的排放，排放范围和类型可以合并为以下两个方面。

（1）化石燃料燃烧排放：产品包装所涉及的化石燃料燃烧排放是指获得原材料、辅助材料等燃烧煤炭、天然气、汽油、柴油、液化石油气等排放的二氧化碳。

（2）过程排放：产品包装在制造过程、后处理阶段、物流阶段等购入的电力、热力、石油、水等所产生的二氧化碳排放。

对于产品包装系统每一单元过程的温室气体排放与清除进行量化，汇总获得以二氧化碳当量（$kgCO_2e$）表示的产品包装碳足迹。计算方法见公式（1）。

$$E_{GHG} = \sum_{i=1}^{n}(AD_i \times EF_i) \qquad (1)$$

式中：

E_{GHG}——产品包装碳足迹，单位为千克二氧化碳当量（$kgCO_2e$）；

AD_i——第 i 种活动的温室气体活动数据，单位根据具体排放源确定；

EF_i——第 i 种活动对应的温室气体排放因子，单位与温室气体活动数据的单位相匹配；

i——产品包装的每一排放类型。

（六）附录 A：产品包装碳足迹通报

本部分主要介绍了产品包装碳排放的评价报告，包括企业信息、评价对象、系统边界、核算范围、方法、清单，以及核算结果及其他等信息。

（七）附录 B 和附录 C：资料性附录

附录 B 和附录 C 是两个资料性附录，其中附录 B 给出了温室气体的全球增温潜势值（GWP），附录 C 给出了中国区域电力和热力平均 CO_2 排放因子。

三、附则

本标准由上海市包装技术协会提出并归口，其起草单位有上海市环境能源交易所、当纳利（中国）投资有限公司、上海出版印刷高等专科学校、上海市绿色包装专业技术服务平台、云南贝泰妮生物科技集团股份有限公司、上海宝钢包装股份有限公司、上海超彩油墨有限公司、上海创亚纸业包装有限公司、沃时派客（上海）包装科技有限公司、无锡市利佳包装装潢有限公司。

四、总结

《产品包装碳排放核算方法与规则》标准是在国家绿色产品与"双碳"战略的大需求下产生的，离不开上海市包装技术协会的指导和参编企事业单位专家的共同努力。相信未来会有更多的企业参考并使用该标准，共同推进上海包装产业的健康、绿色、低碳发展。

"双碳"目标背景下绿色包装政策分析及企业应对策略

袁善美[1]

我国在"十四五"规划纲要中明确了碳达峰、碳中和的"双碳"目标，力争在2030年前实现碳达峰、2060年前实现碳中和。经过平稳、健康发展，我国包装工业总规模已跻身世界包装大国行列。"双碳"目标的提出对于我国包装行业而言，意味着包装行业正式向绿色、可持续性的发展方向转型，提供更广阔的增量空间与新的发展舞台，包装行业也迎来前所未有的历史机遇期。

绿色包装（Green Package）又称为无公害包装和环境之友包装（Environmental Friendly Package），指对生态环境和人类健康无害，能重复使用和再生，符合可持续发展的包装。它的理念有两方面的含义：一个是保护环境，另一个就是节约资源。这两者相辅相成，不可分割。为了促进绿色包装发展，我国各级政府结合自身情况出台了一系列绿色包装相关政策法规，为加快推进绿色包装提供必要依据。本文通过梳理我国近些年最新的绿色包装相关政策，分析了我国绿色包装政策方面的不足，基于"双碳"目标背景和我国绿色包装存在的问题，对完善绿色包装法律法规及运营体系进行研究。基于碳达峰、碳中和的目标背景，结合当前包装行业的发展特点及转型要求，从绿色包装政策出发，梳理当前我国绿色包装相关政策措施，分析了我国绿色包装相关政策的现状，提出了包装企业绿色化转型的应对策略，为我国绿色包装的发展提供新思路。

---

[1] 袁善美，博士，上海出版印刷高等专科学校印刷包装工程系教师，上海市绿色包装专业技术服务平台兼职研究人员，研究方向：绿色包装。

一、我国绿色包装相关政策法规

（一）我国国家层面绿色包装相关政策

2021年国务院发布关于加快建立健全绿色低碳循环发展经济体系的指导意见，提出要鼓励企业开展绿色设计、选择绿色材料、实施绿色采购、打造绿色制造工艺、推行绿色包装、开展绿色运输、做好废弃物产品回收处理，实现产品全周期的绿色环保。2021年国务院发布的国家标准化发展纲要，建立健全清洁生产标准，不断完善资源循环利用、产品绿色设计、绿色包装和绿色供应链、产业废弃物综合利用等标准。2022年国务院办公厅发布的《关于进一步释放消费潜力促进消费持续恢复的意见》推进商品包装和流通环节包装绿色化、减量化、循环化。开展促进绿色消费试点。广泛开展节约型机关、绿色家庭、绿色社区、绿色出行等创建活动。

2020年国家发展改革委、国家邮政局等八部门联合发布《关于加快推进快递包装绿色转型的意见》，建立快递绿色包装标准化联合工作组，统一指导快递包装标准制定工作。制定覆盖产品、评价、管理和安全各类别以及设计、生产、销售、使用、回收和循环利用各环节的标准体系框架图。统一快递绿色包装、循环包装的核心关键指标要求，解决部分标准引用层次复杂、关键指标不清晰、内容互不衔接等问题。与2017年印发的《关于协同推进快递业绿色包装工作的指导意见》相比，2020年版意见明确具体时间点，在实施力度、措施强度和预期效度上更加具体直观，明确了进一步加强快递包装治理、推进快递包装绿色转型的指导思想、基本原则、主要目标和重大举措。这是一份快递包装绿色转型方面统筹推进的指导性政策文件，在新时期为快递包装绿色转型提供综合性，纲领性的指导。《关于加快推进快递包装绿色转型的意见》对于促进行业绿色发展、防治快递包装污染等方面具有里程碑式的意义，它为地方各级政府部门有序推进治理工作明确了目标路径、提供了政策支持。

2021年国家发展改革委、生态环境部印发"十四五"塑料污染治理行动方案的通知。发布绿色包装产品推荐目录，推进产品与快递包装一体化，推广电商快件原装直发，大幅减少电商商品在寄递环节的二次包装。开展可循环快递包装规模化应用试点。在全国范围内推广标准化物流周转箱循环共用。加快实施快递包装绿色产品认证制度。

2021年工业和信息化部、中国人民银行、中国银行保险监督管理委员会、中国证券监督管理委员会四部门发布《关于加强产融合作推动工业绿色发展的指导意见》。鼓励企业实施绿色采购、打造绿色制造工艺、推行绿色包装、开展绿色运输、做好废弃产品回收处理。在汽车、家电、机械等重点行业打造一批绿色供应链，开发推广易包装、易运输、易拆解、易重构、易回收的绿色产品谱系。

明确权利和义务主体，统一责任体系。从包装选材到废弃物的再生利用或降解处理，这其中涉及的法律责任主体应包含包装生产企业、网店、物流部门、消费者乃至政府相关部门。根据公共利益的需要，政府应当积极行使决策、执行、检查监督以及处罚权等经济管理职权。有权必有责，权责应对应，如果政府不积极履责，则有关行为属于行政不作为或乱作为行为，其就应该承担相应的法律后果。包装的绿色化涉及的主体众多，范围涵盖全国，政府应从公共利益出发，协调包装工业以及快递包装在整个生命周期中的源头和终端各方，才可能在快递行业有效地发展绿色包装，使公共利益得以兑现[1]。

为推进我国包装与环境和绿色包装标准化工作的发展，进一步助力我国循环经济体系建设和国家"双碳"目标的实现，全国包装标准化技术委员会包装与环境分技术委员会（SAC/TC49/SC10）提出了《包装回收标志》和《包装 包装与环境 术语》等两项国家标准的修订工作。目前，两项标准已在国家市场监管总局（标准委）作为绿色可持续领域的重点标准发布，并于2023年2月1日正式实施。包装行业连续发布实施的国家标准助力了绿色可持续领域发展，接下来还需严格执行这些标准，才能真正推动我国绿色包装的发展。

当前我国基于"双碳"目标出台了一些绿色包装方面的政策及举措，但尚未就绿色包装专门立法，包装的设计、生产、消费和资源化利用处理等整个生命周期与工业控污减排方面，并没有形成相对完整的法律体系。绿色包装制度仍不成熟，整体的法律体系松散，制度不健全。有关的非规范性法律文件庞杂，缺乏统一性，且效力低。因此健全和完善绿色包装制度显得尤为重要[2]。

（二）地方层面绿色包装行业相关政策

为了响应国家号召，各省市也推出一系列政策措施，推动绿色包装行业发展。自 2021 年起，长三角江浙沪皖四地均陆续提出了建立试点的推进方式。浙江省和上海市还根据本地实际情况在工作方案中进一步明确了先行示范的区域、拟开展模式、过程推进等。浙江省提出在绍兴试点省内异地快递使用可循环包装，逐步推广省内异地快递使用可循环包装。上海市鼓励寄递企业应用可循环可折叠快递包装、可循环配送箱和可复用冷藏式快递箱等，并提出到 2024 年开展 100 个以上相关试点，明确在"五个新城"、低碳发展实践区、低碳社区、绿色园区率先开展相关试点示范。关于可循环快递包装基础设施的建设，江浙沪三地将可循环快递包装基础设施的建设与本地已经部署的智慧城市、智慧社区或"无废城市"等项目相结合，同时，还充分考虑城镇老旧小区改造过程中共配终端和可循环快递包装回收设施建设；苏浙两省还提出保障设施用地，减免费用等破解政策障碍和优化政策环境的具体举措。

2022 年江苏省政府办公厅转发省市场监管局等部门关于深入推进绿色认证促进绿色低碳循环发展意见的通知。旨在增加绿色物流标准市场供给，完善绿色物流标准体系，积极开展绿色包装环保产品、新型绿色供应链等方面的认证工作。2022 年云南省发布关于深入打好污染防治攻坚战的实施意见，加快快递包装绿色转型，加强塑料污染全链条防治。深入开展绿色生活行动，培育绿色消费理念。2021 年广东省人民政府发布关于加快建立健全绿色低碳循环发展经济体系的实施意见，加快推进可循环快递包装应用，鼓励企业研发生产可循环使用、可降解和易于回收的绿色包装材料，促进快递包装物的减量化和循环使用。2021 年湖北省先后颁发省人民政府关于加快建立健全绿色低碳循环发展经济体系的实施意见和湖北省生态环境保护"十四五"规划。2021 年黑龙江省也颁发了"黑龙江省建立健全绿色低碳循环发展经济体系实施方案"，探索产品全生命周期绿色环保管理，鼓励企业开展绿色设计、选择绿色材料、实施绿色采购、打造绿色制造工艺、推行绿色包装、开展绿色运输、加强废弃产品回收处理。2021年江西省发布了关于加快推进快递包装绿色转型的若干措施，指导督促有关生产、使用、回收处理等企业执行快递包装相关标准，推动快递绿色标准有效实施。建立快递绿色包装标准实施效果评估机制。健全快递绿色包装标准实施监督体系，依法依规查处违反相关法律法规和强制性国家标准行为。

二、产业政策落地存在的问题

绿色包装的发展，需要相关政策法规的支持。以物流绿色包装行业为例，对比国际先进的绿色物流，美国对回收包装企业采取了减税政策，使包装废弃物回收利用实现产业化运作。美国各州政府也出台了包装回收利用方面的免税政策。德国2019年初生效实施新的包装法。法案将包装生命周期中的制造商、分销商和零售商等重要参与方纳入规定框架。法案规定，如果一个包装产品在最终用户手中会变为废弃物，包装的各方参与者都将受该法案约束。该体系在生活垃圾回收体系基础上重建的"包装废物回收系统"，提高了废物综合回收率。日本在包装绿色化方面制定了《包装再生利用法》，建立回收站以便消费者将包装废弃物分类投放，收运系统定时回收、集合中转、处理中心进行再循环、再制造处理[3]。对比国外发达国家的先进做法，我国在绿色包装方面的法律和政策还不够完善，其问题主要体现在以下几个方面。

1. 法律体系及制度尚需进一步完善

目前，我国关于绿色包装的法律体系整体上还比较松散，相应的法律制度也不够健全。我国虽然也针对绿色包装领域展开了一系列的研究与探索，并制定了一系列绿色包装相关联的非规范性法律文件，但这些文件主要还是以办法、通知等行政性文件的形式存在，整体上看来依然显得繁杂、琐碎，缺乏系统性，相关的法律标准、行业标准也不够完备和统一。文本中的"相关法律法规"及"强制性标准"指代不够明确，难以进行准确界定，在明确法律适用、确定法律责任承担方面困难重重。此外，出于法律规范科学性和自身效力的局限，这些非规范性法律文件的法律效力大多还比较低，可操作性不强，实行的难度也比较大，难以对快递绿色包装相关的法律问题进行有效的指引和规范。相关条例未能与当前的社会实际相结合，无法在具体问题上提供必要的解决依据。[3]

2. 相关主体的权利义务责任体系需进一步优化

包装绿色化关系的是整个行业、整个国家乃至整个人类社会的利益，各方责任主体在享受权利的同时，也应当积极履行相对应的义务，相互协调配合、减少利益摩擦，从而最大化地实现社会公共利益。然而目前在绿色包装领域，我国还没有形成比较完善的法律规范体系和政策体系，尚未对各方法律责任主体的具体权利义务关系做出明确、详尽的法律规定，针对绿色包装各方主体的权利责任体系也不够统一。比如，在快递包装产品的全生命周期过程中（包括生产、流通、使用乃至回收各个环节），不仅法律责任主体数量众多（不仅包括包装生产商、电商平台，也包括每个消费者乃至政府及有关部门），而且这些主体间的权利义务关系也十分复杂，但是现行法律却没有对这些权利义务关系、责任承担做出明确具体的规定。因此在构建快递包装、绿色包装循环利用体系时，各方主体因为法律意识、权利义务关系、利益追求等方面的差异，难以达到协调一致，在确定权利义务和责任承担时更是困难重重。这些情况导致的直接后果，就是快递过度包装、快递包装废弃现象严重，快递包装废物监管、分类、回收效率低下，而且此类现象还难以得到国家、政府及有关部门及时、有效的监督和管理。这在造成环境污染和资源浪费的同时，也严重损害了人身健康和社会公共利益[4]。

3. 包装废物末端处理的政策落地存在较多制约因素

包装废物末端处理的政策落地存在一些制约因素目前仍未得到有效解决。比如，对于快递包装废物，目前常见的处理方式包括填埋、焚烧发电和综合处理三种，相较于前两种方式，综合处理对环境的危害大大减少，但也存在运行流程较复杂、技术要求较高、经济收益较低等运营模式上的困难。总的来说，我国目前的快递包装废物处理方式难以协调，而且各种处理方式也都存在着难以避免的缺陷，应加大该方面的技术性研究，建立起统一合理的处理模式。此外，针对快递包装废弃物的末端处理主要包括减量化处理和无害化处理两方面。但在这两方面存在一系列技术层面的难题。例如在快递包装废物压缩后的处理过程中再次减量化，不仅需要选择适当的废物处理方式，也需要提高废物处理技术。此外，对于降低快递包装废物对大气、土壤、水源和地面景观的污染，以及快递包装废物回收后的残渣无害化处理，都面临着比较明显的技术难题。目前对于快递包装废物的处理，我国的技术水平相比国际社会还存在着比较明显的差距[5]。

三、"双碳"目标背景下包装企业应对策略

随着中国市场包装使用量的激增，中国已成为全球最大的包装市场，环境中废弃包装所导致的生态负担也同步加剧。另外，消费者可持续发展意识的显著增强，企业环保意识的提升以及国家强制性环保政策的出台，包装可持续发展变得越发重要。企业如何了解消费者对可持续包装的态度，如何应用数字技术促进可持续包装发展，如何建立适合中国本土市场的回收体系，提升包装回收利用，践行包装可持续发展战略，及时抓住企业发展机会，是"双碳"目标背景下包装企业需要思考和应对的问题。只有立足于行业的前端，才能有效地规范实际包装行业的各个环节，才能促进行业绿色包装的发展[6]。

循环经济理论重点要落实"减量化、再利用、资源化"三原则，根据减量化原则，绿色包装不仅要求原材料使用量和废弃物产生量最小化，还要求建立和完善一套具有可操作性的废弃物回收利用和处理的管理制度。废弃物管理的效果不以生产、消费和回收处理过程中产生废弃物的最终数量为唯一指标，而是充分考虑材质本身对环境的影响。再利用要求包装产品本身具有良好的使用品质，尽可能增加产品的重复使用次数，以充分发挥产品的使用价值。资源化则要求包装产品选用具有环保、可再生特性的材料，在这些包装产品沦为包装废弃物时进行回收资源化处理，使之变废为宝，成为新的资源投入到生产当中去[7]。

（一）包装企业应对策略

1. 循环经济实践

基于循环经济理念，采用可重复使用的包装设计，鼓励客户参与包装回收，降低废弃物的数量。进行绿色包装设计创新，开发新型环保包装材料、产品。选择可再生、可回收、生物降解等环保材料来制造包装，降低废弃物的产生量。在包装设计和生产中，考虑将包装废弃物纳入循环经济闭环，实现资源的最大程度利用。

2. 数字化与智能技术应用

包装企业可以通过改进生产工艺、使用更清洁的能源以及优化供应链管理来减少碳排放。通过数字化技术，实时监测生产过程中的能源消耗、废弃物产生等数据，识别潜在的节能和资源利用优化机会。采用节能技术，引入智能控制系统，如自动化控制、传感器和自适应控制技术，如能源高效设备、智能控制系统等，减少生产过程中的能源消耗，降低碳排放。

3. 供应链优化

优化供应链管理，分析和优化物流网络，以减少不必要的运输距离和时间。使用物联网和大数据分析等技术，实时监控运输和供应链活动，以优化路线、减少停留时间，提高运输效率。评估仓储和分销中心的位置，以最大程度地减少货物运输的距离，降低物流环节中的能源消耗。

4. 碳足迹跟踪和披露

碳足迹跟踪和披露是包装企业体现社会责任的重要手段之一，通过透明地公开自身的碳排放情况，企业可以增加透明度、建立信任。对企业的整个生命周期进行碳足迹测算，包括原材料采购、生产、运输、使用和废弃等各个环节。根据碳足迹测算结果，编制碳足迹披露报告测算和追踪企业的碳足迹，将其公开披露，增强企业的透明度。积极参与碳交易市场、碳排放减排项目等，与政府、社会和其他企业合作，共同推动低碳发展。

（二）行业企业的创新实践

部分包装企业已经拿出相应行动方案，或是成立专门机构开展研究，探索低碳视角下的企业循环经济发展方向。也有企业已经开展了卓有成效的实践，使用绿色包装开展绿色贸易，应用绿色能源，坚持绿色设计、绿色生产，推广绿色回收、绿色再生等等。企业持续关注各自领域的技术可行性以及经济可行性，重塑企业核心竞争力，为包装行业的经济增长与降低碳排放做出了有益尝试，这必将加快形成节约资源和保护环境的包装产业结构、生产方式、生活方式、空间格局。

奥瑞金于2020年10月，在浙江绍兴成立了国内第一家"包装物回收中心"——有伴再生，开启循环联盟的探索之路。该中心从市场、硬件、软件三个维度对包装物回收进行探索，解决"低附加值物难回收"的社会痛点，综合回收才能降低回收成本，并拥有独立研发的小型化深加工设备，在地加工提升附加值，便于结合供销社网络向全国推行。

江苏彩华包装利用自身的技术优势，开发兼具高阻隔性、高透明性、易热封的单材化复合软包装，攻克单材化技术及应用的共性技术难点。相继转化出多款易再生、可高质循环的功能性塑料软包装关键材料。推动单材化朝着阻隔性、热封性、耐蒸煮性、提质减量及高质循环利用的方向发展。

安姆科是全球领先的消费品包装企业，也是全球第一家承诺截至2025年实现所有包装可回收或可重复使用的包装公司。该公司积极加强行业合作，2020年携手绿色江河NGO发起国内首个包装行业可持续发展环保倡议活动，持续加大用户教育。2020年与上海拾尚回收合作，打造国内首个软塑包装专项回收闭环计划。努力推动政府立法，建立了以上海为起点，推动政府将软塑包装归为低价值可回收物品类的目标。

弓叶科技是一家"绿色＋产业"的科技驱动型企业，专注于循环经济全产业链的资源回收利用，运用人工智能、大数据等前沿技术和"互联网＋"模式与传统绿色产业有机融合。该公司将AI和固废大数据相结合，实现固体废弃物的精准分类，并与北京爱分类、上海城投合作建设了可回收垃圾智能分拣中心。通过建设数字化、智能化、自动化的可回收物分拣中心，提高可回收物精细化分选效率，助力循环经济产业的发展。

四、总结

包装绿色化是一个系统性的工程。我国应基于本国国情和行业发展水平，在"双碳"目标的背景下，以循环经济理念为指导，加紧对绿色包装法律制度、政策和标准体系的研究、制定。明确政府、包装生产者、应用者、消费者乃至回收处理利用机构对于发展绿色包装的具体责任，进一步加快我国绿色包装产业体系的构建步伐，进而提升国家的经济竞争力、促进社会发展、完善环境保护。

参考文献：

[1] 葛锐, 马洪娟. 我国电子商务快递绿色包装策略研究 [J]. 电子商务, 2017(19): 9-10.

[2] 于璇. 快递业绿色包装法律制度研究 [J]. 中国包装, 2023, 43(1): 13-16.

[3] 朱宏杰. 绿色包装法律制度研究——以快递包装为例 [D]. 桂林：广西师范大学, 2019.

[4] 乔瑞良. 我国快递绿色包装立法问题研究 [D]. 株洲：湖南工业大学, 2021.

[5] 阮洪. 循环经济视域下快递绿色包装体系的构建探析 [J]. 科技视界, 2023, 23(3): 10-13.

[6] 孙俊军, 鄂玉萍, 田亚利. 基于产品全生命周期的纸包装绿色生态发展模式 [J]. 包装工程, 2022, 43(1): 259-265.

[7] 王君, 王微山, 苏本玉, 等. 绿色包装国内外标准对比 [J]. 包装工程, 2017, 38(19): 232-236.

环境影响与包装行业的环保政策转向

常铃雪[①]

在资源枯竭、塑料垃圾导致的海洋污染、全球变暖、海平面上升等问题在人们的视线中越来越频繁地出现时，人们对环境影响的关注与日俱增。各个国家相继出台了许多针对环境变化的环保政策，例如"双碳"目标、"禁塑令"等，努力控制和改善日益恶化的生存环境。为了应对环境变化，各行各业也相继规划了自己的节能减排目标，提出企业的环保宣言。包装作为所有产品的承载物，是环保努力当中不可或缺的一环。

一、全球环境变化趋势

（一）亚太区

为了抵消导致环境退化的社会经济驱动因素，要进行以经过改善的能源和交通系统以及城市智能绿色增长为基础的经济转型。亚太地区 41 个国家中有 39 个国家在巴黎会议前向《联合国气候变化框架公约》（UNFCCC）提交了各自的国家自主减排贡献（INDCs）计划，以此彰显该区域对减缓气候变化所作的承诺。该区域还可以通过推行以低排放发展战略为目标的力度更大的转型变革超越自身在国家自主减排贡献计划中所做出的承诺。

---

① 常铃雪，上海市绿色包装专业技术服务平台兼职研究员。

亚太地区（尤其是东北亚和南亚）普遍存在水资源短缺和水质下降的问题。随着气候变化对水资源产生的影响变得越发显著，洪涝和干旱事件将更为频繁。人畜污水对水资源造成的污染是该区域的一个主要问题。东南亚有 1/4 至 1/3 海岸线受到严重的侵蚀。塑料碎片和塑料微粒造成的污染在该区域正在受到越来越多的关注。

该区域每年产生的城市固体废物预计将从 2014 年的 8.7 亿吨上升到 2030 年的 14 亿吨。电子垃圾、厨余废弃物、建筑工地废料、灾害废弃物和海洋垃圾等新型复杂废弃物不断涌现。塑料包装的大规模使用导致了塑料污染的问题，特别是塑料废弃物进入海洋等环境中。因此，多个国家和地区采取了减少塑料使用、推动可降解塑料的发展、实施塑料回收和再利用等政策。

（二）欧洲

海岸海洋资源由于多种原因已被过度利用，产生了很多负面影响。主要威胁包括城市化、农业、渔业、交通、工业开发、化学产品和污水以及能源生产。减少污染负荷付出的努力被气候变化等系统性更强的挑战所压垮。海洋生态系统的生物多样性丧失和栖息地退化继续进行，凸显了生态系统恢复能力和服务无法挽回损失的风险。营养物质负荷仍处于高位。包括塑料废弃物和海洋垃圾在内的新兴污染物的影响正在上升。气候变化的影响正在增加，其中包括酸化、海平面上升以及温暖水域造成的传播媒介物种转移。

由于存在着众多社会经济和生态关联、威胁和负面影响，需要通过综合性更强的方式作出国家、国家间、区域间以及全球的政策响应并开展跨国合作。基于生态系统的管理方法所提供的有前途并且具有成本效益的方式可用于处置人类活动累积的负面影响。

（三）美洲

气候变化正在对整个北美地区产生影响，对环境的方方面面及人类健康和幸福甚至人类安全构成了危害。这些影响在近期和长期内恶化的可能性是该地区关注的重点问题。但是，该地区美国和加拿大政府正采取措施缓和这种影响并适应那些不可避免的影响。该地区沿海和海洋环境面临的威胁也越来越大。这些威胁既源于富营养化之类传统环境压力和海水酸化、海洋变暖、海平面上升之类新压力带来的有害趋势，也源于新型海洋垃圾。

二、各国环保包装政策

包装行业的环保政策转向是一个全球性的趋势，受到环境保护的日益重视和可持续发展要求的影响。环保政策鼓励包装企业采用更环保、可再生和可降解的材料，从而减少对有限资源的依赖。包装产业在政策的引导下，越来越注重包装废弃物的回收和资源再利用，以减少资源浪费和环境负担。许多国家和地区出台了包装废弃物的法规和法律，强制企业履行包装废弃物的回收和处理义务，以促进环保。

（一）中国包装条例

1. 禁塑令

从 2008 年开始，我国相继出台了一系列"限塑令""禁塑令"等等针对塑料的措施，禁止、限制部分塑料制品的生产、销售和使用。禁止生产和销售厚度小于 0.025 毫米的超薄塑料购物袋、厚度小于 0.01 毫米的聚乙烯农用地膜。禁止以医疗废物为原料制造塑料制品，全面禁止废塑料进口。到 2020 年底，禁止生产和销售一次性发泡塑料餐具、一次性塑料棉签；禁止生产含塑料微珠的日化产品。到 2022 年底，禁止使用不可降解塑料袋的实施范围扩大至全部地级以上城市建成区和沿海地区县城建成区。到 2022 年底，在全部地级以上城市建成区和沿海地区县城建成区，规范和限制集贸市场使用不可降解塑料袋。到 2022 年底，县城建成区、景区景点餐饮堂食服务，禁止使用不可降解一次性塑料餐具。全国范围星级宾馆、酒店等场所不再主动提供一次性塑料用品。北京、上海、江苏、浙江、福建、广东等省市的邮政快递网点，先行禁止使用不可降解的塑料包装袋、一次性塑料编织袋等，降低不可降解的塑料胶带的使用量。到 2025 年，地级以上城市餐饮外卖领域不可降解一次性塑料餐具消耗强度下降 30%。

2. 限制过度包装

2021 年 9 月，市场监管总局（标准委）批准发布 GB 23350—2021《限制商品过度包装要求 食品和化妆品》强制性国家标准，并于 2023 年 9 月起正式实施。新标准涵盖 31 类食品、16 类化妆品，包括茶叶、酒类等，为企业和市场设置了两年过渡期。这项标准主要目的是限制商品过度包装，避免不必要的资源浪费和环境负担。标准的发布通常包括了对包装材料、包装设计、包装尺寸等方面的规定，以确保包装在满足产品保护和消费者需求的前提下，最大限度地减少不必要的包装。限制过度包装标准的发布对于鼓励环保包装、推动可持续发展以及引导企业采取更加负责任的生产和消费行动都具有积极的意义。通过强制性国家标准，政府能够在整个产业链中推动环保意识的传播，促使企业在产品包装方面采取更加环保和可持续的做法，同时也能够引导消费者在购买时更加关注环境友好的产品。

（二）欧盟包装环保政策

在欧洲地区，为了防止包装和包装废弃物对环境造成任何影响，提高能源效率，减少年度温室气体排放总量，确保欧盟内部贸易市场正常运行，2018 年 5 月 30 日，欧盟官方公报发布指令（EU）2018/852。根据新的发展需要进行了多项调整，特别是提出了比较严格的"回收加工使用"目标，为包装厂家绿色化提供了更加具体的产品要求指标，同时对出口欧盟的包装厂家也提出了严峻的挑战。

2022 年 11 月 30 日，欧盟委员会正式公布了关于包装和包装废弃物法规（PPWR）的提案，即对现行包装和包装废弃物指令 94/62/EC（PPWD）进行修订。此外，PPWR 提案除对包装产品本身提出更高的要求外，也进一步明确了对供应链参与企业，包括生产商、进口商、分销商等的责任和义务。在可回收包装方面，从 2030 年起，所有包装必须根据设计回收标准判断是可回收的，可回收成分低于 70% 的包装将被视作不可回收的，不得投放市场。包装生产者为履行生产者责任延伸制度（EPR）而缴纳的财政费用将根据包装可回收性评级而有所区别；在限制过度包装方面，从 2030 年开始，销售包装、分组和运输包装（包括电商包装）的每个包装单元的设计都应使其重量、体积和包装层数方面减少到确保其包装功能的最小尺寸，例如通过限制包装填充的"空白空间"（通常有聚苯乙烯、气垫、海绵填充物、碎纸、气泡膜、聚苯乙烯、泡沫塑料碎片或其他填充材料的空间），确保空置率不超过 40%。

（三）英国塑料税

英国塑料税 Plastic Packaging Tax，是英国从 2022 年 4 月 1 日起对塑料包装征收每吨 200 英镑的新税，是对已经存在的法规的补充（例如生产者责任法规下的包装法规）。其目的是利用经济激励手段来推动塑料包装行业向更可持续方向发展，增加塑料包装生产中再生材料的使用，鼓励企业与包装含回收材料的产品供应商合作。自 2022 年 4 月 1 日起已进口到英国或在英国制造了 10 吨或更多成品塑料包装组件（每年），制造或进口的塑料包装组件中回收塑料含量不足 30% 时需要征收 200 英镑/吨的塑料包装税。

（四）美国环保政策

美国尚未有全国性针对环保的相关政策，总体来说美国将逐步淘汰公共土地上的一次性塑料制品，美国内政部长德布哈兰德发布一项命令，要求在超过 4.8 亿英亩的公共土地、25 亿英亩的外大陆架沿海水域和 7.5 亿英亩的国家海洋保护区（占该国土地和水域的 20%）实施变革，减少一次性塑料产品和包装的购买、销售和分销，到 2032 年逐步淘汰这些产品，保护公共环境。美国包装工业的发展方案有两种：按 15% 减少原材料和包装制品中至少 25% 可回收利用，这两种方案都得到包装行业的认可。不少专家认为减少原料用量是发展的主流。美国尚未立法，但至今已有 37 个州分别立法并各自确定包装废弃物的回收定额。佛罗里达州政府正积极推行《废弃物处理预收费法》（ADF），为了鼓励包装容器生产商支持该法的实施，ADF 规定只要达到一定的回收再利用水平即可申请免除包装废弃物的税收。根据美国环保局每年各种材料的回收情况，凡回收达 50% 以上的容器可免除预收费以鼓励所有生产者保证他们的产品至少有一半可回收利用。目前美国每年度纸盒回收量高达 4000 万吨，回收的包装旧纸盒经化学处理后可重复使用。

三、包装行业环保政策转向

包装行业的环保政策转向主要集中在减少污染、减少碳排放、促进可持续材料和可循环包装的使用，以及推动资源循环利用。这些政策变化鼓励包装企业更加注重环保、可持续发展和社会责任。基于以上全球环境趋势及各国环保政策，包装行业也开始进行调整变革。可持续的包装设计需要满足 4R1D 原则：Reduce，减少包装材料，反对过度包装盒的减量化原则；Reuse，可重复使用、不轻易废弃的有效再利用原则；Recycle，可回收再生，废弃的包装盒制品回收处理并循环使用的原则；Recover，利用焚烧获取能源和燃料的资源再生原则；Degradable，使用生物降解材料，从末端解决问题。简而言之，绿色包装就是既要确保包装盒的性能、质量，又要降低包装盒成本，减轻包装盒废弃物对环境的污染。

目前已经引入包装行业的环保材料包括纸张、回收塑料、生物降解塑料、生物基塑料等等。其中纸张拥有着较为完善的回收再造系统，被市场广泛使用，这里不再做过多介绍。生物基材料则是使用生物来源，如从植物当中提取，合成日常使用的常规塑料（PET 等）或生物降解塑料（PLA 等）。此类材料不使用石油等不可再生原料，减少化石燃料的消耗，但是若最终产品仍然为普通塑料，那么在末端处理上与普通塑料并无区别。接下来主要介绍回收塑料（Recycle）和生物降解塑料（Degradable）。

（一）回收塑料

塑料是指可能添加了添加剂或其他物质的聚合物材料，不包括未经化学改性的纤维素基聚合物。如果一种包装由多种材料构成，按重量计算塑料成分比其他任何成分都多，那么它就被认为是塑料包装。可再生塑料是通过使用化学或制造工艺从回收材料中再加工而成的塑料。现在较为成熟的回收材料主要有PET、PE、PP、ABS等，其中以PET回收率最高，回收塑料产品品质稳定。在使用过程中，为了追溯产品的回收性，通常会进行回收塑料认证。从材料的回收开始，再造粒，重新生产成为产品，整个链条将会被监管，以确保回收材料的真实性。

常见的回收材料回收认证机构有全球回收标准（GRS），是一个国际性、自愿性的完整产品标准，设定了针对回收物、监管链、社会和环境实践以及化学品限制的第三方认证的要求。RCS，TE纺织交易组织于2013年推出了另一回收标准，此标准适用于生产或销售RCS产品的所有公司（单位）。此标准包括加工、制造、包装、卷标、销售和使用的所有产品。OBP认证是由非政府组织Zero Plastic Oceans与荷兰知名的检验认证机构Control Union合作开发的，主要认证"有可能流入海洋"的塑料垃圾。UL2809是美国UL认证公司专门验证产品中回收料含量的标准，可以对产品中的消费后、消费前、闭环回收或再生料总含量进行第三方验证。基于以上背景，各国开始通过出台政策，通过经济手段激励改变塑料生产工艺，鼓励在包装中使用回收的塑料材料代替新的塑料材料，刺激塑料废物提高回收水平。

（二）生物降解塑料

是指在自然界如土壤、沙土、淡水环境、海水环境、特定条件如堆肥化条件或厌氧消化条件中，由自然界存在的微生物作用引起降解，并最终完全降解变成二氧化碳（CO_2）或/和甲烷（CH_4）、水（H_2O）及其所含元素的矿化无机盐以及新的生物质（如微生物死体等）的塑料。2020年9月，中国轻工业联合会制定的《可降解塑料制品的分类与标识规范指南》，明确要求生物降解率应≥ 90%，且其重金属及特定元素含量等其他条件必须同时达标才算作可降解塑料。

生物降解塑料制品现已广泛应用于餐饮、日常家居、包装等领域当中，其中，塑料餐饮具的较大需求量已成为推动生物降解塑料发展的主要驱动力之一。近年来，国际上多个国家出台了限制传统塑料制品使用的政策，客观上促进了生物降解塑料行业的发展。同时，人们出于生态保护的考量，也相对更愿意购买和使用生物可降解塑料制品。根据 Grand View Research 的数据，预计 2018—2025 年将以 12.8% 的年复合增长率快速增长，2025 年达到 67.1 亿美元。生物降解材料在使用的同时还可能存在一些问题，生物降解材料的环保点很重要的一点是能够在堆肥条件下实现生物降解，但是目前全球范围内还未有完整成熟、成规模性的针对生物降解塑料的回收处理设施。

（三）产品生命周期评价 LCA

按 ISO14040 的定义，生命周期评估是用于评估与某一产品（或服务）相关的环境因素和潜在影响的方法。LCA 是 Life Cycle Assessment 的简称，生命周期是指某一产品（或服务），从取得原材料，经生产、使用直至废弃（即使在回收和/或再利用的情况下）的整个过程，即从"摇篮到坟墓"的过程。

以 LCA 为工具，从原材料到产品，全面、定量地对包装产品进行资源和环境影响分析评估，以数据为导向，引导品牌方进行材料、包装方案的选择，以直观的形式让终端消费者对环保有更直观的认知成为标准，引领趋势，为企业提供产品生态识别和工艺改进的科学依据。

四、总结

包装产品全生命周期中，在满足包装功能要求的前提下，对人体健康和生态环境危害小、资源能源消耗少的包装。在包装生产过程中，要防止包装废物的产生：减少包装废物的数量，限制不必要的包装，并推广可重复使用、可再生和可降解等包装解决方案。减少对初级自然资源的需求：为次级原料（再生材料）创造一个运转良好的市场，通过强制性再生材料比例目标增加包装中回收材料的使用。综上所述，基于目前环保大背景下，包装行业遵循着各国环保政策与节能减排的主路线，正向着绿色包装逐步前进。绿色包装体现了保护环境、节约资源的思想，符合可持续发展、循环型经济的核心内涵。各个国家、组织围绕绿色包装生产、回收、废弃物处理等出台了相关的政策、立法，对我国绿色包装政策的制定具有重要的借鉴意义。

参考文献：

[1] 联合国环境规划署. 全球环境展望6区域评估总结：GEO-6主要发现和政策信息环境署[EB/OL]. https://www.unep.org/zh-hans/resources/baogao/quanqiuhuanjingzhanwang6quyupingguzongjiegeo-6. 2023-02-01.

[2] 中央政府门户网站. 关于限制生产销售使用塑料购物袋的通知[EB/OL]. https://www.gov.cn/zwgk/2008-01/08/content_852879.htm. 2008-01-08.

[3] 生态环境部. 国家发展改革委 生态环境部印发《关于进一步加强塑料污染治理的意见》[EB/OL]. https://www.mee.gov.cn/xxgk2018/xxgk/xxgk15/202001/t20200121_760620.html. 2020-01-21/.

[4] 钱名宇. 欧洲包装与包装废弃物政策梳理[J]. 中国包装, 2023, 43(1): 23-28.

第四章
行业技术探述

生物质材料在绿色包装中的应用探讨

刘兵[①]

近年来塑料包装的大量使用和固体废弃物的丢弃给地球造成了严重的"白色污染",也给人们带来了许多未知的安全隐患。目前已开发的一些可降解塑料丢弃后仍会产生细小的塑料碎片,并且降解存在一定的限制,不能实现真正的完全降解,甚至会增加环境负担。有些复合包装材料中含有卤素、重金属材质,在废弃物焚烧或掩埋处理时会产生有毒有害物质,对人体和环境存在潜在危害。而纸质包装虽然绿色无污染,但需要耗费大量的纸浆,造成森林资源匮乏,且纸质材料防水性能和机械强度较差,在具体应用时十分受限。在能源短缺和环境污染的双重压力下,找到一种绿色无污染、可持续、可再生的新材料迫在眉睫。

2023年1月,工信部等六个部门联合颁布了《加快非粮生物基材料创新发展三年行动方案》[1],提出到2025年,非粮生物基材料产业基本形成自主创新能力强、产品体系不断丰富、绿色循环低碳的创新发展生态。初步建立高质量、可持续的供给和消费体系。国家政策的支持一定会推动生物质材料的快速、可持续发展。生物质资源具有储量丰富、来源广泛、绿色低碳、价格低廉等优点,降解后只产生自然副产物,在原料提取、材料制备、产品使用直到废弃和再利用的整个过程中对环境友好。此外,开发利用生物质还能够减轻对化石原料和森林资源的依赖,在保护环境的同时节约资源,促进经济可持续发展。

在低碳环保理念下,包装行业也朝着节能、环保的方向发展。生物质材料是一种资源丰富、环境友好的新型绿色包装材料,能够充分利用现有资源,缓解石

---

① 刘兵,东北林业大学家居与艺术设计学院讲师,主要研究方向:功能性包装材料,智能包装。

油基塑料包装造成的环境污染问题，在包装领域应用前景广阔。本文梳理了生物质材料和绿色包装的概念，分析了生物质材料的研究现状，列举了基于生物质材料的食品包装、智能包装、运输包装、纸浆模塑包装等具体应用，并对未来生物质包装材料的发展进行了展望。

一、生物质材料概述

全球每年会产生大量的生物质废弃资源，储量丰富、价格低廉，是人们研究和利用的重点材料之一。生物质材料，是以基于碳、氢和氧的所有动植物和微生物产生的各种有机体及其衍生物等可再生生物质资源为原材料，采用物理、化学和生物技术等工艺手段加工生产的性能优异、附加价值高的有机高分子材料[2]。因其纯天然、可再生、可降解、过程清洁高效等优异特性备受关注，可以分为生物纤维、生物提取物和农产废弃物三大类[3]，主要包括纤维素、半纤维素、木质素、淀粉、蛋白质、果胶等，在开发轻量级、功能性、可生物降解或可回收的新型绿色材料方面具有巨大潜力[4]。与石油资源不同，生物质来源的高分子材料具有独特的碳—氧和碳—氢键等化学结构[5]，能够赋予材料新的功能性和可降解性，提高材料的综合性能。从玉米、甜菜、秸秆、竹木粉或农作物废弃物中提取生物质成分，对其尺寸、结构、成分和形貌进行优化和调控，加工制备成纸基材料、再生纤维素纤维、纸浆模塑等各种生物质材料，能够高效合理利用生物质及其废弃资源，不仅可以解决石化类资源日渐短缺的问题，还可以减少环境污染，实现废弃资源的二次利用，促进新兴产业的发展。目前，生物基材料已经广泛应用到包装、餐饮、电子等多个领域，近年来市场对于绿色包装材料的需求快速增长，给生物基材料的研发和制备带来了新的机遇和挑战。

目前国外学者已开发了一些有趣的生物质包装并投入使用，例如法国的Houbly公司利用巧克力残渣和啤酒酿造过程中的废谷物制造了生物基包装薄膜。德国公司使用废弃咖啡渣制备了可长期使用、可外带的环保咖啡杯，回收后可用于制作瓷砖或新杯子，能够完全生物降解。以花生壳为原料制备的勺子形种子包装，在使用时可以直接将种子种在土壤中合适的深度，该包装能够作为肥料为种子提供营养。

二、基于生物质材料的绿色包装材料

绿色包装材料是指使用天然或者易回收再利用的原材料制备的包装材料，通常被认为是"生态包装""无公害包装"等。要求在满足产品包装所需要的机械强度、阻隔性和易成型等基本属性外，还具备资源节约、可生物降解、能够重复使用、易于回收等特性，在原材料选用、产品设计、生产制造和回收再利用的整个产品生命周期贯彻绿色环保理念，不污染环境且对人体没有潜在危害。依据绿色包装的"3R1D"原则，绿色包装还应满足减量化、可重复利用、可回收再生、可生物降解。

生物基包装材料的分类

生物基材料是利用生物技术，将可再生生物质或其衍生物加工成新材料，如生物塑料、生物质功能高分子材料等。这类材料能够自然降解、安全环保、使用方便，最终降解产物为 CO_2 和 H_2O，能够完全被自然界吸收，有望在部分应用领域逐步取代石油基材料。按照产品属性可将生物基材料划分为生物基聚合物、生物基塑料、生物基化学纤维、生物基橡胶、生物基涂料、生物基材料助剂、生物基复合材料等[6]。根据生物质材料来源的不同又可将其分为淀粉基材料、纤维素基材料、蛋白质基材料、壳聚糖基材料。生物基包装材料的分类如图4-1所示。

1.淀粉基复合包装材料

淀粉主要来源于玉米、甘薯、橡子中，是绿色植物光合作用的产物，以淀粉颗粒的形式积累，具有良好的成膜性，同时能够实现完全生物降解，可应用于可食性包装膜、果蔬涂膜保鲜、可降解食品容器等。甘蔗渣包装由于其环保、可持续理念，近年来已经被广泛投入使用，如拌面包装盒、茶饮包装盒、饮料包装瓶、护肤品包装。我国的医美品牌润百颜（BIOHYALUX）采用提取和半自动湿压技术将甘蔗渣制成圆形内包装，能够合理保护内装物、方便携带。澳大利亚Biopok公司开发了一种甘蔗渣制备的环保冷热杯盖，可在家庭和工业上进行堆肥，并且实现了废弃甘蔗渣资源的再利用。

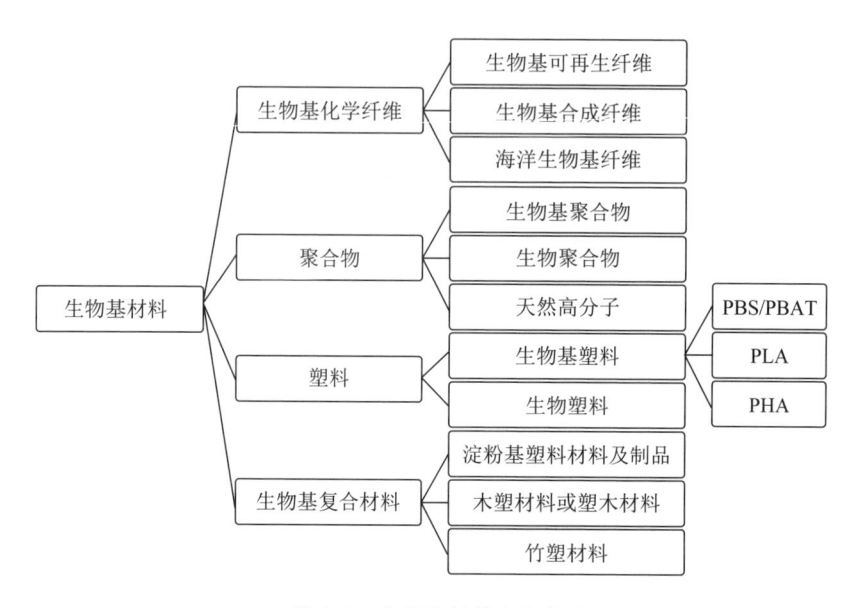

```
                        ┌─ 生物基可再生纤维
             ┌─生物基化学纤维─┼─ 生物基合成纤维
             │              └─ 海洋生物基纤维
             │              ┌─ 生物基聚合物
             ├─ 聚合物 ─────┼─ 生物聚合物
             │              └─ 天然高分子        ┌─ PBS/PBAT
 生物基材料 ─┤              ┌─ 生物基塑料 ──────┼─ PLA
             ├─ 塑料 ──────┤                    └─ PHA
             │              └─ 生物塑料
             │              ┌─ 淀粉基塑料材料及制品
             └─生物基复合材料┼─ 木塑材料或塑木材料
                            └─ 竹塑材料
```

图 4-1　生物基材料主要分类

研究表明，淀粉基材料不会促进微生物生长，并且有较好的阻隔作用，具有长期包装的潜力。然而，淀粉基材料存在质脆、疏水性差、机械性能差等问题，需要对淀粉改性处理和添加功能性填料制备力学性能良好的淀粉基薄膜，拓宽淀粉基材料的应用。Kumar Raj[7]等人以改性蛾豆淀粉和罗勒叶提取物为原料，以山梨醇为增塑剂制备了活性薄膜和涂层，研究结果表明该活性涂层能够显著保留水分和硬度，减缓贮藏期间的颜色变化，将茄子的货架期延长至 16 天。

2. 纤维基复合包装材料

纤维素是地球上储量最丰富的可再生资源，年产量可以达到数亿吨。广泛存在于木材、秸秆、甘蔗渣中，具有强度高、比表面积大、力学性能优良、可再生、可降解等特征。目前广泛应用的纤维素基包装材料主要有包装纸、包装薄膜、发泡材料、纸浆模塑、气凝胶、板材等。植物纤维发泡材料质轻、弹性好、缓冲性能好、机械强度高、能够隔热保温且成本低廉，能够取代传统的泡沫塑料混充包装。日本工业技术研究所将废纸与淀粉颗粒混合，吹至加热加压的模具表面制备可生物降解、环境友好的发泡包装产品。

3. 蛋白质基复合包装材料

蛋白质来源丰富，包括胶原蛋白、乳清蛋白等植物蛋白和大豆蛋白、玉米醇溶蛋白等动物蛋白两大类。相比于其他生物基材料，蛋白质基包装材料具有更好的成膜性和阻氧性，能够通过蛋白酶或者肽酶降解。蛋白质本身就是人体必需的营养成分，安全性好，广泛应用于不影响被包装食品风味的透明可食性包装薄膜。罗富英[8]等将蚕丝胶蛋白加水磁力搅拌加热，并添加一定的食用消泡剂，制成蚕丝胶蛋白可食性包装薄膜液，涂膜干燥后制得的可食性包装薄膜抗拉强度可达4.68MPa。

4. 壳聚糖基复合包装材料

壳聚糖由甲壳素脱乙酰产生，是一种广泛存在于虾、蟹等节肢动物的外骨骼中的海洋资源，储量仅次于纤维素。以壳聚糖为基质制备的包装材料具有较好的抗菌性能和吸水保湿性，稳定性优于传统纸质材料，其机械性能、生物相容性等可以通过化学修饰得到改善，主要应用于包装膜的抑菌剂和纸张的防油剂。此外，甲壳素能够被人体内的酶分解吸收，对人体没有毒性和潜在的副作用。Huimin Yong[9]等将紫米或黑米提取物添加到壳聚糖中开发了抗氧化和pH敏感两种包装薄膜，研究结果表明提取物的加入增加了壳聚糖薄膜的厚度、光阻隔性和抗氧化活性，可作为抗氧化剂和智能包装膜应用于食品行业。

5. 混合生物基复合包装材料

由于单种聚合物存在一定的缺陷，生物基复合包装材料由聚合物基质组成，添加纳米功能颗粒改善其机械强度、热稳定性、透氧性和防水性等各项性能。例如采用短麻纤维、竹纤维或稻壳、稻草、秸秆、竹屑等农作物粉末，与改性的天然胶黏剂混合，通过模压或注塑成型可制备一次性餐具、可控降解的包装容器、包装板材等。在菌丝体基底中添加木纤维作为增强开发的100%生物基的新型复合材料，有可能取代各种能源密集型建筑材料。在天然淀粉生物基中加入黏土、

TiO_2 等纳米材料制备生物基复合材料，能够充分改善材料的拉伸强度、热稳定性和吸水率。

聚乳酸（PLA）以淀粉等可再生资源为原料，先经过糖化作用得到葡萄糖，然后进一步进行菌种发酵制成高纯度乳酸,再经过脱水缩合反应最终得到聚乳酸，具有良好的透明度和光泽度，是目前研究最为广泛的生物基和生物降解材料之一，已经广泛应用于食品包装和一次性餐具。将聚乳酸与其他生物质材料共混能够制备性能更优异的聚乳酸基包装容器。Suthapht Kamthai[10] 团队从甘蔗渣中提取纤维素，与聚乳酸共混制备了一种活性包装袋，能够有效延长新鲜芒果的储存寿命。陈婕[11] 等人以可降解的生物材料聚乳酸为基材，掺杂茶多酚活性物质，采用静电纺丝法和流延法两种方法制备了 PLA/TP 复合膜，研究结果表明流延法制备的复合膜保鲜效果更优，能够有效延长草莓的货架寿命至 18 天，纺丝法制备的复合膜具有疏水性能和优异的抗氧化性能。

三、生物质包装材料的应用

（一）食品包装

1.可食性包装

在食品包装方面，可食性包装需要具备良好的可降解性、安全性、透氧性等各项性能，已投入生产和应用的有蛋白膜、脂质膜、多糖膜和复合膜等。生物质基膜材料无毒无害，可用于制备高效、多功能化的新型包装，缓解石油基资源短缺的问题。Rizal Samsul[12] 等以天然红藻和咖啡废料为原料，采用溶剂浇铸法制备可食性包装膜，研究表明薄膜的疏水性能、拉伸性能和结构性能均得到提升，有潜力应用于食品包装领域。

2.保鲜包装

蔬菜瓜果等农产品在运输、销售、贮藏的过程中会受到各种各样因素的影响，从而发生腐败变质。具有缓冲、保温、气调、防腐及抗氧化等功能的生物质基果蔬保鲜包装材料在延长货架期的基础上，还无毒无害、绿色环保、对环境无负担。常见的保鲜包装主要有保鲜薄膜、保鲜托盘、保鲜盒等。Efthymiou Maria Nefeli[13]等用葵花子粕分离蛋白质制备生物膜，添加细菌来源的纳米纤维素生物填料改善生物膜的拉伸强度、断裂伸长率、水溶性和水蒸气透过率，该薄膜可应用于新鲜水果包装。

3. 抗菌包装

食源性腐败和病原微生物是危害食品安全品质的主要原因，将生物质材料作为抗菌剂添加到包装材料中，能够抑制细菌、真菌和病毒的有害活动，延长食品货架期，提高食品质量和感官质量，满足人民对食物卫生和安全性的需求。吴桐雨[14]等将香草醛和五种氨基酸原料设计合成一系列生物基抗菌剂，并制备了相应的多官能席夫碱抗菌薄膜。研究结果表明 5 种新型氨基酸席夫碱抗菌剂均抗菌性能优异，制备的抗菌薄膜能够将圣女果的货架期延长 2～4 天，促进了生物基绿色环保助剂和绿色包装材料的发展。

4. 一次性餐具包装

近年来快餐外卖行业发展迅速，一次性餐具给我们带来了许多便利，然而传统的聚烯烃一次性餐具不可降解，带来了巨大的浪费和环境污染。Liu Chao[15]等以甘蔗渣为原料开发了一种制造过程清洁、环境友好的可完全降解餐具，其高抗拉强度、优异的油稳定性和低重金属含量能够满足食品餐具的需求，在 60 天内大部分能在自然条件下被生物降解，是传统非生物降解塑料产品的理想替代。

（二）智能包装

智能包装对周围环境具有控制、识别和判断功能，能够通过检测温湿度、颜色等变化来观察被包装物的实时条件和质量。主要应用有时间—温度积分器（TTI）、射频识别（RFID）、新鲜度指示器、气体传感器、微生物检测器等。通过可溯源的生物基包装建立食品生产者与消费者和供应链以及消费者安全和质量标准之间的联系，提供消费品包装单位、箱子和托盘编号的重要可追溯性信息，通过产品云数据库捕捉的时间和温度跟踪信息能够实时检测被包装产品。孙武亮

[16] 等以茶多酚为抑菌剂，pH 敏感材料聚丙烯酸树脂 Eudragit L100-55 为基材，采用静电纺丝技术制备的抑菌纤维垫，具有 pH 相应可控释放性，能够延长冷鲜羊肉的货架期。高萌[17] 团队将牵牛花色素加入生物质聚合物中，采用层层自组装的方法开发了一种安全环保、灵活性大、稳定性好、高灵敏度的全组分可降解的 SO_2 比色检测标签，可作为智能气体传感器应用于各种 SO_2 改性包装系统。

纳米纤维素有着丰富的分子内和分子间氢键，具有柔韧性好、透光率可调、热稳定性高、热膨胀系数低、机械性能优异等性能，同时表现出特殊的电学/光学/电子特性，能够与（半）导体良好结合，作为柔性基底应用于传感器、智能芯片等电子器件，为绿色智能包装的开发和可持续发展提供了新的思路。研究发现，TEMPO 氧化剂氧化的纳米纤维素制备纳米纸的过程中可以引入钠离子，纤维素中大量的—OH 和—COOH 基团可以有效地吸收水分子，促进离子的迁移，从而改变纳米纸的有效介电常数，因此在不同的湿度条件下电容可以改变几个数量级，从而应用于湿度传感器[18]。

（三）运输包装

通过发泡技术使生物质原料内部充满大量连通或者互不连通的多孔可生物降解泡沫材料，可应用于快递的运输缓冲包装，通过吸收冲击能量来保障货物的安全性。纤维素、木质素和淀粉等生物质丰富的天然可再生资源制备的泡沫材料具备良好的生物相容性和力学性能、高孔隙率和降解率，有望取代石油基泡沫。研究表明可降解淀粉发泡板兼备软缓冲和硬缓冲两种属性，同时具有保温、抗静电等性能，能解决生鲜和酒类制品的缓冲运输难题。Li Dong[19] 等人将纤维素纳米晶与柔性聚乙二醇交联制备了在不同环境中具有可变力学性能的气凝胶，在潮湿状态下形状变化可逆，在冷冻干燥后又可以恢复到刚性，可应用于刺激响应气凝胶的设计。Ran Li[20] 团队通过机械搅拌再生十二烷基硫酸钠（SDS）/纤维素/NaOH/尿素混合溶液，通过冷冻干燥制备了具有超低密度、高比表面积、超轻量和良好机械性能的纤维素泡沫。

（四）以纸浆模塑为代表的新型包装结构

纸质包装材料来源于天然纤维生物质资源，在包装领域应用广泛，纸浆模塑是最具代表性的纸质包装之一。纸浆模塑通常以纸浆、甘蔗渣浆、竹浆、木浆等天然植物纤维为原料，添加各种功能性添加剂，通过纸浆成型机塑造不同形状的纸制品，可用于纸浆模塑餐具、纸浆模塑精品工业包装和纸浆模塑基缓冲包装。纸浆模塑质地轻盈、物美价廉、有良好的透气性、防静电性和缓冲性能，是一种公认的无污染绿色环保包装材料。

将纸浆通过成型、模压、干燥等工序制成的模塑纸杯、模塑纸餐盒等纸质餐具，不仅抗压耐折、强度和塑性好，还能够防水防油、允许冷冻保存和微波加热、方便运输，是一次性塑料餐具的主要替代产品。纸浆模塑产品最为常见的应用是鸡蛋托盘，由于其疏松的材质和独特的蛋形曲面结构，同时具有透气性、保鲜性和优良的缓冲性，尤其适用于鸡蛋、鸭蛋、鹅蛋等禽蛋的大批量运输包装。近年来果蔬纸浆模塑托盘也开始流行起来，一方面可以避免果蔬相互碰撞损伤，另一方面还能够散发水果的呼吸热，吸收蒸发水分，抑制乙烯浓度，延长水果保质期。有趣的是，还可将纸浆模塑产品制成花盆，使得培植幼苗时无须二次移植，将花盆一起种植后可以自行降解，减轻工作量的同时提高了幼苗的成活率。日本王子集团使用纸浆为原料，采用高湿热压成型技术开发了一种纸浆模塑产品，能够应用于造型独特的化妆品包装。

四、总结与展望

生物质材料的开发利用能够减少不可降解包材的使用，缓解能源紧缺问题和环境压力，还可以回收利用秸秆、甘蔗渣等废弃生物质资源。然而生物质资源的开发利用技术尚不成熟，存在生产工艺复杂、生产成本高于产品定位、资源耗损严重等许多问题，生物质材料热塑性较差、性能不稳定、应用范围有限，仍无法与传统包装材料抗衡。未来对生物质包装材料的研究将集中在以下 4 个方面：

（1）改进原材料提取技术，降低生产成本，早日实现产业化；

（2）开发可降解生物质复合材料，改进材料的功能性和稳定性；

（3）开发特定的加工成型技术，制造与生物技术相匹配的产品设备；

（4）深入研究材料的生物降解速率的可控性，保证材料流通和环境降解能力相平衡。

参考文献：

[1] 工业和信息化部，等六部门．加快非粮生物基材料创新发展三年行动方案 [R]．2023．

[2] 张琪，张益霞，薛彩丽，等．海蛎壳生物质资源再利用的研究进展 [J]．中国生物工程杂志，2022，42(11)：126-139．DOI：10.13523/j.cb.2209044．

[3] 孙衍林，罗涌泉．生物基材料在汽车行业的应用进展 [J]．上海塑料，2021，49(5)：44-48．DOI：10.16777/j.cnki.issn.1009-5993.2021.05.008．

[4] 袁文斌，黄山，杨义银，等．面向绿色物流包装的可生物降解薄膜研究现状 [J]．包装工程，2022，43(21)：58-68．DOI：10.19554/j.cnki.1001-3563.2022.21.008．

[5] 安泽胜，陈昶乐，何军坡，等．中国高分子合成化学的研究与发展动态 [J]．高分子学报，2019，50(10)：1083-1132．

[6] 本刊编辑部，赵永霞．全球生物基聚合物产业的发展概况 [J]．纺织导报，2022，No.939(2)：46-47．DOI：10.16481/j.cnki.ctl.2022.02.006．

[7] Kumar Raj, Ghoshal Gargi, Goyal Meenakshi. Effect of basil leaves extract on modified moth bean starch active film for eggplant surface coating[J]. LWT, 2021, 145.

[8] 罗富英，吴桂枝，李冰霞，等．蚕丝胶蛋白可食性包装薄膜的制备 [J]．食品工业科技，2009，30(4)：271-273．

[9] Li Dong, Wang Yuhuan, Long Fen, Gan Lin, Huang Jin. Solvation-controlled elastification and shape-recovery of Cellulose nanocrystal-based aerogels. [J]. ACS Applied Materials & Interfaces, 2020, 12(1).

[10] Suthaphat Kamthai, Rathanawan Magaraphan. Development of an active polylactic acid（PLA）packaging film by adding bleached bagasse carboxymethyl cellulose（CMCB）for mango storage life extension[J]. Packaging Technology and Science, 2019, 32(2).

[11] 陈婕，梅林玉. 聚乳酸/茶多酚复合包装膜的制备及性能[J]. 包装工程，2021，42(23)：100-108. DOI：10. 19554/j. cnki. 1001-3563. 2021. 23. 014.

[12] Rizal Samsul, Abdul Khalil H. P. S. , Hamid Shazlina Abd, Ikramullah Ikramullah, Kurniawan Rudi, Hazwan Che Mohamad, Muksin Umar, Aprilia Sri, Alfatah Tata. Coffee Waste Macro-Particle Enhancement in Biopolymer Materials for Edible Packaging[J]. Polymers, 2023, 15(2).

[13] Efthymiou Maria Nefeli, Tsouko Erminta, Papagiannopoulos Aristeidis, Athanasoulia Ioanna Georgia, Georgiadou Maria, Pispas Stergios, Briassoulis Demetres, Tsironi Theofania, Koutinas Apostolis. Development of biodegradable films using sunflower protein isolates and bacterial nanocellulose as innovative food packaging materials for fresh fruit preservation[J]. Scientific Reports, 2022, 12(1).

[14] 吴桐雨，刘尔康，吴刘一顺，等. 生物基抗菌剂的制备及其改性PVA薄膜保鲜研究[J]. 包装工程，2022，43(19)：88-96. DOI：10. 19554/j. cnki. 1001-3563. 2022. 19. 009.

[15] Liu Chao, Luan Pengcheng, Li Qiang, Cheng Zheng, Sun Xiao, Cao Daxian, Zhu Hongli. Biodegradable, Hygienic, and Compostable Tableware from Hybrid Sugarcane and Bamboo Fibers as Plastic Alternative[J]. Matter, 2020, 3(6).

[16] 孙武亮，刘晓娟，董信琛，等. pH响应型智能抑菌包装垫的制备及在冷鲜羊肉中的应用[J]. 包装工程，2020，41(5)：66-73. DOI：10. 19554/j. cnki. 1001-3563. 2020. 05. 009.

[17] Yuan Liubo, Gao Meng, Xiang Hubing, Zhou Zihan, Yu Dongqing, Yan Ruixiang. A Biomass-Based Colorimetric Sulfur Dioxide Gas Sensor for Smart Packaging. [J]. ACS nano, 2023.

[18] 王雅君，白秋红，伍根成，王正，李聪，申烨华. 纳米纤维素基复合材料及其用于柔性储能器件的研究进展[J]. 材料导报，2022，36(23)：161-167.

[19] Li Dong, Wang Yuhuan, Long Fen, Gan Lin, Huang Jin. Solvation-Controlled Elastification and Shape-Recovery of Cellulose Nanocrystal-Based Aerogels. [J]. ACS applied materials & interfaces, 2020, 12(1).

[20] Ran Li, Jinyan Du, Yanmei Zheng, Yueqin Wen, Xinxiang Zhang, Wenbin Yang, Ang Lue, Lina Zhang. Ultra-lightweight cellulose foam material: preparation and properties[J]. Cellulose, 2017, 24(3).

随机振动高斯分布与非高斯分布激振对电脑一体机商品运输包装影响的研究

路冰琳[①]　谢增强　魏娜　张晓龙

　　根据国家发展改革委、交通运输部《关于进一步降低物流成本的实施意见》《快递绿色包装标准体系建设方案》，将货物包装的减量化作一项重点推动。运输包装件的运输性能测试是一种科学有效的手段，能够为包装减量化提供方法和依据。目前运输包装性能测试方法较为成熟，应用较为普及，但在模拟运输条件方面还存在模拟精准化差异，特别是普遍使用的公路运输对货物造成的运输疲劳机械损伤[1]。

　　研究随机振动高斯分布与非高斯分布激振[2]对电脑一体机运输包装设计的影响是研究公路运输包装货物防护的重要课题。公路运输和机械化搬运已经规避了包装货物的跌落、冲击以及大气环境的影响，然而物流路线、路面情况以及驾驶员行驶行为成为包装货物货损的主要原因。产品研发过程中考虑运输包装的防护性能应将运输货损主要原因进行实验室模拟，以此改善商品包装设计。高斯分布激振随机振动是目前普遍应用的随机振动试验方法中的数学模型，但仍与实际随机振动有较大差异。为了使实验室模拟更贴近实际，减少运输包装不恰当造成的货损，在更加可靠的模拟测试中做到包装减量，研究应用非高斯分布激振随机振动是一种可靠的解决方法，解决远距离公路运输电脑一体机的包装设计问题。

　　由于长时间公路运输，随机振动对包装箱的强度产生显著影响，在箱体外观和密

[①] 路冰琳，中国包装科研测试中心高级工程师，ISTA中国执行主席、中国包装联合会运输包装委员会副秘书长，研究方向：运输包装与包装检测。

封性等方面均有货损和失效现象出现。品牌电子消费品既有避免产品货损的要求，又要维护品牌信誉，包装是运输和销售的重要组成部分。保障运输包装件的功能、保护商品销售包装的完好都取决于运输包装设计和研发阶段的实验室验证。加强随机振动模拟是实验室验证的有效手段。

本课题研究是评价非高斯分布激振与当前普遍应用的高斯分布激振的差异，了解其对电脑一体机包装单元商品的影响。为随机振动测试方法提供参考依据，为产品运输包装设计提供参数，为非高斯分布激振器应用于随机振动设备提供实践经验和数据积累。应用于随机振动设备的非高斯分布激振器在欧洲、美国、中国已有成熟产品，但应用还不普及。美国 VR、美国 Lansmont、西班牙 Safeload、美国 L.A.B.、中国苏试振动均有能力生产该振动设备和控制器。目前我国还没有建立相关试验方法的标准。

本研究目的是推动新的随机振动测试方法应用，提升国际国内相关设备制造与销售企业的技术市场推广；改进商品运输包装设计，进一步降低运输和包装的成本，更好地服务快消品牌商，提升其在消费市场的竞争力，探索我国道路运输随机振动试验模拟方法，完善商品运输包装设计，满足消费核心市场经济的需求。推动我国随机振动试验方法的发展，促进我国检测设备仪器产品研发和制造。加快我国随机振动国家标准的修订，为商品运输前实验室包装研发提供有效方法。

一、材料与方法

仪器与试剂：

HV60 振动台：美国 L.A.B.；VR9500 4 通道振动控制器：美国 VR 公司；356A24 三向加速度传感器：（德国 PCB PIEZOTRONICS）。

样品：

实验用两个样品 PCA 和 PCB。

实验方法：

电脑一体机运输包装件如图 4-2 所示，单个产品包装单元，两个样品 PCA

和 PCB。样品包装单元重量为 8.52 千克；样品包装单元按照运输情况摆放，无托盘，无紧固材料；样品封箱，人工胶带封箱并标记。

图 4-2　电脑一体机运输包装件示意

对样品加载相同 PSD 功率谱密度，通过分析传感器所得的数据，对比高斯分布激振和增加峭度的非高斯分布激振的样品 FDS 响应、加速度响应，同时观察对商品损伤程度的差异。创建与现实环境有相似损伤和峰值加速度的随机振动测试（GB/T 4857.23—2012《包装 运输包装件基本试验 第 23 部分：随机振动试验方法》）。FDS 和峭度的结合使用模拟现实中的运输振动，研究中使用 FDS 疲劳损伤谱缩短测试时间来考察产品的破损情况。

适用范围：

电脑一体机单个商品运输包装件。

激振推力：

根据 $F=ma$，计算增加峭度后，该样品载重下的推力为（8.52+612）×3.975=2.47 吨。小于该设备的安全推力为 4.5 吨。

随机振动图谱：

参考 ASTM D4169-16 中卡车运输 PSD 谱线中的高量级图谱（如表 4-1 所示）以及加速度功率谱密度如图 4-3 所示：

表 4-1 卡车运输 PSD 谱线

频率 /Hz	PSD/(G²/Hz)
1	0.0007
3	0.02
5	0.02
7	0.001
12	0.001
15	0.004
24	0.004
28	0.001
36	0.001
42	0.003
75	0.003
200	0.000004
Grms	0.53

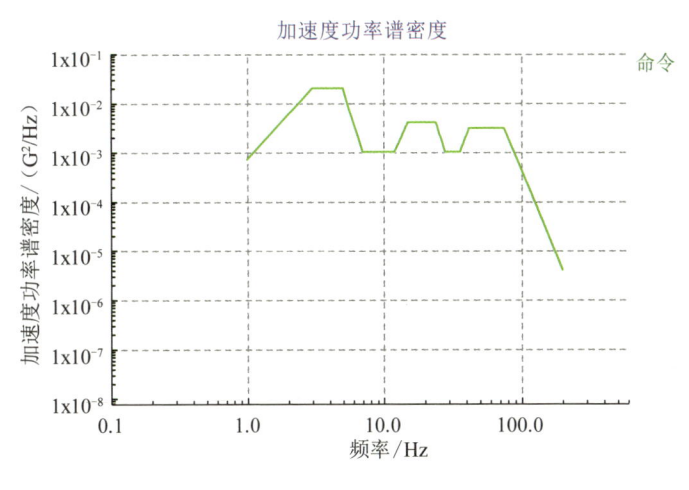

图 4-3 加速度功率谱密度

试验时间：

t1=30min, t1 高斯随机振动，峭度 K=3, RMS=0.53G;

t2=30min，t2 非高斯随机振动，峭度 K=7, RMS=0.53G；

t3=5min，t3 高斯随机振动，峭度 K=3, RMS=0.54G；

t4=5min，t4 非高斯随机振动，峭度 K=5, RMS=0.54G；

t5=5min，t5 非高斯随机振动，峭度 K=7, RMS=0.54G；

t6=5min，t6 非高斯随机振动，峭度 K=9, RMS=0.54G；

t7=5min，t7 非高斯随机振动，峭度 K=11, RMS=0.54G；

t8=5min，t8 非高斯随机振动，峭度 K=11, RMS=0.98G；

t9=5min，t9 非高斯随机振动，峭度 K=11, RMS=0.18G；

t10=5min，t10 非高斯随机振动，峭度 K=11, RMS=0.7G；

t11=5min，t11 非高斯随机振动，峭度 K=11, RMS=0.4G；

t——试验时间，单位分钟（min）

实验目的：

比对高斯分布激振和增加峭度的非高斯分布激振对样品的响应加速度和商品损伤程度的影响；FDS 和峭度结合使用对缩短随机振动试验时间的验证；FDS 疲劳损伤谱，测量产品疲劳损伤并计算其寿命。

多年来，人们一直使用基于材料 s/n 曲线的方法来计算产品的寿命。将产品的雨流分析技术应用到实际测量的振动中，量化等效疲劳，计算失效时间。应用常用的寿命加速技术，缩短试验时间。FDS 可以显示出高斯和非高斯之间的显著差异，可以结合产品的状态来进行更准确的对比。

实验步骤：

（1）加速度传感器：振动台台面一个三轴向加速度传感器，贴近产品和台面的固定点；另一个安装在包装盒内部的产品上（图 4-4）。

（2）高斯随机振动相当于峭度 K=3，非高斯随机振动在 PSD 图谱上增加峭度 K=7，模拟较为恶劣的路面特性。峭度 K=11，RMS 分别为 0.98G、0.54G、0.7G、0.4G、0.18G 进行比较；RMS=0.54G，峭度 K 分别为 3、5、7、9、11 进行比较。

（3）测试时间按照既定的试验时间分别进行。

（4）记录所有测试过程中的时域信号。

（5）测试结束后检查产品的状态。

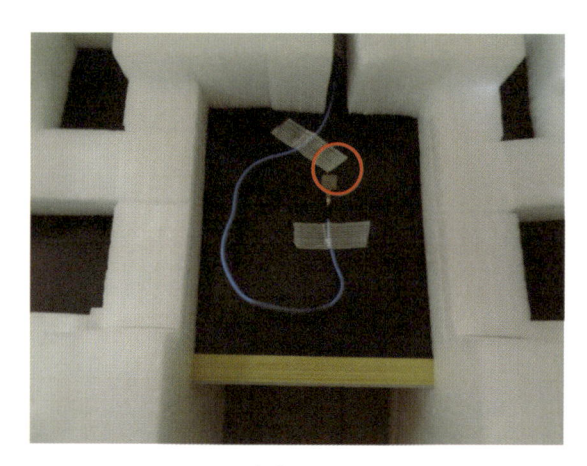

图 4-4　包装内部三轴向传感器位置

二、实验结果与讨论

高斯随机振动，30min，非高斯随机振动，峭度 K 为 7，在样品电脑一体机包装件上表现出在 10～100 赫兹频段上振动响应高于控制器输入，且最高响应峰值稳定。振动加速度在时域上有明显的高加速度值。FDS 疲劳损伤峰值大约在频率 3.4 赫兹处出现。FDS 峰值大约为 1.4×10^7；如图 4-5、图 4-6、图 4-7 和图 4-8 所示。

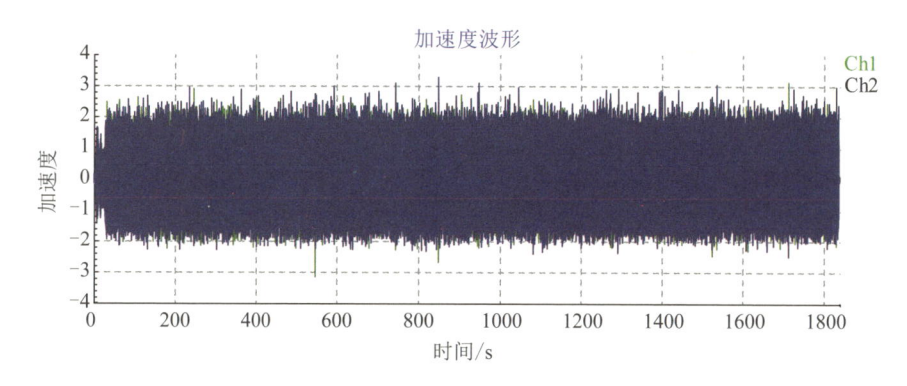

图 4-5　加速度波形

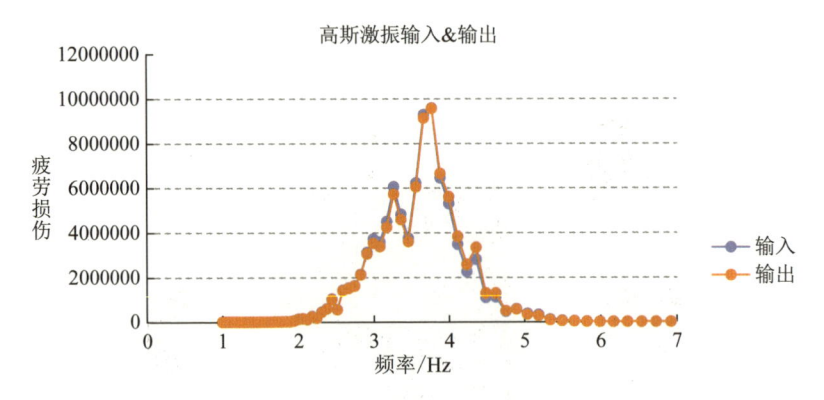

图 4-6　高斯激振输入 & 输出

非高斯随机振动 K=7，30min

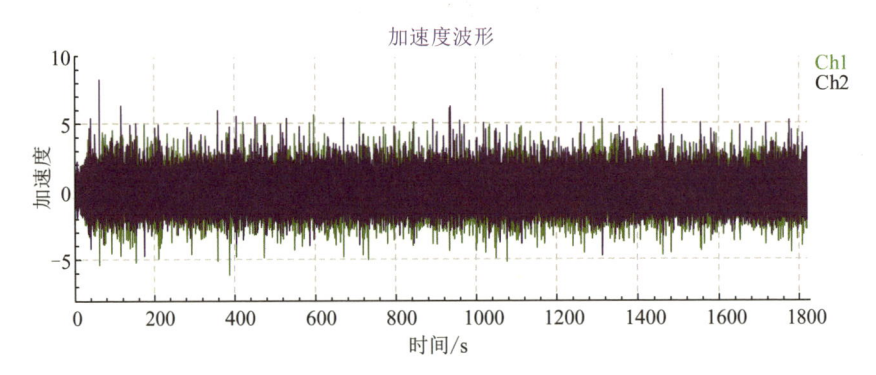

图 4-7　加速度波形

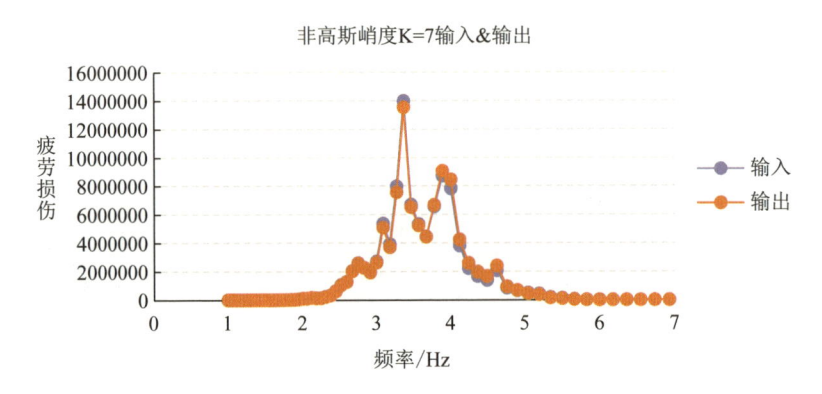

图 4-8　非高斯峭度 K=7 输入 & 输出

非高斯随机振动，峭度 K 为 11，随着增大 RMS 在样品电脑一体机包装件上表现出加速度功率谱密度峰值增大。振动加速度在时域上有明显的高加速度值，RMS 越大，峰值加速度在时域上出现次数越多且峰值越高。随着 RMS 变化，FDS 疲劳损伤峰值出现频率 2.9～4Hz 处出现，无明显规律。相同峭度，随着 RMS 增大，疲劳损伤 FDS 峰值增大；如图 4-9、图 4-10、图 4-11 和图 4-12 所示。

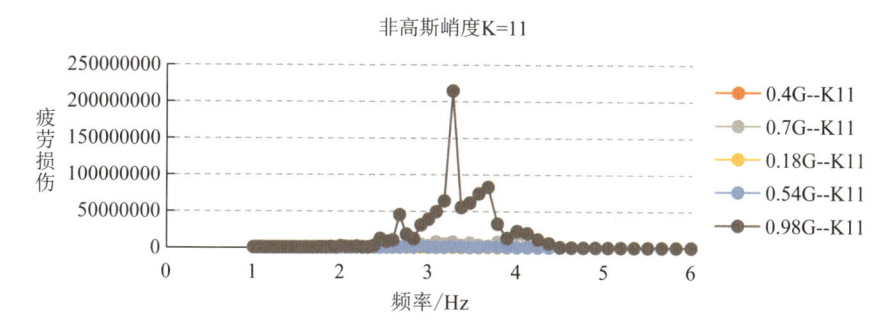

图 4-9　非高斯峭度 K=11（0.4g、0.7g、0.18g、0.54g、0.98g）疲劳损伤

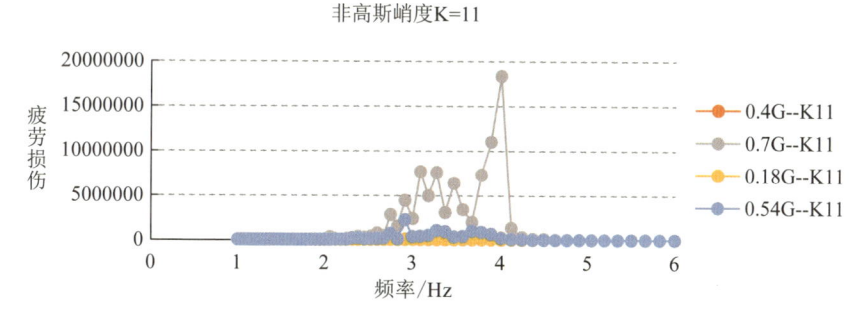

图 4-10　非高斯峭度 K=11（0.4g、0.7g、0.18g、0.54g）疲劳损伤

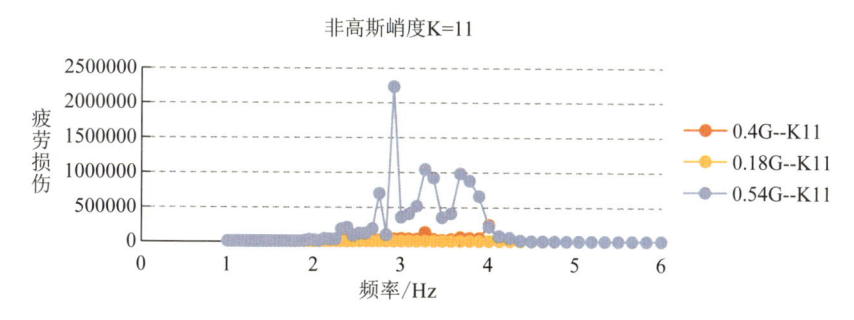

图 4-11　非高斯峭度 K=11（0.4g、0.18g、0.54g）疲劳损伤

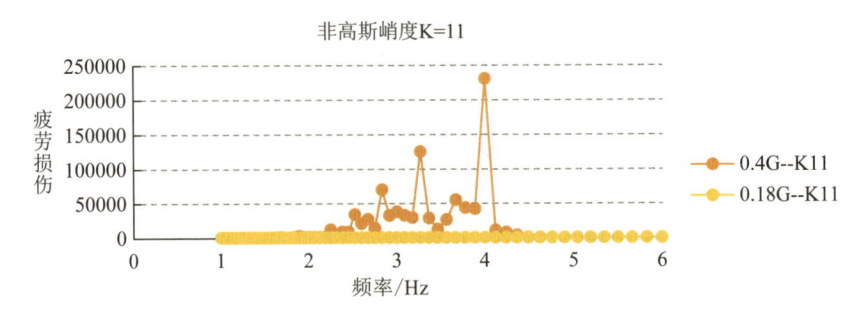

图 4-12　非高斯峭度 K=11（0.4g、0.18g）疲劳损伤

非高斯随机振动，相同 RMS=0.54G，随着峭度增大，样品电脑一体机包装件振动加速度在时域上的最高加速度值增大，且出现次数增多。非高斯随机振动加速度最大值明显高于高斯随机振动。随着峭度变化，FDS 疲劳损伤峰值在频率 2.9～3.9Hz 处出现，无明显规律。FDS 疲劳损伤的峰值与峭度变化无明显规律。如图 4-13 所示。

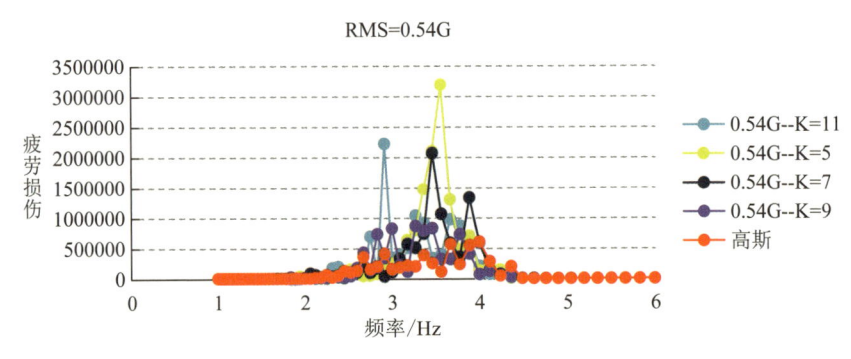

图 4-13　RMS=0.54G，K=11\9\7\5 时疲劳损伤

三、结论

单一随机振动对该单个商品运输的影响不能体现在货物外观。需进一步考察随机振动对商品危险元件或局部的疲劳影响，以及疲劳与跌落、冲击的叠加对商品的损害；非高斯随机振动可以描述一系列的冲击或瞬态。使用单一的均方根值

进行随机振动模拟是不全面的，如果水平太高会让包装设计过于保守，如果水平太低就达不到真实模拟。随机振动研究，还应该关注在运输过程中产生的 RMS 水平（和冲击）的范围以及它们产生的来源。在本次研究使用的路谱情况下，高斯与非高斯激振均未造成样品外观货损，无明显差别。是否对元件造成疲劳，有待进一步研究。实际破损情况是否与振动疲劳后的冲击、跌落明确关联有待进一步研究。产品的缓冲包装设计可以参考本次研究结果提供的共振频率；FDS 和峭度结合使用可以缩短随机振动试验时间。

参考文献：

[1] ASTM D4169-2016 Standard Practice for Performance Testing of Shipping Containers and Systems[S].

[2] 蒋瑜. 非高斯随机振动疲劳分析与试验技术 [M]. 北京：国防工业出版社, 2019. 1.

检测回收 PET 饮料瓶中危害物前处理方法研究

袁振磊　温嘉琦　李志礼　孙彬青[①]

一、引言

随着人们消费水平的提高，饮料行业在近几十年间得到了飞速的发展。聚对苯二甲酸乙二醇酯（PET）是由对苯二甲酸与乙二醇反应或通过对苯二甲酸二甲酯与乙二醇酯交换反应产生的一种热塑性饱和聚酯树脂，具有优良的化学稳定性、阻隔性、透明性及较高力学强度等特点，是作为瓶装饮料包装的绝佳材料，在饮料包装中占据不可替代的地位[1]。根据世界各大饮料品牌在我国的市场份额，2022 年我国 PET 瓶需求量约为 400 万吨[2]。由于 PET 的主要原料来自石油，PET 饮料瓶使用量的快速增长，造成石油这种不可再生资源的巨大消耗，同时消费后产生的包装废弃物给全球的环境保护带来新的压力。

目前我国已经形成了一定的废 PET 饮料瓶回收体系。研究表明，我国近年来废 PET 饮料瓶的回收率在 95% 左右，处于较高水平[3]，但无论是采用物理回收方法将废 PET 瓶制成塑料纤维，还是采用化学回收方法回收 PET 单体，都属于降级回收[4]。众所周知，一种材料最优的回收利用方式就是同级回收或升级回收。如今，在绿色循环经济的倡导下，作为一种食品级的接触材料，PET 饮料瓶必须实现由"瓶"到"瓶"的循环利用[5]。

PET 饮料瓶进入回收系统后会引入一些未知风险，造成食品安全问题。应有

---

① 孙彬青，天津科技大学轻工科学与工程学院副教授，研究方向：绿色包装材料及结构设计

针对性地检测回收 PET 饮料瓶中的未知危害物。由于回收过程复杂多变，一些危害物会直接或间接地混入 PET 饮料瓶中[6]。这给我国实现废 PET 饮料瓶由"瓶"到"瓶"的循环利用造成了极大的阻碍，需要进行相关的筛查和迁移实验，对其中的潜在危害物进行研究。采用合理的前处理方法，旨在更科学、准确、快捷地检测分析回收 PET 饮料瓶中的未知危害物。本文主要对回收 PET 饮料瓶中危害物的筛查和迁移实验中用到的样品前处理方法进行分析与研究，概述了模拟物浸泡、萃取剂提取、溶解沉淀等前处理方法及固相萃取、固相微萃取、衍生化等危害物的富集方法。

二、PET 瓶片前处理方法

各回收公司会将回收的 PET 饮料瓶进行分拣、筛选、清洗，然后粉碎成 PET 瓶片[7]。对于这些瓶片中潜在危害物的分析，在实验室用到的前处理方法有以下几类。

（一）模拟物浸泡

在 PET 饮料瓶的迁移实验中，通常选用一种具有某一类食品共性的介质作为食品模拟物进行测试，以期能更真实地反映食品接触材料及制品中物质向食品迁移的情况[8]。该方法就是将一定面积的 PET 瓶片用相应体积的模拟物浸泡起来，在 PET 饮料瓶平时运输、销售所在的温度条件下浸泡相应的时长。为了缩短实验时间，加快实验效率，有时会进行加速实验，即将浸泡物置于恒温培养箱中通过增高温度来缩短时间。对于 PET 饮料瓶来说，其中的内装物大致可被划分为两类：水性饮料和含酒精类饮料。依照 pH 值，水性饮料又被划分为酸性饮料和非酸性饮料，分别选用 4% 乙酸和 10% 乙醇作为对应的模拟物；根据酒精含量的不同，选用 20% 乙醇、50% 乙醇、95% 乙醇或实际浓度的乙醇作为含酒精类饮料的模拟物[9]。

（二）萃取剂提取

萃取剂提取法是利用危害物在不同萃取剂中溶解度不同，用强提取剂把危害物提取出来的方法。为了更多地筛查回收 PET 饮料瓶中危害物的种类，解密产品真实信息，挖掘未知风险，提升最终再生 PET（rPET）瓶的市场风险管控能力[10]，在进行 PET 饮料瓶中危害物的非靶向筛查实验中，会将模拟物更换为提取能力更强的甲醇、乙腈等溶剂进行浸泡提取。马宝军[11]考察了甲醇和乙腈两种不同有机溶剂作为提取剂对 PET 饮料瓶中危害物的提取能力，结果表明，甲醇因其提取能力略高于乙腈而被选为更好的提取剂。

（三）溶解沉淀

溶解沉淀法是指将待测材料溶解在特定的溶剂中，再加入一定的沉淀溶剂使聚合物完全沉淀，随后将混合物进行离心，取上层澄清液作为待分析样品[12]。在进行回收 PET 饮料瓶中危害物的筛查实验中，为了测定瓶中危害物的具体浓度，需要将危害物全部提取出来。具体而言，就是搅拌回收 PET 瓶片，使其完全溶解在六氟异丙醇中，随后加入定量的甲醇在超声的条件下使聚合物完全沉淀，经离心后取上层清液，再用滤网过滤，制成待测样品溶液[13]。为了便于溶解，董犇等[14]采用高速旋转研磨仪将 PET 瓶片粉碎成粉末，最终检测出 30 种非挥发性有机化合物；Otoukesh 等[15]采用液氮将 PET 颗粒样品低温球磨成粉末，分析出 13 种回收 PET 饮料瓶样品中因黏合剂残留而存在丙烯酸酯。雷家珩等[16]建立了沉淀分离 - 气相色谱法，减少了样品处理时间，快速测定了 PET 包装材料中 6 种邻苯二甲酸酯类塑化剂的含量。他们同样选用了六氟异丙醇溶解 PET 试样，以对二甲苯作为沉淀溶剂分离聚合物基质，既能有效提取目标物邻苯二甲酸酯，又能消除基体干扰。李丽怡等[17]使用苯酚 - 四氯乙烷混合溶液溶解提取法研究分析了存在于 PET 瓶中两种光稳定剂 UV-P 和 UV-234 的迁移情况。

（四）其他方法

张智力等 [18] 先用液氮对 PET 瓶片样品处理 30 min，再用粉碎机将样品快速粉碎至 380 μm，然后采取热裂解方式将样品快速裂解汽化，最后运用气相色谱－质谱法联用技术实现对食品接触包装材料 PET 聚酯中 D-柠檬烯的快速定性分析。

PET 瓶受户外阳光照射会发生氧化降解并产生危害物，有人直接将 PET 饮料瓶放在户外阳光直射的地方数天，研究危害物向水中迁移的情况。Abboudi 等 [19] 将装有天然矿泉水的 PET 瓶放在户外阳光下曝晒，研究了 PET 瓶中羰基化合物在贮存一年后的溶出效果。Aljoumaa 等 [20] 利用衰减全反射傅里叶变换红外光谱和二维相关光谱研究了 PET 瓶体在空气中日光老化 6 个月后的降解变化，发现有两个主要反应，即羰基氧化和乙二醇单元转化。

在 PET 饮料瓶的加速老化方法中，Gok 等 [21] 通过对 PET 瓶在氙弧灯和荧光 UVA-340 荧光紫外灯照射下的曝光，研究了老化过程中光降解产生的危害物向食品模拟物迁移的情况。Turnbull 等 [22] 利用特制的老化装置分析了 PET 瓶片在温度、水和氧气存在下降解产生的危害物种类。

三、样品液前处理方法

对于食品接触材料的 PET 饮料瓶中危害物的检测，一般是采用气相色谱或液相色谱与质谱连用的方法。由于样品本身属于食品级，其中危害物的量本身就少，再加上迁移过程，所得到的待分析样品液中危害物的浓度值偏低。同时，受到检测仪器精度的限制，待测样品液中的危害物浓度有可能达不到仪器的检测限，导致样品所含危害物无法检出。因此，可以采取纯化和浓缩的方法处理待测样品液，目前常用的方法有固相萃取和固相微萃取等 [23]。另外，对于一些难以检测分析的化合物，可采取衍生化等的方法对其进行改性，以达到分析检测的目的。

（一）固相萃取法

固相萃取是从 20 世纪 80 年代中期开始，由液固萃取柱在液相色谱技术中的应用而互相结合发展起来的一种样品预处理技术。固相萃取技术基于不同目标化合物与极性吸附剂之间的作用力不同，将目标分析物从水相转移到相邻固相中，再用极性更强的洗脱剂将目标化合物从吸附剂上洗脱下来，最终达到富集浓缩待测样品中分析物的目的，是一种物理萃取过程。与传统的液液萃取法相比，固相萃取法兼有较高的富集率和操作灵活性，具有吸附动力学快、萃取剂可重复使用、有机试剂消耗少、产生废品少等优点。固相萃取法具有良好的选择性，适合从低浓度体系中分离目标，因而被广泛应用于一些关键物质的分离分析、浓缩和环境水污染处理过程[24]。

固相萃取技术已广泛应用于高效液相色谱法、气相色谱－质谱仪、液质联用仪等仪器分析方法中。固相萃取的固定相材料通常选择具有较高的萃取效率和吸附容量，较强的萃取选择性的 C18 或 C8、腈基、氨基等基团的特殊固体填料。固相萃取较常用的方法是使待测液体样品溶液流经萃取柱，其中待测目标分析物被固定相吸附保留下来，再选用适当强度的溶剂将待测目标物洗脱下来，从而达到快速浓缩目标分析物的目的。固相萃取法也可选择性地吸附干扰杂质，留下目标分析物或同时吸附杂质和目标分析物，使用合适的溶剂有选择性地洗脱杂质或目标分析物[25]。

（二）固相微萃取法

固相微萃取的原理与固相萃取不同，固相微萃取是目标分析物在固定相和水相之间的一种平衡状态，而不是将待分析目标物全部萃取分离开来。固相微萃取装置整体上类似于改进的注射器状装置，由光纤固定器和保护光纤的针组成。在萃取过程中，一种表面涂渍高分子微萃取涂层的熔融石英光导纤维暴露在溶液中一段时间。抽出后，纤维被收回到固相微萃取固定器的针头里。在这里，针头由不锈钢细管制作，对纤维起到了保护作用，纤维在不使用时可以收回到针头里[26]。

萃取后，通过加热或应用解吸溶剂将分析物解吸到合适的仪器中。固相微萃取涂层的吸附材料的选择取决于目标分析物的性质。在大多数应用中，固相微萃取与气相色谱结合在一起。由于分析物被热解吸到色谱仪的进样口，气相色谱的应用通常仅限于挥发性和热稳定性的化合物。固相微萃取通过与液相色谱联用，也可用以分析非挥发性和热不稳定化合物。然而，在这种情况下，解吸是使用有机溶剂或流动相，而不是热解吸。因为在这种解吸过程中使用高温可能会导致聚合物的降解和纤维中许多非挥发性化合物的不完全解吸。

固相微萃取有3种基本的萃取模式：直接萃取、顶空萃取和膜保护萃取。直接萃取是将纤维直接暴露在样品溶液中，是分析清洁的含水样品的最佳选择。顶空萃取是污泥、血液和尿液等复杂样品的一种选择模式，但它要求分析物本质上是可挥发的，或者可以通过提供适度的热量而不降解地挥发；另一种情况是当复杂的基质中存在非挥发性和热不稳定性的化合物时，可以采用膜保护萃取。这种保护可以阻止大分子扩散到纤维中，同时允许分析物的传递。固相微萃取技术集取样、萃取、浓缩和进样于一体，无须任何有机溶剂，可以实现超痕量分析，发展至今，已在环境、生物、食品、工业、医学等领域得到广泛应用[27]。

（三）衍生化法

衍生化是一种利用化学反应将一种化合物转化成拥有类似化学结构物质的方法。衍生化作用主要是把难以分析的物质转化为与其化学结构相似但易于分析的物质，以进一步提高检测灵敏度和选择性，是测定复杂样品中痕量分析物时比较有用的分析方法[28]。用一些发色团衍生是一种传统的衍生技术，当被检测物质无紫外吸收特性时，可以对其进行衍生化处理，加上发色基团，即可进行紫外检测；气相色谱中应用衍生化来增加非挥发性分析物的挥发性；而高效液相色谱中应用衍生化是为了提高样品检测的灵敏度，改善样品混合物的分离度，以便进一步做结构鉴定。

（四）其他方法

常用的其他辅助处理方法有超声萃取、微波辅助萃取等。氮气富集是回收 PET 饮料瓶危害物分析中常用的一种方法，就是将样品液置于温和的氮气流下使其挥发，最后剩余少量样品液；或者吹干后用少量浸泡液复溶，以加大待测样品液中的未知物浓度，从而提高检测灵敏度和改善色谱峰型，便于后续对目标分析物的识别检测[29]。

四、结语

综上所述，回收 PET 饮料瓶中危害物种类繁多，可用于危害物检测实验的前处理方法多种多样。模拟物浸泡和萃取剂提取是危害物迁移实验中得到普遍应用的前处理方法，而溶解沉淀法在瓶片中未知危害物的筛查实验中得到普及。固相微萃取与衍生化等样品液的前处理方法与气相色谱、液相色谱的联合应用极大地提高了化合物检测的快捷性和灵敏性。展望检测分析技术的发展需求，更加灵活、快捷、有效的前处理方法必将得到业内人士的青睐。

参考文献：

[1] 程海涛 . 聚对苯二甲酸乙二醇酯塑料循环利用进展 [J]. 塑料 , 2021, 50(6): 63-68.

[2] 毕莹莹 , 刘景洋 , 董莉 , 等 . 我国废 PET 饮料瓶产生量与回收水平研究 [J]. 环境工程技术学报 , 2022, 12(1): 185-190.

[3] 徐卫星 .《我国 PET 饮料包装回收利用情况研究报告》发布 我国 PET 饮料瓶回收率超 94%[J]. 饮料工业 , 2020, 23(5): 78-79.

[4] 康菌子 , 袁璐璇 , 王彦博 , 等 . 废旧 PET 聚酯回收利用进展 [J]. 塑料 , 2021, 50(5): 61-66.

[5] 任循 . 建立完善的 PET 瓶回收体系 [J]. 绿色包装 , 2020(5): 74-76.

[6] 钟怀宁 . 塑料瓶再利用 , 风险点在哪儿 [J]. 大众健康 , 2021(12): 94-95.

[7] 帅启明 . 废 PET 塑料饮料瓶的回收利用 [J]. 科技创新导报 , 2017, 14(20): 139-140.

[8] 王鸿远 , 孙彬青 , 李志礼 , 等 . 食品接触纸制品中的有害物分析及迁移研究进展

[J]. 天津造纸, 2021, 43(1): 6-11.

[9] 中华人民共和国国家卫生和计划生育委员会. 食品安全国家标准 食品接触材料及制品迁移试验预处理方法通则: GB 5009.156—2016[S]. 北京: 中国标准出版社, 2017.

[10] 周菁. 中国 R-PET 瓶到瓶技术发展现状及展望 [J]. 合成技术及应用, 2020, 35(2): 19-23.

[11] 马军宝. PET 材料中低聚物的危害及提取 [J]. 山东纺织经济, 2020(6): 14-17.

[12] 胡雅静, 宋晶丹, 杜振霞. 液质联用法对 PET 寡聚体的非靶向筛查 [J]. 塑料, 2021, 50(1): 100-104, 122.

[13] 杨颉, 马鑫, 杨道远, 等. 基于全链条的回收 PET 材料中非挥发性可迁移物的非靶向筛查及特征风险标志物的确定 [J]. 分析测试学报, 2021, 40(11): 1553-1560.

[14] 董犇, 吴学峰, 郝天英, 等. 基于 UPLC-QTOF MS 的食品接触用回收 PET 中非挥发性有机物的非靶向筛查 [J]. 分析测试学报, 2021, 40(11): 1545-1552.

[15] OTOUKESH M, NERIN C, AZNAR M, et al. Determination of adhesive acrylates in recycled polyethylene terephthalate by fabric phase sorptive extraction coupled to ultra performance liquid chromatography–mass spectrometry[J]. Journal of Chromatography A, 2019, 1602: 56-63.

[16] 雷家珩, 李玲, 郭丽萍, 等. 沉淀分离–气相色谱法快速测定 PET 包装材料中 6 种邻苯二甲酸酯 [J]. 塑料工业, 2017, 45(10): 139-143.

[17] 李丽怡, 梁锡镇, 林勤保, 等. PET 瓶中 UV-P 和 UV-234 两种光稳定剂的迁移研究 [J]. 包装与食品机械, 2015, 33(4): 1-5, 72.

[18] 张智力, 杨学军, 陈肖南, 等. 热裂解/气相色谱–质谱法快速测定食品级聚对苯二甲酸乙二醇酯再生树脂中 D-柠檬烯 [J]. 化学世界, 2017, 58(1): 47-50.

[19] ABBOUDI M, ODEH A, ALJOUMAA K. Carbonyl compound leaching from polyethylene terephthalate into bottled water under sunlight exposure[J]. Toxicological & Environmental Chemistry, 2016, 98(1-2): 167-178.

[20] ALJOUMAA K, ABBOUDI M. Physical ageing of polyethylene terephthalate under natural sunlight: correlation study between crystallinity and mechanical properties[J]. Applied Physics A, 2016, 122(1): 1-10.

[21] GOK A, GORDON D A, Burns D M, et al. Reciprocity and spectral effects of the degradation of poly(ethylene-terephthalate) under accelerated weathering

exposures[J]. Journal of Applied Polymer Science, 2019, 136(21a22).

[22] TURNBULL L, LIGGAT J J, MACDONALD W A. Ageing of poly(ethylene terephthalate) and poly(ethylene naphthalate) under moderately accelerated conditions[J]. Journal of Applied Polymer Science, 2012, 124(6): 4517-4529.

[23] 杨琦，刘世栋，赵丽莉，等. PET 碳酸饮料瓶与瓶坯中乙醛含量测定及其不确定度评估 [J]. 中国酿造，2013, 32(1): 137-140.

[24] ZHANG C, XING Huifang, YANG Liangrong, et al. Development trend and prospect of solid phase extraction technology[J]. Chinese Journal of Chemical Engineering, 2022, 42(2): 245-255.

[25] 许劲博. 探究固相萃取技术在我国环境化学分析中的应用 [J]. 中国石油和化工标准与质量，2021, 41(18): 148-149.

[26] MUHAMMAD S, NAZAL K M, MAŁGORZATA R. Solid phase microextraction: apparatus, sorbent materials, and application. [J]. Critical reviews in analytical chemistry, 2018, 49(3): 1-18.

[27] 张长流. 固相微萃取技术在环境监测分析中的应用 [J]. 资源节约与环保，2021(2): 46-47.

[28] 程立军，姜晓黎，梁鸣. 纺织品中有机锡化合物的检测 [J]. 印染，2005(22): 37-39.

[29] 赵镭，石鋆杰，袁琳嫣. PET 塑料制品中 2- 氨基苯甲酰胺迁移量的测定 [J]. 食品工业，2021, 42(9): 264-267.

常用回收塑料用于食品包装的化学安全性分析

李洁君[①]　李海燕　吴长青

一、引言

塑料种类繁多，是食品包装最常用的材料。食品塑料包装包括塑料瓶、塑料薄膜、塑料托盘、塑料袋、塑料罐、塑料杯、塑料碗等。有资料显示，2015年，欧洲使用了近2000万吨塑料包装，每位居民每年产生约30千克的塑料包装垃圾。塑料包装由单一聚合物，如聚对苯二甲酸乙二醇酯（PET）、聚丙烯（PP）、高密度聚乙烯（HDPE）、低密度聚乙烯（LDPE）、聚苯乙烯（PS）和聚氯乙烯（PVC）组成，或由几种类型的塑料层组合而成。

塑料废弃物可以通过回收、降解回收、生产化学基础物质/燃料/能源来回收利用[1]。最常见的回收是通过机械和较简单的化学过程来实现。塑料的机械回收包括清洁、研磨、重熔和再造粒4个步骤。塑料的化学回收是将塑料降解成单体，随后当作原料用于重新聚合[2]。食品塑料包装因其加工简便、美观、价廉等特点而发展迅猛，也因其产量高、日常使用时间短、废弃物处理难等而引发环境问题。目前回收被视为处理包装废弃物的重要措施，但回收可能会增加包装中潜在有害物含量及其到食品中的迁移量。由于从食品包装中迁移出的某些化学物质与慢性疾病有关，评估回收包装的安全性非常重要。由于目前经济和生态问题限制了化学回收的大规模应用[3]，在机械回收过程中，聚合物主链会部分降解。原

---

① 李洁君，上海市质量监督检验技术研究院高级工程师，研究方向：食品包装材料的检测。

因是加热导致分子内键断裂，继而使分子量分布变窄，并改变回收聚合物的机械性能和光学性能，如增加脆性和不透明度。此外，塑料聚合物可能在使用及在废物管控过程中已受外部环境如接触酸性物质、紫外线辐射和极端温度等影响而受损，尽管它们对环境中的完全降解具有很强的抵抗力，但都会被归类为非永久性材料。像抗氧化剂、稳定剂之类的塑料添加剂，源自预期的反应产物，其原有功能会在机械回收过程丧失。为了补偿这种不想要的变化，机械回收过程需要添加原始聚合物或其他添加剂[4]。

过去几年，可再生原材料的使用量稳步增加，但市场份额仍然很小。可回收性不受原材料来源的影响，而是受塑料类型的影响。与传统塑料具有相同材料特性的完全或部分生物基塑料，如聚乙烯（PE）、PET 等，可以在现有的回收系统中回收。其他生物基塑料，如聚乳酸纤维、淀粉、纤维素基材料等，在规定条件下可堆肥，其机械回收并不具有高优先级。然而，这些材料的任何一种错误分类或不完全分类都可能严重干扰回收/堆肥，从而降低产品质量，甚至过程中断[5]。因此，将所有聚合物仔细分离成单独的材料是成功回收的先决条件。本文关注与食品接触的塑料的机械回收过程，特别关注污染物的存在和迁移，概述了常用食品塑料包装材料的回收过程，分析了回收塑料用于食品包装的典型迁移，总结了减少化学污染的方法，以期对相关课题的研究具有一定的参考价值。

二、食品接触材料的回收过程及安全评估

机械回收与食品接触的塑料需要特别小心，因为它不仅可能含有聚合物和添加剂的降解产物，还可能含有消费者先前使用和误用而产生的附带污染物，以及废物处理所产生的交叉污染物和环境污染物。此外，相同类型但不是食品级的聚合物也可能进入回收系统，并且增加可能污染物的级别。因此，已经为与食品接触的塑料建立了先进的分拣和机械回收工艺，包括额外的清洁步骤以降低污染物水平，通过在高温、真空或稀有气体下孵化，或用无害化学品进行表面处理[6]。用超临界二氧化碳萃取是净化消费过的塑料废物的另一种选择[7-8]。此操作旨在将任何化学污染减少到不会对人类健康造成风险的水平。回收后，分析残留替代物的水平，以评估该过程去除不同类型污染物的效率。为了对再生塑料中污染物

的最大可接受值提出建议，美国食品和药物管理局参考了法规中的阈值，即化学污染物不得超过 0.5ppb 的迁移水平，每日摄入量约为 1.5μg／人／天。对于任何可能存在的未知污染物，欧洲食品安全局以人体暴露阈值为 0.0025μg/kg（体重）／天，建立 PET 回收过程的安全评估标准。

回收过程的效率和回收产品的质量取决于塑料的物理化学性质、工艺条件以及投入塑料废物的纯度。PET 饮料瓶的回收利用已成为标准，因为 PET 具有相对较高的稳定性、耐高温性，以及建立了食品接触级 PET 收集系统。因此，在过去的 25 年中，已经开发了数十种瓶到瓶 PET 回收工艺。相比之下，其他聚合物的回收利用则远未确立，尽管它们对食品包装的总量有很大贡献[9]。95% 的工艺描述了 PET 的回收，而其余 5% 涉及聚烯烃（PP/HDPE）。欧洲食品安全局（EFSA）尚未收到任何其他类型塑料的申请。目前，所有被评估的工艺都没有获得欧盟委员会的授权。当工艺在指定条件下运行时，EFSA 认为 PET 的回收是不安全的。在大多数情况下，回收过程中的投入，来自非食品消费应用的 PET 不应超过 5%。此外，应确保潜在未知污染物的迁移不会超过 0.1μg/kg 的模拟迁移水平。在某些情况下，最终产品其应用中回收材料的含量受到限制。如果回收材料来自封闭受控链的循环产品，并且回收材料仅用于与某些食品类型（例如水果、蔬菜和预包装肉类）接触，则 EFSA 不会考虑聚烯烃的回收过程。然而，在关于使用过的聚烯烃的两个科学意见中，EFSA 要求必须提供额外的数据才能决定工艺的安全性。

提交的材料涉及 PET、PS 和聚烯烃的回收处理分别是 153 份、22 份和 21 份。另外 6 份提交的文件涉及与 PET 回收相关的具体问题（涂层和功能障碍），其余 4 份提交的文件涉及聚碳酸酯（PC）、聚萘二甲酸乙二醇酯（PEN）、PS、PP 及塑料食品袋的回收。

三、再生塑料中的污染物

不同类别的污染物，如低聚物、添加剂及其降解产物，以及源自以前错误用途的化学物质，经常有报道出现在再生塑料中[10-12]。然而，此研究通常反映污染物的随机分布，因为它们的存在和识别取决于许多因素，包括生产和回收过程、使用和废物管理以及使用的分析方法。以下列出了源自/用于食品接触材料的再生塑料中发现的一些典型污染物，如表4-2所示。

表4-2 再生食品接触塑料中典型的污染物及示例

典型的污染物	可能的来源	示例
风味、香气和气味化合物	以前使用（从食品和非食品应用中吸附）；交叉污染	常规再生PET中的柠檬烯（CAS 5989-27-5）、γ-萜品烯（CAS 99-85-4）、对伞花烃（CAS 99-87-6）以及其他柑橘类精油
		再生HDPE中的柠檬烯、3-蒈烯（CAS 13466-78-9）、月桂烯（CAS 123-35-3）、萜品油烯（CAS 586-62-9）、11种酯类、5种醇
低聚物、单体和衍生物	原料的生产；聚合物在使用和回收过程中的降解	线性和环状PET低聚物，主要是再生PET中的二聚体和三聚体
		苯乙酮（CAS 98-86-2）和苯甲醛（CAS 100-52-7）
		增加的再生PS高温下的总迁移量
添加剂及其降解产物	原料的生产；使用和回收过程中的（预期）降解反应；交叉污染	再生PET中紫外线吸收剂[UVA-1（CAS 3864-99-1）、UVA-3（CAS 1843-05-6）]、四种抗氧化剂[（AOX24（CAS 93-43-9）]、AOX26[（CAS 96-69-5）、AOX27（CAS 90-66-4）、HALS-3（CAS 71878-19-8）]、一种增塑剂[二甘醇二苯甲酸酯（CAS 120-55-8）]
		再生PET中的己二酸二异壬酯（CAS 33703-08-1）、邻苯二甲酸二异壬酯（diisononyl phthalate, DINP, CAS 28553-12-0）、荧光增白剂（CAS 7128-64-5）、油酰胺（CAS 301-02-0）、紫外线吸收剂328（CAS 25973-55-1）、二乙基甲苯甲酰胺（CAS 13462-3）
		再生PET中的邻苯二甲酸二（2-乙基）己酯〔Bis（2-ethylhexyl) phthalate, DEHP, CAS 117-81-7)、邻苯二甲酸二异丁酯（diidobutyl phthalate, DiBP, CAS 84-69-5)、邻苯二甲酸二丁酯（dibutyl phthalate, DBP, CAS 84-74-2）以及邻苯二甲酸苄丁酯（benzyl butyl phthalate, BBP, CAS 85-68-7）

续表

典型的污染物	可能的来源	示例
添加剂及其降解产物	原料的生产；使用和回收过程中的（预期）降解反应；交叉污染	使用过 PET 中的己二酸芥酸酰胺（CAS 112-84-5）
		20 个废物、8 个原料和 28 个回收塑料样品中的 9 种邻苯二甲酸盐
		再生聚烯烃中的抗氧剂 168（CAS 31570-04-4）、抗氧剂 1010（CAS 6683-19-8）、光稳定剂 944（CAS 71878-19-8）以及它们的降解产物
		再生 HDPE 中添加剂的降解产物 [2,4- 二叔丁基苯酚（CAS 128-39-2）、乙苯（CAS 100-41-4）以及二甲苯]
来自非食品级塑料和消费者滥用的污染物	回收非食品级或分类较差的塑料；消费者滥用	不同类型黑色塑料食品接触材料中的溴化阻燃剂
		2- 甲氧基萘（CAS 93-04-9），硫化物和含杂醇油的乙醇
无机元素	催化剂；环境来源；制造工艺	—

（一）风味、香气和气味化合物

之前使用的风味化合物是再生塑料包装的常见污染物。它们可能源自食品、化妆品和清洁剂等的预期应用，也可能源自消费者滥用包装或交叉污染。

柑橘类精油的存在归因于存储在 PET 饮料瓶中的软饮料 [13]。传统回收的 PET 含有痕量的，如柠檬烯、γ- 萜品烯和对伞花烃，但包括额外清洁步骤的回收过程已经有效地去除了这些风味化合物 [14-15]。用于非食品如漱口水、个人卫生和家庭清洁剂的食品级 PET，内含其他化合物，会对使用过的 PET 造成污染。

香料和风味化合物柠檬烯、3- 蒈烯、β- 月桂烯和萜品油烯是在回收材料中测定的，而不是在 HDPE 原料中测定的。软饮料通常装在 PET 中出售，而不是装在 HDPE 中出售。因此，这些芳香烃化合物对 HDPE 的污染可能源自使用过 PET 和 HDPE 瓶在收集过程中的接触 [16]。此外，仅在回收的 HDPE 样品中发现了 11 种酯和 5 种醇，但未在原始 HDPE 样品中发现。它们的来源被归因于先前包装的内容物，如个人卫生产品或清洁剂。

（二）低聚物

低聚物是塑料合成过程中无意形成的副产物，也可能在聚合物的使用和回收过程中产生。无论其来源如何，低聚物都可能存在于回收材料并迁移到食品中。

在已回收的 PET 中测出线性和环状 PET 低聚物，其中二聚体和三聚体是主要种类[17-18]。Triantafyllou 等认为，此类低聚物不是与回收相关的污染物，而是 PET 基质所固有的；而 López 等观察到，在经过多达 5 次再加工的 PET 中，环状低聚物的含量有所增加。低分子量的 PP 在回收后，可能的低聚物的迁移率会增加。

苯乙酮和苯甲醛是苯乙烯的氧化衍生物，在回收的 PS 样品中发现它们的相对丰度高于原始 PS 样品，而原始 PS 含有比回收材料更高浓度的苯乙烯单体和二聚体[19]。Kanwal 等测定了回收后 PS 的热降解值，并观察到在高温下迁移到植物油中的降解产物增加[20]。

（三）添加剂及其降解产物

通过改进添加剂的生产工艺以及最终产品的外观和性能来实现塑料聚合物中的多种不同功能。一些添加剂（如紫外线稳定剂和抗氧化剂）在使用过程中被有意降解，从而增加了材料中潜在污染物的数量。在回收过程中通常会更换添加剂以补偿功能损失，而残留的添加剂及其分解产物可能会留在塑料材料中。对于特殊的添加剂，通过增强其氧化作用来加速可氧化降解聚烯烃在环境中的降解。最后，在回收塑料中测得的许多污染物无法确定来源，但可通过其在环境中的浓度或废物管理中的交叉污染来解释。

已在多家 PET 回收公司提供的 4 个样品中检测到 7 种已知 PET 的紫外线吸收剂。此外，在同一组样品中测定了 PVC/聚烯烃中常用的增塑剂二甘醇二苯甲酸酯和 4 种抗氧化剂。然而，这些污染物的含量尚未与原料进行比较。Dutra 等检测了再生 PET 中的几种授权塑料添加剂，包括增塑剂 DINP、荧光增白剂 OP 和增滑剂油酰胺[21]。Keresztes 等在 20%～30% 回收成分的 PET 瓶的水样中检测到 DEHP、DiBP、DBP 和 BBP[22]。相比之下，在原生 PET 瓶的水样中，发现

DiBP、DBP 和 BBP 不存在，并且 DEHP 的含量也显著降低。目前尚不清楚为什么这 3 项研究报告了可回收材料中的增塑剂，因为它们通常不需要作为 PET 的添加剂[23]。Franz 和 Mauer 等提出将邻苯二甲酸盐以及己二酸盐和芥酸酰胺作为源自其他聚合物类型的非常规外部污染物引入使用过的 PET。这与 Pivnenko 等分析废塑料样品以及再生塑料和原生塑料中 9 种邻苯二甲酸酯的含量的结果一致[24]，已观察到塑料样品的来源与其邻苯二甲酸酯含量之间存在很强的相关性，但塑料树脂以及样品和塑料树脂的组合均未与邻苯二甲酸酯含量相关联，在废塑料样品和再生家用塑料中测得的 DiBP、DBP 和 DEHP 含量明显高于原生塑料和再生工业塑料。

对于 HDPE 和 PP，一些添加剂在重复回收过程中出现迁移率增加[25]。来自再生聚烯烃的抗氧剂 168、抗氧剂 1010 和光稳定剂 944 的迁移水平较高的原因是在每个回收步骤中添加了这些化学品，而不是过程本身。同样，HDPE 和 PP 中通常使用的添加剂的降解产物在经过多次回收后有所增加。其他研究还报告了再生 HDPE 中含量较高的降解产物，这些降解产物来自添加剂，如 2,4- 二叔丁基苯酚、乙苯和二甲苯异构体。

（四）来自非食品级塑料和消费者滥用的污染物

已在欧洲市场的黑色塑料食品接触材料样品中检出了溴化阻燃剂，这表明从废弃电气和电子设备（WEEE）中提取的塑料回收到食品接触材料中[26-27]。这种做法不符合食品接触材料规定[28]。此外，来自非法 WEEE 的其他非食品级物质也会同时出现。

消费者也可能在回收前使用塑料瓶来存储非食品物品或液体。在这种情况下，塑料可能已经吸收了随后可能进入回收系统的化学物质。Widén 等对可再填充 PET 瓶中的化学物质进行了一项研究，概述了可能的污染物及其来源，这些污染物也可能与回收再使用的 PET 有关，其中的污染物有 2- 甲氧基萘（可能来自液体织物调理剂）、含硫化合物（可能来自食品）和含杂醇油的乙醇（可能来自家用酒精）[29]。

（五）无机元素

Dutra 和 Freire 等研究了 17 个原生 PET、再生 PET 和 HDPE 样品中的 9 种无机元素在 3 种模拟物中迁移的情况。一般来说，铝和铁是迁移量最高的元素，但它们的来源仍然未知。在 PET 合成中用作催化剂的锑通常从再生的和原生的 PET 中迁移出来。回收过程中的额外清洁步骤以不同的效率去除了无机元素。再生 HDPE 中的无机元素含量通常低于 PET。硅、钙、钠、铁、镁、铝和锌从再生 PET 样品中迁移出来，但这些相当普遍的元素的来源尚不清楚。在 200 个由再生 PET 制成的食品包装中，有 29 个食品包装含有镉、铬、镍、锑和铅的组合[30]，进一步对其中的 22 个食品包装释放到水和 5% 柠檬酸水溶液中重金属的情况进行测试，虽未检测出镉、铅、锑的迁移，但大多数样品在 5% 柠檬酸水溶液中检测出高于可检出限的铬或镍[31]。

四、结语

从长远来看，通过逐步淘汰和谨慎替代进入回收系统的所有材料中的有害物质，可以提高回收食品包装的化学安全性。减少和再利用的概念需要重新考虑，同时要牢记包装的主要功能（如食品保存、运输等），以及包装的安全性。

参考文献：

[1] IGNATYEV I A, THIELEMANS W, VANDERBEKE B. Recycling of polymer: a review[J]. ChemSusChem, 2014(7): 1579-1593.

[2] GEYER B, LORENZ G, KANDELBAUER A. Recycling of poly(ethylene terephthalate)- a review focusing on chemical methods[J]. Express Polymer Letter, 2016, 10(7): 559-586.

[3] RAGAERT K, DELVA L, VAN GEEM K. Mechanical and chemical recycling of solid plastic waste[J]. Waste Management, 2017(69): 24-58.

[4] CURTZWILER G, VORST K, DANES J E, et al. Effect of recycled poly(ethylene terephthalate) content on properties of extruded poly(ethylene terephthalate) sheets[J]. Journal of Plastic Film and Sheeting, 2011, 27(1-2): 65-86.

[5] WEITHMANN N, MÖLLER J N, LÖDER M G J, et al. Organic fertilizer as a vehicle for the entry of microplastic into the environment[J]. Science Advances, 2018, 4(4): 1-7.

[6] WELLE F. Twenty years of PET bottle to bottle recycling-an overview[J]. Resources Conservation and Recycling, 2011, 55(11): 865-875.

[7] ANOUAR B S, GUINOT C, RUIZ J C, et al. Purification of post-consumer polyolefins via supercritical CO_2 extraction for the recycling in food contact applications[J]. Journal of Supercritical Fluids, 2015(98): 25-32.

[8] PALKOPOULOU S, JOLY C, FEIGENBAUM A, et al. Critical review on challenge tests to demonstrate decontamination of polyolefins intended for food contact applications[J]. Trends in Food Science & Technology, 2016(49): 110-120.

[9] POCAS M F F, OLIVERIA J C, PINTO H J, et al. Characterization of patterns of food packaging usage in Portuguese homes[J]. Food Additives and Contaminants Part A, 2009, 26(9): 1314-1324.

[10] CAMACHO W, KARLSSON S. Quality-determination of recycled plastic packaging waste by identification of contaminants by GC-MS after microwave assisted extraction(MAE)[J]. Polymer Degradation Stability, 2000, 71(1): 123-134.

[11] DUTRA C, PEZO D, FREIRE M T D, et al. Determination of volatile organic compounds in recycled polyethylene terephthalate and high-density polyethylene by headspace solid phase microextraction gas chromatography mass spectrometry to evaluate the efficiency of recycling processes[J]. Journal of Chromatography A, 2011, 1218(10): 1319-1330.

[12] NERIN C, ALBINANA J, PHILO M R, et al. Evaluation of some screening methods for the analysis of contaminants in recycled polyethylene terephthalate flakes[J]. Food Additive and Contaminants, 2003, 20(7): 668-677.

[13] BAYER F L. Polyethylene terephthalate recycling for food-contact applications: testing, safety and technologies: a global perspective[J]. Food Additive and Contaminants, 2002, 19(Suppl. l): 111-134.

[14] FRANZ R, MAUER A, WELLE F. European survey on post-consumer poly(ethylene terephthalate)(PET) materials to determine contamination levels and maximum consumer exposure from food packages made from recycled PET[J]. Food Additive

and Contaminants, 2004, 21(3): 265-286.

[15] TRIANTAFYLLOU V I, KARAMANI A G, AKIDA-DEMERTZI K, et al. Studies on the usability of recycled PET for food packaging applications[J]. European Food Research and Technology, 2002, 215(3): 243-248.

[16] WELLE F. Post-consumer contamination in high-density polyethylene(HDPE) milk bottles and the design of a bottle-to-bottle recycling process[J]. Food Additive and Contaminants, 2005, 22(10): 999-1011.

[17] BENTAYEB K, BATLE R, ROMERO J, et al. UPLC-MS as a powerful technique for screening the nonvolatile contaminants in recycled PET[J]. Analytical And Bioanalytical Chemistry, 2007, 388(5-6): 1031-1038.

[18] LOPEZ M D C, PERNAS A L A, LOPEZ M J A, et al. Assessing changes on poly(ethylene terephthalate) properties after recycling: mechanical recycling in laboratory versus postconsumer recycled material[J]. Materials Chemistry and Physics, 2014, 147(3): 884-894.

[19] VILAPLANA F, RIBES-GREUS A, KARLSSON S. Analytical strategies for the quality assessment of recycled high-impact polystyrene: a combination of thermal analysis, vibrational spectroscopy, and chromatography[J]. Analytica Chimica Acta, 2007, 604(1): 18-28.

[20] KANWAL F, WARAICH S M, JAMIL T. FT-IR analysis of recycled polystyrene for food packaging[J]. Journal of the chemical society of Pakistan, 2007, 29(3): 239-242.

[21] DUTRA C, FREIRE M T D, NERIN C, et al. Migration of residual nonvolatile and inorganic compounds from recycled post-consumer PET and HDPE[J]. Journal of the Brazilian Chemical Society, 2014, 25(4): 686-696.

[22] KERESZTES S, TATAR E, CZEGENY Z, et al. Study on the leaching of phthalates from polyethylene terephthalate bottles into mineral water[J]. Science of the Total Environment, 2013, 458-460: 451-458.

[23] ENNEKING P A. Phthalate not in plastic food packaging[J]. Environmental Health Perspectives, 2006, 114(2): 89-90.

[24] PIVNENKO K, ERIKSEN M K, MARTIN-FERNANDEZ J A, et al. Recycling of plastic waste: presence of phthalates in plastics from households and industry[J]. Waste Management, 2016(54): 44-52.

[25] COULIER L, ORBONS H G M, RIJK R. Analytical protocol to study the food safety of (multiple-)recycled high-density polyethylene(HDPE) and polypropylene(PP) crates: influence of recycling on the migration and formation of degradation products[J]. Polymer Degradation Stability, 2007, 92(11): 2016-2025.

[26] PUYPE F, SAMSONEK J, KNOOP J, et al. Evidence of waste electrical and electric equipment(WEEE) relevant substances in polymeric food-contact articles sold on the European markets[J]. Food Additives and Contaminants Part A, 2015, 32(3): 410-426.

[27] SAMSONEK J, PUYPE F. Occurrence of brominated flame retardants in black thermo cups and selected kitchen utensils purchased on the European market[J]. Food Additives and Contaminants Part A, 2013, 30(11): 1976-1986.

[28] PUYPE F, SAMSONEK J, VILIMKOVA V, et al. Towards a generic procedure for the detection of relevant contaminants from waste electric and electronic equipment(WEEE) in plastic food-contact materials: a review and selection of key parameters[J]. Food Additives and Contaminants Part A, 2017(5): 1-17.

[29] WIDEN H, LEUFVEN A, NIELSEN T. Identification of chemicals, possibly originating from misuse of refillable PET bottles, responsible for consumer complaints about off-odours in water and soft drinks[J]. Food Additives and Contaminants Part A, 2005, 22(7): 681-692.

[30] WHITT M, VOTRST K, BROWN W, et al. Survey of heavy metal contamination in recycled polyethylene terephthalate used for food packaging[J]. Journal of Plastic Film & Sheeting, 2013, 29(2): 163-173.

[31] WHITT M, BROWN W, DANES J E, et al. Migration of heavy metals from recycled polyethylene terephthalate during storage and microwave heating[J]. Journal of Plastic Film & Sheeting, 2016, 32(2): 189-207.

低碳绿色化包装设计思路与应用案例

裴璐[①]

包装产业作为我国国民经济的重要组成部分，在满足民生需求、促进经济发展等方面发挥重要作用，受到市场竞争、环保理念薄弱等因素影响，包装行业特别是快速消费品包装领域，出现十分严重的"过度包装"现象，商品成本与包装成本之间存在严重的比例失调，同时一次性且不可自然降解的包装大量使用，导致包装废弃物剧增，带来了严重的经济负担和环境污染。为实现"双碳"战略目标，全面实施《中国包装工业发展规划（2021—2025年）》，显著提升包装产业的绿色发展水平，倡导"可持续性设计"和"低碳绿色化设计"。

一、低碳绿色化设计思路

低碳是指较少的温室气体排放，倡导低能量、低消耗、健康、安全的生活方式，反对高碳、高能源消耗和高污染，它是当今社会经济文化价值的核心指标之一[1]。绿色包装中的"4R1D"设计原则已被广为熟知，我国早在2009年发布并实施强制性国家标准《限制商品过度包装要求——食品和化妆品》（GB 23350—2009），该标准于2021年进行了修订（新标准号：GB 23350—2021）。新标准涵盖31类食品、16类化妆品，并明确规定了食品或化妆品内装物的体积是用净含量乘以必要空间系数来表示，必要空间系数的取值依据产品而定；国

---

① 裴璐，西安理工大学印刷包装与数字媒体学院讲师，研究方向：包装设计绿色化、绿色包装材料与工艺。

外，学者 Victor Papanek 于 1971 年撰写出版了"Design for the Real world: Human Ecological and Social Change"是最早关注环境生态设计问题的研究资料[2]。

低碳设计是指在产品整个生命周期中的设计、生产、贮运、销售、使用和回收等各个环节降低温室气体排放，在保证产品应有的功能、质量和寿命等前提下，综合考虑碳排放和高效节能的现代设计方法。作为面向节能的生态化设计技术之一，低碳设计技术已被视为从源头上降低产品碳足迹（carbon footprint）的有效途径，强调减量化、再利用、低排放和再循环，充分体现了人类道德、社会责任、生态环境与经济效益多方协调的新型产品设计关系[3]。低碳设计理念与绿色包装设计理念相一致，在绿色包装设计的基础上，更倾向于商品包装系统和全生命周期的资源节约和高效利用，以最低的包装成本发挥最大的功能。以此为原则，低碳绿色包装可以遵循以下设计思路。

（一）以生命周期理论评价并完善产品包装系统设计

生命周期评价（LCA）是一种用于评估产品在其整个生命周期中，即从原材料的获取、产品的生产直至产品使用后的处置，对环境影响的技术和方法。传统的包装设计流程一般由原材料选择到商品销售、使用，对用后处理关注很少，这也成为包装废弃物大量产生并难以处理的原因之一。如果设计阶段能以 LCA 理论进行指导，全面关注并评价包装原材料、设计、制造、储运、使用、回收等各个环节的环境特征和资源属性，预先规划生产流程，明确或引导包装用后资源化处理，由此可实现减少资源和材料的消耗，降低生产能耗，达到包装系统的低碳绿色化。

研究学者林铭香以日常的牙膏包装为例对其进行了生命周期评价分析，牙膏内包装为复合塑料管，外包装采用 400g/m² 白卡纸制造的折叠纸盒，利用胶版印刷，过 UV 光油[2]。2020 年全年国内牙膏产量约有 70 亿支（按照 100 克/支统计），根据相关数据[2]测算其使用的包装会释放出超过 12 万吨 CO_2 和 CO 等气体，需要 800 余公顷的森林才能完全吸收。

（二）以循环再生理念打造"零废弃"包装

这一概念最早出现于 20 世纪 70 年代中期，美国化学家保罗帕尔默博士在奥克兰成立了名为 Zero Waste System Inc 的公司，主要业务是回收化学、电子垃圾进行再生研究，为废弃物产业化的发展提供技术支持。[4]

"零废弃"包装是以包装废弃减量、物质资源优化整合、降低能耗为目标的一种包装形式，是一个相对概念。"零废弃"是指在包装功能结束后可以通过使用可自然降解、可再生利用的材料实现废弃后的资源化处理，不会对环境造成不利影响，实现资源的循环再生；也可以通过模块化结构设计在不影响包装必需功能的前提下，实现用后易拆解，有助于减少产品全生命周期各环节的直接或间接碳排放[1]。

（三）以结构和造型突出商品、品牌特征，减少印后工艺

传统的包装信息传达主要依靠印刷的图文完成，很多企业或设计人员为了扩大宣传，突出品牌，追求各种色彩炫丽的视觉效果，导致生产工序、辅助材料增加，生产能耗提高。而以包装结构和外观造型的新颖设计突出产品、品牌特征，采用新媒体信息技术或工具完成信息传达，是实现包装低碳绿色化设计的重要途径之一。包装视觉形象的扁平化设计已成为简约设计主流方式[1]。

二、低碳绿色化包装设计案例

近年来，在快消品行业制造商和包装设计机构引领下，全球掀起了低碳、简约设计风潮。在节能降耗、资源节约方面做出了良好示范。

2021 年 3 月，喜力集团宣布联合非营利组织 Glass Futures 及供应商 ENCRC，共同开展关于生产低碳玻璃的科学研究，成品如图 4-14 所示。采用生物燃料取代传统的天然气，并将包装瓶的回收利用率提高到 100%，通过这种低碳生产方式，每增加 10% 的再生玻璃，就能减少生产过程中 5% 的碳排放。[5]

图 4-14 低碳玻璃瓶[5]

2021 年 12 月，金典在全国首发"0 铝箔低碳无菌纸基"复合包装，如图 4-15 所示。作为 SIG 康美包开发的"升级版"，取代了原有复合材料中的铝箔层，简化了材料类别，可降低废弃后的处理难度。经中环联合认证中心 CEC 权威认证，该包装的碳足迹减少率高达 41.8%。[5]

图 4-15 "金典"乳品新包装[5]

在国际饮料包装市场上,"无标签"饮料瓶包装最早在日本出现。2022年4月,全球饮料的领导者——可口可乐推出全新设计的可口可乐和零糖可口可乐,两款新品包装均采用100%可回收无标签聚酯(PET)瓶,瓶身仅有logo "Coca-Cola"的凹陷字样,如图4-16所示,新包装每瓶(350mL)比相同尺寸的传统无标签PET瓶轻2g,可减少二氧化碳排放量约60%。[6] 现在在国内市场上部分饮料制造商开始利用二维码或激光打印技术,将产品相关信息直接打印在瓶盖、瓶身上,探索"无标签"设计,以减少包装辅助材料和废弃物的循环处理工艺。

图4-16 可口可乐无标签包装[6]

在知名包装设计大奖Pentawards的获奖作品中,也出现了诸多以低碳、可持续发展为理念的包装设计作品。如2021年的金奖设计之一,如图4-17所示,该产品的外包装使用以绿色环保著称的纸浆模塑制品,赋予简约大方的设计,实现包装保护和信息传递的基本功能,与现有酒类包装相比,包装材料更具有环境友好性,设计简约,将简单、纯粹的品质传递给消费者。

基于取之于自然,回归自然的原理,通过改性加工的天然材料作为包装材料成为当今包装绿色化的方向,也是理想的食品内包装材料。同为Pentawards包装设计金奖作品,由西班牙爱德华多·德尔·弗雷尔(音译)工作室设计的橙汁包装,见图4-18,材料来自橙皮提取物,半透明的材料呈现出橙皮的质感,使内装物便于识别,具有安全可靠和可生物降解特性。

图 4-17　2021 年度 Pentawards 金奖作品[7]

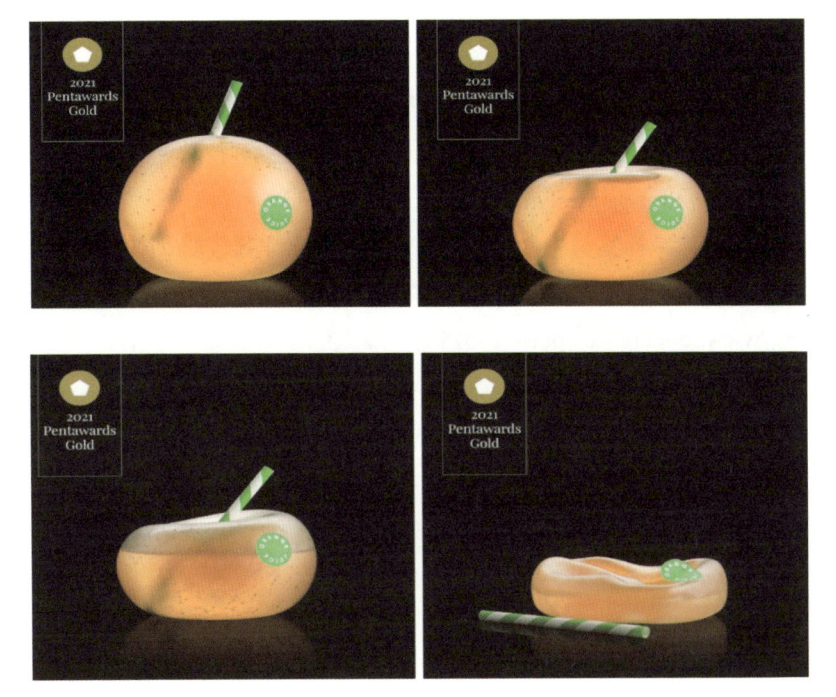

图 4-18　可降解的橙汁包装（BIO ORANGE JUICE PACKAGING SPAIN）[7]

三、结语

我国已经步入转变发展方式、优化经济结构、转化增长动力的攻坚阶段。科学总体设计、实现全生命周期、全系统的绿色化，是当今包装绿色化的目标，实施低碳、绿色、创新设计既是包装行业的内在诉求，也是响应国家高质量发展号召的重要手段。需要政府、社会、企业的共同努力，助力我国向碳达峰、碳中和战略目标坚定迈进。

参考文献：

[1] 余成，柳冠中．低碳理念下产品包装的简约设计研究 [J]. 包装工程，2015, 36(18): 37-40.

[2] 文岩．生命周期理论下的绿色包装低碳化设计研究 [D]. 桂林：广西师范大学，2022.

[3] 赵燕伟，洪欢欢，周建强，王欢，王宏伟，姜高超，陈建．产品低碳设计研究综述与展望 [J]. 计算机集成制造系统，2013, 19(5): 897-908.

[4] 施爱芹，俞洁．"零废弃"包装理论研究 [J]. 包装工程，2013, 34(11): 126-130.

[5] 艺术与设计．低碳、无标签、植物基……食品包装可持续的无限可能 [EB/OL]. 2022. 04. 22. http: //artdesign. org. cn/article/view/id/65624

[6] 减塑、减重、减标签……食品包装如何"减"出非凡气质？[EB/OL]. 2022. 10. 21. https: //www. jiemian. com/article/8244636. html
https://www.foodtalks.cn/news/23015

[7] Pentaward 官网．2021 获奖作品 [EB/OL]. 2022. https: //pentawards. com/ directory/en/page/the-winners?utm_source=web_ads&utm_medium=website&utm_campaign=2022_Winners_web_ads.

绿色包装数字孪生与三维仿生优化设计

潘玉军[①] 罗震

我国作为全球第二大包装大国及塑料包装需求最大的亚太国家，全年塑料包装消费量占亚太地区的60%左右。在"十三五"期间，包装行业遵循"减量化、再利用、资源化"原则，塑料等固废综合利用率达56%，资源利用能力显著增强；但我国单位GDP资源与能源消耗仍高于世界平均水平，环境保护与资源安全面临较大压力。随着塑料包装工业生产技术水平的提高和产品的更新换代，契合减塑低碳的可持续发展战略，消费者对塑料包装的品质和安全提出了更高的要求。在塑料包装领域，逐步应用于石油、日化、化工等，其所占据的比重也逐年增加。传统的塑料容器设计采用有限元模拟，在材料优化、尺寸优化和形状优化的前提下，设计的塑料容器结构，无法使塑料容器的静刚度、振动和碰撞性能达到最高要求。

中空包装容器的绿色化、轻量化和创新应用是塑料包装行业实现碳达峰、碳中和的重要手段，通过"产、学、研、用"合作模式，使中空包装容器的创新成果真正走向市场。本研究项目将数字孪生和三维仿生优化理论和智能智造技术引入传统生产线，对传统产业改造升级，使得生产线自动化、智能化水平得到较大幅度的提升，特别着眼于塑料包装母机的研发、模具开发和后段自动化，助力产品绿色化（轻量化）、可持续性（物理与化学发泡技术和再生料），在工厂智能化、数字赋能、低能耗的可循环产业链条等先进制造领域，构建高质量发展标准化体系，引领绿色创新，实现低碳、减碳和经济效益"双赢"。

---

① 潘玉军，山东中成包装科技有限公司，教授级高级工程师，研究方向：包装行业智能制造。

一、三维仿生中空容器优化设计

塑料中空容器的技术瓶颈是缺少遵循生命周期（6R1D）的绿色设计，在吹塑生产中，自动化程度低，产品稳定性差，周期时间长和耗电量大等成为突出问题。天津大学携手广东三庆智能有限公司和塑料包装生产企业及终端碧辟嘉实多润滑油包装用户合作攻关，覆盖"绿色材料与设计""清洁生产""智能包装设备与全自动生产线"及"塑料包装用户"等全产业链，以中空容器三维仿生绿色优化设计和数字化智能制造为切入点，进行产学研用联合攻关，历时多年完成了数字孪生与三维仿生优化设计和数字化智能制造系统，引领塑料包装绿色化高质量发展。

针对中空容器绿色包装减量化，即优化瓶体结构与外形、瓶口、瓶颈与瓶肩、瓶底等，创建了拓扑设计和流线型设计方法，并模拟研究其静刚度、振动和碰撞等结构性能，单位体积的抗压和跌落强度增加，壁厚均匀性提高50%，容器表面均匀性和光滑平整度提升100%；采用分型面优化模具设计，减小吹胀比，实现壁厚均匀、瓶口内壁光滑和饱满。

三维数字化仿生设计工艺是"认识原型—再现原型—超越原型"的过程，包括数据的获取、数据预处理、曲面重构、CAD模型构造等关键技术工艺。其中曲面重构是产品建模的重要环节，曲面重构的效果直接关系到后续产品模型的品质。三维数字化创新设计及定制化匹配设计工艺，使用专业软件完成设计开发。三维曲面重构软件有Geomagic design X、UG等，此外还有一些正向设计软件，如UG、Pro/Engineer、CATIA和Solid Works等自带逆向工程插件的三维重构软件。

依靠三维扫描仪工具进行数据采集，获得中空容器表面的空间坐标，通过正向与逆向设计方法，模拟真实瓶体各力点和变形状态。采用有限元技术进行壁厚与刚度的拓扑结构设计，利用流线型组合实现外观与功能协调统一。

以整个结构质量为最小目标函数，以材料优化、尺寸优化和形状优化为变量，约束条件为强度大小、变形性、稳定性等。在一定限制（约束）条件下，寻求一组设计参数（变量），使设计对象的某项设计指标（目标）达到最优。采用 CAD/CAM/CAE（ANSYS）等模拟技术进行了设计验证，研究中空容器结构的静刚度、振动和碰撞等性能。将仿生优化设计拓展应用到模具水道仿形设计与加工，实现了高性能冷却和快速成型。

二、全流程中空容器数字化智能制造系统研制

以三庆福德隆智能多模多层多腔旋转油电混动吹塑机为母机（智能旋转吹塑机如图 4-19 所示），建立了中空容器在线称重与反馈的闭环控制模型，开发以流胶曲线、径向和轴向口模尺寸形状为参数，设计吹塑工艺过程的最优监控技术；构建中空容器智能检测和闭环反馈子系统、多层共挤吹塑成型模头和尺寸测量智能双臂机器人等，打造"中央供料系统—自动混料—吹塑成形—多点壁厚控制—模具成型—自动打边—100% 在线称重—试漏—带有视频检测不干胶贴标—机器手自动包装"的全流程塑料包装生产线，生产的中空润滑油包装瓶同等容量下重量最轻（1L，50g；4L，155g），抗跌落性能得到有效提升（2.0m 三次跌落无开裂和漏液）。

图 4-19 三庆福德隆智能旋转吹塑机

全流程中空容器数字化智能制造系统具有以下几方面特点。

（1）创新性集合物理微发泡技术，将 CO_2 或 N_2 溶解到热熔胶中，保持单相熔体恒压，保证了不同位置的均匀收缩，使其微孔结构规整、分布均匀。

（2）低能耗：通过独有旋转吹塑技术，实现低容量配备和低功率消耗，对比传统平移式吹塑机节约 30%～50%。

（3）快速换色与换模系统：通过三维仿生优化模头设计，减少换色时间和原料损耗，换色时间和原料消耗减少了 80%；旋转工位的结构设计和快速锁模、定位装置构成快速换模系统，平均换模仅用时 15 分钟。

（4）合模力低能耗稳定调节：融合机械机构与伺服电机接续联动合模机构，大幅减少合模所消耗电力，提高合模稳定性和合模机构寿命。

（5）PCR（再生料）添加适宜性改进，针对再生料添加的趋势，研发新型挤出系统，改进冷料进料结构、螺杆螺旋线分段曲率、优化模头流胶曲线等，再生料的添加可以达到 100%。为塑料的循环利用提供了设备解决方案。

（6）对中空容器进行在线称重和视觉检测，实时监控其重量和壁厚；采用 3D 扫描生成多点径向和轴向壁厚监控量，实时优化流胶曲线，制造各类异形瓶。

关键技术创新点包括：

A. 中空容器智能检测系统（图 4-20）。

图 4-20　在线视觉检测

根据工艺参数，选择流胶头和流胶曲线，自动混料并实时监测壁厚，实时调整型胚，以保证均匀壁厚。

B. 中空容器反馈系统。

根据压力、气量、模具温度、开合模速度和周期，对吹塑中空容器进行尺寸、壁厚等控制。

（7）基于 PLC 控制的中央供料系统：根据用料情况，自动排序、集中控制，实时检测并反馈原料状态，确保供需平衡，发生故障及时警示。

全自动智能多层共挤吹塑一体设备准确地分配中空容器原料，实时监控并调整工艺，在最优状态加工。同时微发泡成型技术具有减少原料使用、成本低和节约能源优势，依据产品重量和尺寸，平均每个产品节材 3% ~ 15%。如图 4-21 所示。

图 4-21　发泡材料横截面放大图

三、数字孪生与中空容器闭环反馈系统

本项目建立了中空吹塑瓶制造单元和吹塑瓶加工虚拟环境孪生模型，在物理世界和数字世界之间建立实时联系：

（1）物理场景监测系统：对中空容器在线称重和视觉检测等加工参数以及重量、壁厚和几何形状进行实时监控，并进行吹塑瓶生产信息集成与传输；

（2）数字模型建立：利用孪生虚拟吹塑瓶生产场景，进行三维数字建模，精准映射其重量、形状和性能，对吹塑的生产工艺、几何形状模型和力学性能进行评价，对吹塑过程进行更加真实和全面监控。

采用 3D 扫描生成多点径向和轴向壁厚监控量，调整流胶曲线，制造各类异形瓶，实现"传感器数据—数字孪生模型—虚拟吹塑工艺评价—物理场景中空瓶质量控制"全过程闭环反馈控制。

四、结语

本研究项目将数字孪生和三维仿生优化理论和智能智造技术引入传统生产线，对传统产业改造升级，使得生产线自动化、智能化水平得到较大水平的提升，特别着眼于塑料包装母机的研发、模具开发和后段自动化，助力产品绿色化（轻量化）、可持续性（物理与化学发泡技术和再生料），在工厂智能化、数字赋能、低能耗的可循环产业链条等先进制造领域，构建高质量发展标准化体系，引领绿色创新，实现低碳、减碳和经济效益"双赢"。

基于知识图谱的国内塑料包装研究可视化分析

王建华[①]　马华茜

塑料包装是以高分子树脂为主要材料，在增塑剂、发泡剂、稳定剂等添加剂的帮助下，通过吸塑、注塑、吹塑、挤出等成型工艺加工而成的具有包装作用的产品。我国是世界包装制造和消费大国，塑料包装在我国已有较长的发展历史，且形成了较为成熟的产业链，在包装产业总产值中的占比已超过30%[1]。随着2022年全国两会落下帷幕，作为碳中和以及节约资源的重要抓手，绿色包装、塑料减量及污染治理成为社会及众多学者不约而同的关注焦点。塑料包装作为我国包装产业的重要组成部分，系统分析塑料包装的研究现状及其发展趋势对包装行业的发展具有积极意义，使其在绿色、创新、可持续等方面更进一步。

本研究基于Citespace知识图谱与CNKI文献计量，探讨近十年国内塑料包装领域的研究热点与发展趋势。通过系统检索2013年至2022年中国知网（CNKI）数据库关于塑料包装领域研究的相关文献，运用Citespace（5.7.R5版本）软件对其进行可视化分析，包括年发文量、研究作者、研究机构、期刊来源、研究热点、研究趋势演变等方面，分析近十年我国塑料包装的热点主题和未来发展方向。分析可知，我国塑料包装领域的成果显著，发文量整体呈现上升趋势，高产作者群已具稳定规模，研究机构之间的学术合作呈现小聚集，大分散的态势，并从关键词的共现、聚类、突现分析中，得到近十年国内塑料包装研究热点和趋势是以环保、可持续、高性能、智能化为导向，主要包括：绿色环保包装材料的研发和应用，电子商务包装材料的研究和应用，高性能复合材料包装的研究和应用，塑料

---

① 王建华，桂林理工大学艺术学院副教授，研究方向：绿色包装设计

循环回收利用的技术创新,智能化包装研究。以期为相关科研工作者与我国塑料包装相关研究提供参考。

一、数据来源与研究方法

（一）数据来源

分析国内塑料包装领域的研究数据,以中国知网为数据检索平台,通过高级检索,以主题词"塑料 and 包装"or"塑料包装"两组词汇为检索词,通过精确匹配的方式对主题词进行检索,时间跨度为 2013 年 1 月 1 日到 2022 年 12 月 31 日,共得到中文文献 6429 条检索结果。通过去除报纸、图书、会议视频、会议记录等无关文献类型,以学术期刊和学位论文类型为主,得到 6290 条检索结果。然后进行二次筛选,进一步去除重复文献、作者撤稿及作者信息缺失文献,最终得到 6242 条文献,文献数据来源检索信息见表 4-3。

表 4-3 文献数据来源检索信息

	检索内容
数据来源	中国知网 CNKI 数据库
检索格式	主题 = "塑料 and 包装" or "塑料包装"
文献语种	中文
文献类型	学术期刊和学位论文
文献筛选精炼结果	剔除作者撤稿及作者信息缺失文献 5342 条

（二）研究方法

Citespace[2] 能够通过对时间切片的处理对文献共引情况进行分析,并且可以呈现关键信息的发展趋势动态。本文数据分析工具主要采用 Citespace（5.7.R5 版本），同时以 CNKI 的计量可视化分析工具为辅助。具体步骤为：将整理的文献数据以 Refworks 格式导出，导入 Citespace 进行数据转换，然后创建新项目，设定时间切片区 2013 年 1 月至 2022 年 12 月，单块切片为 1 年，选取文献标准为每年被引频次的前 50 篇（Top N 值 =50），剪切方式（Pruning）设定为修剪切片网络法和寻找路径法；再次调整不同参数的节点类型（Node Types）对国内塑料包装研究领域分别进行年发文量、作者、机构的合作网络共现分析；关键词的共现、聚类、突现分析以及研究热点演化，具体研究流程和框架见图 4-22。

图 4-22 研究流程和框架

二、知识图谱构建与分析

（一）年发文量分析

年度发文数是检测科学研究成果的重要指标之一，是研究持续性与关注度的体现，发文数量越多，持续时间越久，代表该领域的研究关注度越高，发展越快[3]。根据中国知网发文量与发文年份进行国内塑料包装研究领域的年发文量可视化，得到 2013 年至 2022 年（近十年）发文量分析图谱见图 4-23。由图 4-23 可以看出，国内塑料包装领域整体呈现急速增长的趋势，且在 2021 年达到峰值，

并且拟合度 R^2 达到 0.845，说明其拟合效果较好，可信度较高，可见近十年关于塑料包装领域方面的研究是各大学者关注的热点内容。

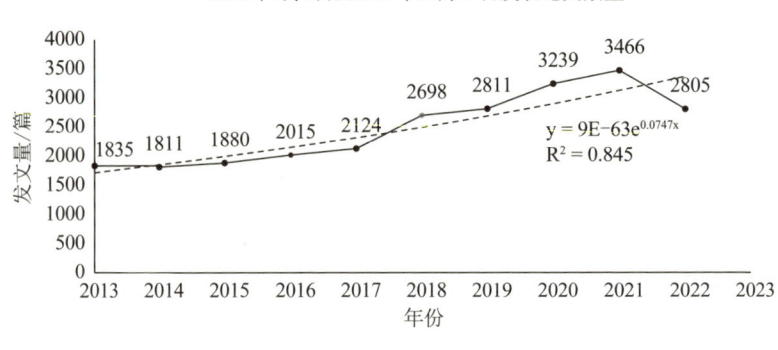

图 4-23 近十年的发文量分析图谱

（二）研究作者分析

通过 Citespace 中 Author Node Type 得到国内塑料包装领域的研究作者分布及其合作关系图谱见图 4-24。该图显示共有 991 个网络节点，其节点处的作者名字越大表示该作者的学术成果越多。从 2020 年到 2022 年，该领域作者张友根最大发文量为 72 篇，在整个网络中具有较大的影响力，是该阶段的最高产出者。除此之外，还有缪惟民、王克俭、钱伯章、陈昌杰、林勤保、郑宁来等 12 人产出 15 篇以上成果，已形成一定导向性的高产群体。

共现网络中各节点之间通过不同色彩、不同粗细的线段相连接，代表了各作者之间的合作关系程度。线段颜色越深、尺寸越粗，表示作者之间的合作时间越早、密切度越高。如图 4-24 所示，该领域研究者之间的合作较为密切，且形成了许多大大小小规模的团队群体。其中以贾芳、谢文缄、候向昶等人组成的合作群体和以宁军、刘勇等人组成的团队群体合作时间较早，团队成员参与多，团队内部结构稳固；而发文量最多的张友根，几乎每年都有发文，但尚未形成团队规模；除此之外还有一些规模稍小的高校研究团队，合作时间较晚，合作范围稍小。

整体而言，塑料包装领域的研究作者，大多涉及研究院、化工企业、包装联合会、高校等团队，规模大小不一，整体呈现较为成熟、稳固的态势。

图 4-24　研究作者及其合作关系分析图谱

（三）期刊来源分析

通过对各个期刊的发文量和占比进行统计，得到近十年国内塑料包装研究领域的来源期刊发文量及占比分析见图 4-25。其中发文量位列第一的期刊是复合影响因子达 0.508，综合影响因子为 0.305 的《绿色包装》，共计发文量为 440 篇，其占比达到 13.66%，具有较强的学术影响力。从图 4-26 来源期刊占比分析中还可以看出，该研究领域内的核心期刊有塑料科技、包装工程、塑料工业、工程塑料应用、中国塑料、食品安全质量检测学报，约占来源期刊总数据的 20%，非核心期刊约占 80%。除此之外还有一些高校学位论文如天津科技大学、湖南工业大学、江南大学、华南理工大学等。这些文献来源都是塑料包装研究的重要载文平台，其研究主题覆盖包装盒、制备方法、塑料包装、包装材料、包装箱、包装袋、食品包装、塑料瓶、塑料膜等，研究学科主要集中于工业通用技术及设备、轻工业手工业、有机化工、工业经济、化学等，可以得知这是塑料包装常涉及的领域。

图 4-25 来源期刊发文量及占比分析

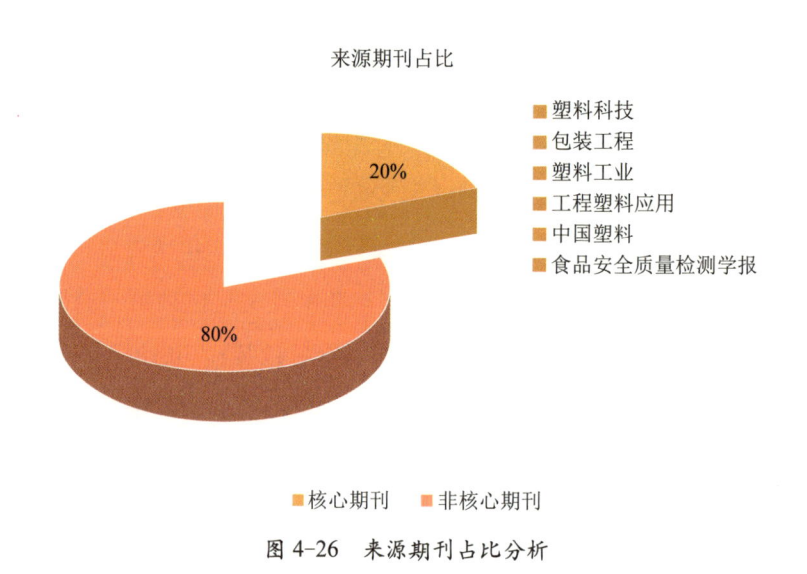

图 4-26 来源期刊占比分析

（四）研究机构分析

通过 Citespace 中 Insititution Node Type 得到国内塑料包装领域的研究机构分布及其合作关系图谱见图 4-27。与研究作者分布及其合作关系图谱同理。网络节点表示研究机构，节点之间的线段表示机构之间的合作关系。节点的大小与其学术产出量呈正比。从图 4-27 中可以看出，该研究领域的机构共有 685 个，主要集中在上海、广州、南京等研究院和企业公司以及部分湖南、北京、天津等高校。其中产出排名前十的机构分别是发文 38 篇的上海浦东新区，发文 31 篇的广州质量监督检测研究院，发文 30 篇的湖南工业大学，发文 22 篇的中国石化扬子石油化工有限公司南京研究院，发文 19 篇的暨南大学包装工程研究所、宁波海达塑料机械有限公司，发文 18 篇的济南兰光机电技术有限公司，发文 16 篇的江门出入境检验检疫局、江苏省产品质量监督检验研究院以及发文 14 篇的北京化工大学机电工程学院研究院。

图 4-27　研究机构分布及合作关系分析图谱

（五）关键词分析

1. 关键词共现分析

关键词是文献信息的高度浓缩，表现了研究者的研究方向和目的，关键词出现频率越高，则可以反映该领域研究的研究热点和发展趋势[4]。通过 Citespace 中 Keyword Node Type 得到国内塑料包装领域的关键词共现图谱见图 4-28。节点越大，表现其出现的频率越高。从图 4-28 中可以看出，共有 613 个关键词节点，其中出现频率最高、共现最多的关键词是塑料包装，出现频次为 449 次，中心性为 0.15。除此之外，通过统计该领域出现频次排名前 30 的关键词，并对其中心性、首现年份进行研究见表 4-4。

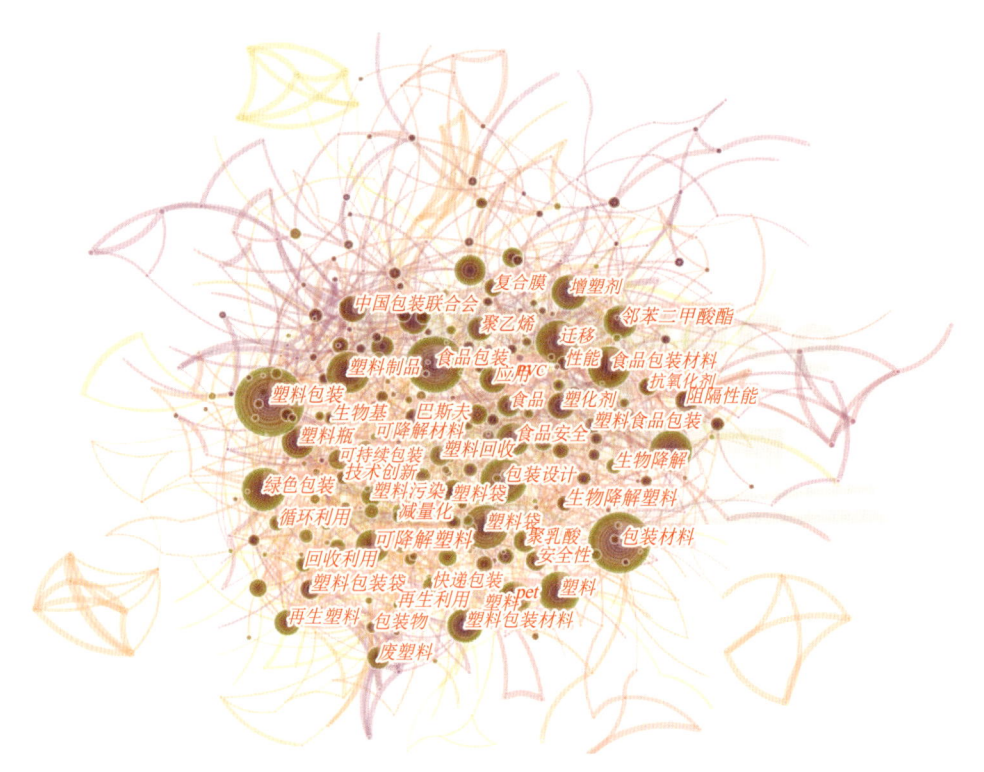

图 4-28 关键词共现网络图谱

表 4-4　关键词统计

序号	关键词	频率	中心性	首现年份
1	塑料包装	449	0.15	2013
2	包装材料	279	0.14	2013
3	食品包装	244	0.26	2013
4	塑料袋	157	0.13	2013
5	迁移	143	0.08	2013
6	塑料制品	143	0.28	2013
7	包装设计	132	0.09	2013
8	食品包装材料	123	0.05	2013
9	绿色包装	122	0.09	2013
10	包装	119	0.04	2013
11	塑料	110	0.14	2013
12	邻苯二甲酸酯	107	0.02	2013
13	增塑剂	105	0.07	2013
14	塑料包装材料	100	0.12	2013
15	塑料瓶	86	0.10	2013
16	食品安全	84	0.08	2013
17	可降解塑料	82	0.07	2013
18	塑料包装行业	73	0.07	2013
19	塑化剂	68	0.04	2013
20	PET	68	0.09	2013
21	中国包装联合会	63	0.06	2013
22	塑料软包装	61	0.07	2013
23	塑料污染	61	0.03	2018
24	应用	60	0.17	2013
25	阻隔性能	59	0.12	2013
26	再生塑料	59	0.09	2014
27	食品	55	0.07	2013
28	可持续包装	54	0.03	2015
29	聚乳酸	51	0.05	2014
30	生物塑料	51	0.08	2014

这 30 个关键词，可以划分成三个区域关键词组，一是塑料包装、包装材料。绿色包装一直是塑料包装领域研究的重点。塑料污染、回收利用、绿色包装、可持续包装、塑料瓶等关键词是塑料包装领域研究的关键，其频次和中心性都较高。二是食品包装涉及的食品接触材料和安全性，如阻隔性能、食品、食品接触、食品包装、发泡餐具等关键词，它们的中心性和频次较高，这是由于食品包装设计中食品与材料接触之间的规范标准。三是塑料包装材料的研究与应用。如可降解塑料、生物降解塑料、再生塑料、技术创新、塑料回收等关键词，这是由于该类关键词是塑料包装带来环境影响所涉及的解决方案。

2. 关键词聚类分析

在上述关键词共现图谱的基础上利用索引词汇（Indexing terms）进行关键词聚类分析，得到关键词聚类图谱见图 4-29，得到 16 个显著聚类标签即 #0 迁移、#1 塑料污染、#2 中国包装联合会、#3 绿色包装、#4 包装、#5 包装设计、#6 塑料包装行业、#7 塑料工业、#8 食品包装、#9 包装材料、#10 阻隔性能、#11 巴斯夫、#12 塑料轴承、#13 丝蛋白、#14 研究、#15 热塑性聚合物，具体关键词聚类的相关数据统计表见表 4-5。Citespace 依据网络结构和聚类的清晰度，设计提供了模块值 Q 值（Modularity）和平均轮廓值 S 值（Silhouette）两个指标，用来作为评价聚类图谱绘制效果的依据。从图 4-29 中可以看出，这 16 个聚类标签的平均轮廓值 S=0.8055 且大于 0.7，模块值 Q=0.5707 且大于 0.3，可以表明该聚类结构是合理可靠的，具有较高的可信度。

由于，在聚类标签词的词义中存在重叠，如"包装""包装设计"和"绿色包装"，于是本文结合所研究的文献数据和关键词组的分析，将其归纳为五大研究主题："材料性能与制造工艺研究""可持续性研究""环境、人体健康影响及解决措施研究""塑料包装与食品安全研究""创新与发展研究"，见表 4-5 关键词聚类主题统计表。

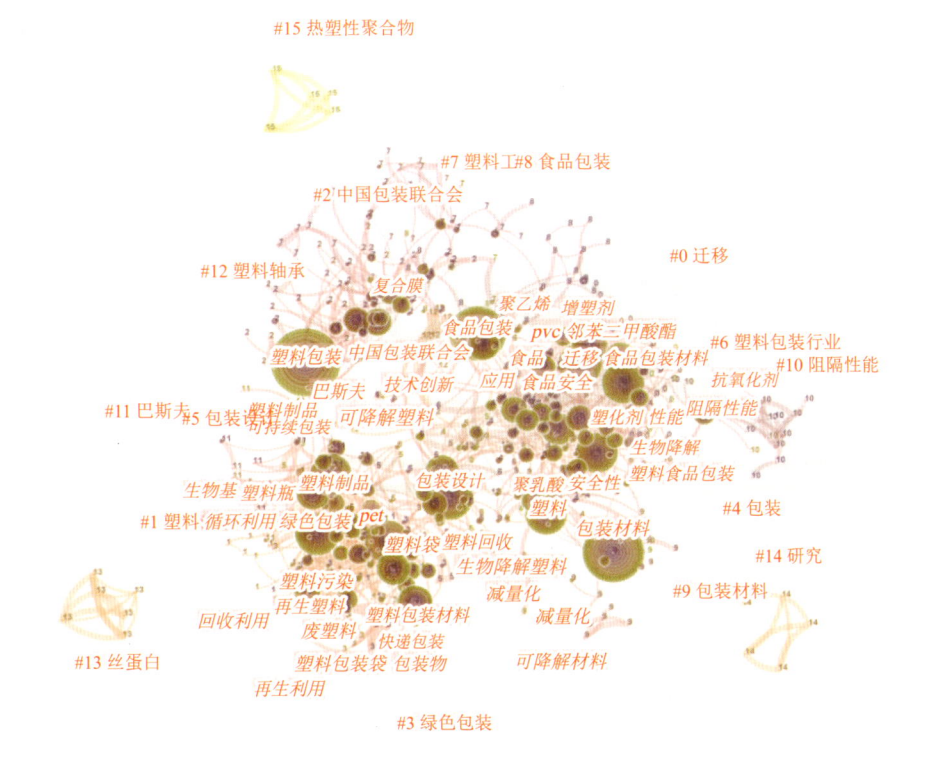

图 4-29　关键词聚类图谱

表 4-5　关键词聚类主题统计表

序号	聚类主题	聚类标签	出现频次较高的关键词（排列前8）
1	材料性能与制造工艺研究	#4 包装	包装、塑料、塑料包装、聚乳酸、应用、PVC、力学性能、塑料薄膜
		#10 阻隔性能	阻隔性能、注射成型、吹塑成型、可持续性、商品包装、保质期、COC、TOPA
		#15 热塑性聚合物	热塑性聚合物、热塑性聚合物改性及其发泡材料、发泡材料、热塑性、聚合物改性
2	环境、人体健康影响及解决措施研究	#1 塑料污染	塑料制品、塑料袋、塑料瓶、PET、可持续包装、塑料回收、塑料污染、再生塑料
		#14 研究	研究、解决方案、绿色高值化、废弃塑料包装、再生资源

231

续表

序号	聚类主题	聚类标签	出现频次较高的关键词（排列前8）
3	可持续性研究	#3 绿色包装	绿色包装、塑料包装材料、快递包装、循环经济、环保、包装废弃物、减量化、可持续发展
		#5 包装设计	包装设计、塑料包装袋、消费者、可降解、限塑令、技术创新、生物基、可重复使用
4	塑料包装与食品安全研究	#0 迁移	迁移、食品包装材料、增塑剂、邻苯二甲酸酯、塑化剂、抗氧化剂
		#8 食品包装	食品包装、一次性发泡塑料餐具、可再生、食品接触、发泡餐具、发泡塑料、食品相关产品、聚苯乙烯
5	创新与发展研究	#2 中国包装联合会	中国包装联合会、塑料软包装、包装领域、包装容器、包装机械、包装产业、工程塑料、多层共挤
		#6 塑料包装行业	塑料包装行业、可降解塑料、生物降解塑料、塑料行业、生物聚合物、同比增长、注塑机、包装袋
		#7 塑料工业	包装印刷、塑料工业、包装行业、包装工业、包装制品、国际包装、雅式展览、共混改性
		#9 包装材料	包装材料、特种塑料、可持续、原材料、高密度聚乙烯、陶氏公司、可再生能源、抗菌
		#12 塑料轴承	塑料轴承、塑料材料、回收再生、设计、智能制造、STAMID、可循环、高新材料
		#13 丝蛋白	丝蛋白、生物基塑料、木质纤维、合成材料、可替代、人造蜘蛛丝

（1）材料性能与制造工艺研究（聚类#4、#10）。

此关键词聚类研究主题是塑料包装材料开发和生产过程中重要的基础工作，可以为制定合适的生产工艺和质量控制标准提供参考依据。塑料包装材料的性能研究，主要涉及物理、化学及机械性能三个方面，而制造工艺技术包括挤出成型、吹塑成型、注射成型、真空成型等。通过从这些方面优化材料性能和制造工艺，能够起到对塑料材料包装的减薄，从而有效解决塑料包装产品造成的环境污染问题。如王富玉、郭金强等人[5]提到优化材料性能、包装制品结构等减量化技术，如薄膜与容器的减薄等，从减量化的角度阐释塑料包装材料环保化产品的理念。段瑞侠、刘文涛等人[6]通过分析聚乳酸（PLA）的原料、生产方法及在包装领域研究的应用现状，表示可分解生物基 PLA 在包装领域具有较高的发展前景，但仍需进一步优化其生产工艺，提高其应用价值。

（2）环境、人体健康影响及解决措施研究（聚类 #1、#14）。

此类关键词聚类研究主题是关于塑料包装所带来的环境影响方面的研究及相关解决措施。首先，塑料包装是现代生活不可或缺的一部分，它们让物品更加方便地被储存、运输和销售，但其造成的严重环境污染不可忽视。尤其是随着我国塑料工业迅速的发展，塑料制品生产量在世界始终位于前列，但同时也为塑料垃圾提供了丰富的来源，如快餐塑料盒、塑料袋、塑料饮料瓶等，这些塑料废弃物对环境造成严重的污染和危害。其次，塑料包装生产过程需要大量能源和化石燃料，导致温室气体排放和气候变化，进而危害人体健康。对此，不少学者进行了详细研究，如蓝敏怡、李会茹等人[7]详细阐述了塑料食品包装自身及其环境污染的过程和对生态、人类健康的影响，并提出了相关控制措施及今后的研究方向。邓义祥、雷坤、安立会等人[8]认为解决塑料污染的关键是对塑料垃圾进行有效控制，其根本措施是减少塑料垃圾的排放量，并分析了我国塑料垃圾管理存在的问题，提出了从污染源头加以控制的相关对策建议，强调加强技术研发与创新、资源化循环利用等。

（3）可持续性研究（聚类 #3、#5）。

此类关键词聚类研究主题是基于上述对环境影响的关注，进而对塑料包装的可持续性问题的研究热化。绿色包装、可持续性是世界包装行业发展的大趋势，研究如何通过可持续的方式来设计、生产和处理塑料包装是当前亟待解决的问题。王雪莹[9]从可持续理念和内涵的角度，结合塑料包装的综合特性及优秀设计案例，探讨并构建塑料包装的可回收设计策略如包装精简标签、消费者可及性、生物降解材料的应用及建立回收体系，为产业链上的每个参与者提供了一个新的设计维度。欧亚梅[10]提出绿色塑料——聚乳酸，认为其是实现包装绿色化的重要途径，同时以樱桃包装为例，验证了进行改性后的 TiO_2/聚乳酸复合纳米纤维材料是可持续环保包装材料研究的热点和发展趋势。塑料包装的绿色化、可持续是一个过程，不少学者还对其进行了深入研究，建立了科学、客观的评价方法。如李娜、李小东[11]根据塑料包装的生命周期，运用层次分析法（AHP）构建判断矩阵，采用和积法计算各评价指标，并验证了该方法的可行性，为塑料包装的绿色度评价提供了有效参考。

（4）塑料包装与食品安全研究（聚类#0、#8）。

此关键词聚类研究主题是以"食品包装"为中心展开。塑料包装在食品加工、运输和储存中一直扮演着重要角色，这些包装袋、容器等因其轻便、防水、防氧化、保鲜等优点在食品行业中占有重要地位。然而一些常见的塑料包装材料，如聚乙烯、聚丙烯等含有邻苯二甲酸酯类物质，影响人体健康。此外，一些包装材料中含有铝等有害元素，在储存和加热时影响食品的安全。因此，塑料包装与食品安全成为不少学者研究的热门议题，如张继斌[12]从包装材料和技术方面针对食品易受潮的安全问题进行研究，提出食品防潮包装存储时间的预测模型，并验证该模型的可行性。康智勇、杨浩雄[13]详细分析了影响食品塑料包装安全的因素，包括原材料、加工助剂、产品质量检验等，提出了提高食品安全性的措施。付露莹、王锐[14]从材料的使用上，综述了今年国内外食品包装材料的研究进展及存在的问题，对其发展趋势进行展望。除了从包装的材料和技术角度进行研究外，李宏刚[15]概述了塑料包装容器工具在食品行业中的应用现状，并分析其对食品安全性的影响因素，提出可以通过物理、化学的方法对塑料包装容器进行改善进而减少食品污染。吴刘一顺、刘跃军等人[16]通过分析总结了食品包装用生物基添加剂的分类、特性及应用范围，认为生物基添加剂因其独特而可再生性，是添加剂可持续发展的重要方向之一，在塑料食品包装方面前景和发展潜力巨大。

（5）创新与发展研究（聚类#2、#6、#7、#9、#13）。

此关键词聚类研究主题是随着科技的不断进步和市场需求的变化，绿色、低碳、可持续理念下的塑料包装创新与发展。在2022年绿色再生塑料供应链论坛上，专家发布了《SPHERE包装可持续性框架》，提到"塑料包装的污染问题，需要高度重视、推进合作、鼓励创新，才能取得切实成效"。因此，对塑料包装的创新和发展进行研究，以确保其可持续性和环保性具有重要意义。一方面，可以从材料和制造技术进行创新，来降低其对环境的影响，如王琳琳、陈衍玲等人[17]

通过分析不可降解和可降解生物基塑料在食品、医药等包装行业中的应用，强调生物基材料因独特的全生命周期减碳优势，是塑料包装材料创新发展的重要方向。张友根[18-19]提出了塑料包装成型加工绿色化技术持续创新的内涵，并论述其持续创新的九个方面的绿色化技术，强调各要素之间需要相互融合、联结，才能有效促进绿色化技术在动态化的市场环境中持续创新，除此之外，他[20-22]还详细分析研究了废弃塑料资源化绿色高值化的新技术、新装备、新工艺、新材料、新应用，提出了废弃塑料包装资源的创新策略，为塑料包装的创新与发展提供了有利价值参考。另一方面还可以通过设计创新塑料包装，从而提高效率和降低包装成本。如李静、刘畅等人[23]认为采用CAD技术可以优化包装材料及包装形式，降低包装成本并延长产品保质期。赵晓玉、廖伟[24]以未来使用场景结合GLOB设计案例来探索可持续设计在食品领域的可能性，通过试验对比食物废弃物与琼脂材料于食品包装的可能性，验证琼脂材料等藻类提取物更适用于未来可持续食品包装。此外，数字化技术的发展也为塑料包装的创新和发展提供了机遇，有助于推动开发出更精细的生产工艺和更智能化、视觉化的包装设计。刘曼[25]数字媒体在塑料包装平面设计中的创新应用，认为数字媒体技术的应用是塑料包装创新设计的必然趋势。

三、关键词突现分析

突现（Burstness）分析用于发现研究热点和学术前沿。通过对近十年塑料包装领域引用频次大幅上升的关键词进行突现分析，得到25个突现词，见图4-30关键词突现分析图谱。从图4-30中可以看出，我国塑料包装研究关键词突现的变化呈现三个阶段：

第一个阶段为2013—2015年，突现关键词为"塑料工业""国际包装""博览中心""增塑剂"等。2013年11月，由浙江省政府主办的首届中国义乌国际包装、印刷剂塑料工业展览正式在义乌国际博览中心展开；2015年8月，由中国包装联合会塑料制品包装委员会主办的第七届亚洲国际塑料包装工业展览会在北京举行。通过依托展会的规模和行业影响力，为加强了解、把握塑料包装行业的热点、市场动态寻求合作提供了极好平台和机会，进一步促进了国内及全球包装行业的调整、升级和发展。

Top 25 Keywords with the Strongest Citation Bursts

Keywords	Year	Strength	Begin	End	2013—2022
塑料工业	2013	9.5	2013	2014	
国际包装	2013	6.67	2013	2014	
博览中心	2013	6.23	2013	2014	
增塑剂	2013	5.79	2013	2014	
绿色化	2013	6.01	2014	2015	
特种塑料	2013	7.24	2015	2018	
阻隔件	2013	5.99	2015	2017	
食品接触材料	2013	7.11	2016	2017	
塑料轴承	2013	6.15	2017	2019	
可回收	2013	9.42	2018	2022	
微塑料	2013	9.34	2018	2022	
塑料垃圾	2013	8.96	2018	2019	
塑料吸管	2013	7.63	2018	2020	
塑料回收	2013	5.97	2018	2019	
可持续包装	2013	8.84	2019	2020	
可重复使用	2013	7.23	2019	2022	
垃圾分类	2013	6.85	2019	2022	
回收再生	2013	6.47	2019	2022	
塑料废物	2013	6.29	2019	2022	
塑料污染	2013	18	2020	2022	
限塑令	2013	9.53	2020	2022	
循环经济	2013	8.7	2020	2022	
限塑令	2013	8.2	2020	2022	
快递包装	2013	7.46	2020	2022	
纸质包装	2013	6.48	2020	2022	

图 4-30 关键词突现分析

第二个阶段为 2015—2019 年，突现关键词为"特种塑料""可回收""可持续包装""回收再生""塑料废物"等。塑料包装的研究重点开始逐渐转向环境保护和可持续性，优异性能的特种塑料、生物基塑料、环保型塑料等开始在市场崭露头角，颇具较大的市场潜力。国内特种塑料的产量和销量也在不断增加，广泛应用于食品和饮料包装机械领域。随着塑料材料及塑料制品遍及我们生活的方方面面，给我们带来便利的同时，其产生的塑料废物也给环境带来较大的威胁，即塑料行业发展的可持续性尤为重要[26]，可回收、可再生塑料也呈现出新的发展格局。

第三个阶段为 2019—2022 年，突现关键词为"塑料污染""限塑令""快递包装""纸质包装"。随着我国塑料生产量和使用量的急剧上升，所附带的塑料垃圾也急剧增加，塑料垃圾污染问题，也日益成为社会关注的焦点。"限塑令"是 2008 年 6 月发布，至 2018 年已过十年，面对十年限塑不理想的结果，"限塑令"的升级已十分必要。而在电商、快递等新业态的持续发展下，日益增加的快递塑料包装加剧了塑料污染的严重性。纸质包装的回收有利于环境保护，为促进社会可持续发展，纸质包装成为研究热点。

四、研究热点演化趋势分析

关键词时间线分析运用反映该领域研究热点随时间变化的主要研究内容，表示该时间段内的研究趋势。通过 Citespace 的 Timeline View 得到近十年我国塑料包装研究关键词时间线分布图见图 4-31。从图 4-31 中可以得知，2013 年以前，我国塑料包装的研究热度较高，发展迅速，且日趋广泛，在我国塑料工业发展中占有重要地位。2014—2018 年研究频率较为平稳，偶有上升；2019 年以后，研究频率有所下降，集中于对塑料的循环利用、生物降解、可持续性、绿色发展等开展探究。可见环境保护，是塑料包装研究的重点，也是长久之路。

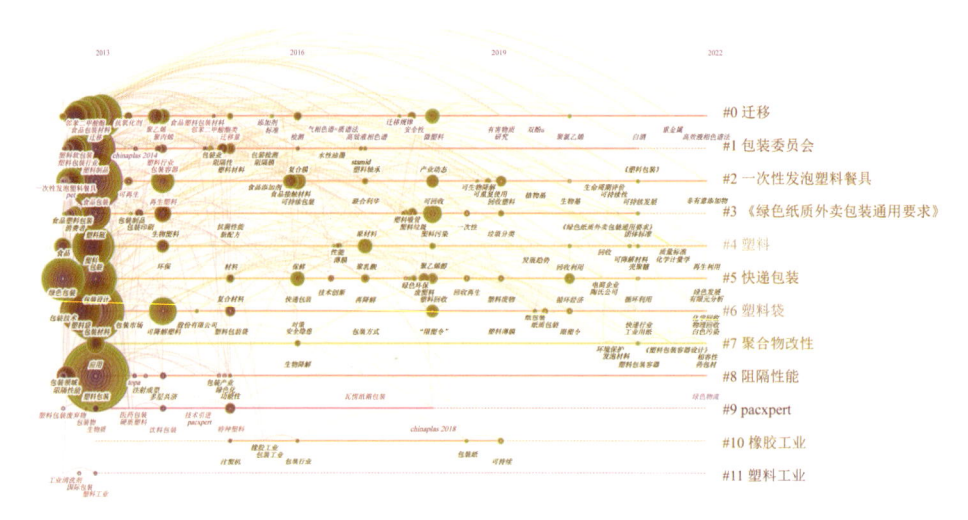

图 4-31　关键词时间线分布

而相较于时间线分布图（Timline），时区图（Timezone）是将所有关键词节点按照出现的年份分布在不同时区，从而明确该研究领域中研究热点的演变轨迹，见图 4-32 关键词共现时区分析。根据其关键词的发展变化趋势可以看出，国内塑料包装的研究向着可持续、绿色环保、智能化等方向进行探索，表现为聚合物改性、可降解技术和材料的应用、塑料包装容器、药包装材料、塑料瓶包装、有限元技术、产品包装设计等。

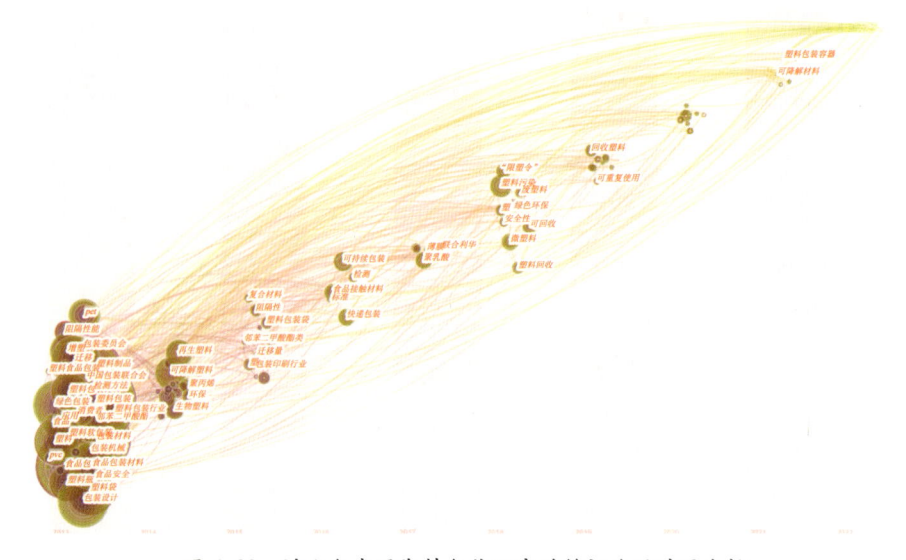

图 4-32　近十年我国塑料包装研究关键词共现时区分析

五、结语

本文通过运用 Citespace 和 CNKI 的文献计量可视化分析工具对国内近十年塑料包装进行分析研究，并得出以下结论。

（1）从年发文量、作者、机构、期刊来源四个方面出发，对近十年塑料包装研究概况展开分析，发现塑料包装领域的研究整体呈现上升趋势。在数据来源期刊排名前六位中，普刊和核心期刊分布均衡。研究作者形成了许多具有导向作用的核心作者群，多数为研究所或企业公司，高校团队占少部分，部分团队之间的学术联系较为密切，合作网络呈现普遍疏散、个别聚集的态势。

（2）从文献关键词出发，利用共现、聚类、突现、关键词时间线、时区对国内塑料包装领域近十年的研究热点进行了归纳总结，发现塑料包装研究热点随时间变化由包装材料本身的性能与应用向"绿色""可持续""生物降解""循环利用""智能化"等方向转变。具体表现为四个方面。一是塑料包装材料的可持续性。以聚乳酸（PLA）、淀粉基塑料等生物降解材料为代表，同时基于生物材料的"循环经济"理念，该类材料被广泛应用于生产。二是循环经济。它是一种可持续发展的经济模式，通过塑料回收和再利用来减少资源浪费和环境污染。三是智能化包装。可以通过采用传感器、RFID 等技术，实现对其感知、追踪、监测等，从而对其实现智能检测和管理。四是绿色包装。致力于绿色化生产流程和产品，运用环保材料、低碳技术，以实现可持续创新发展等。

参考文献：

[1] CHEN C. CiteSpace II: Detecting and Visualizing Emerging Trends and Transient Patterns In Scientific literature[J]. Journal of the American Society for Information Science and Technology, 2006, 57(3): 359-377.

[2] 张维佳. 洞察 2021: 中国塑料包装行业竞争格局及市场份额 [EB/OL] (2021-09-14) [20 22-11-05]. https: //www. qianzhan. com/analyst/detail/220/210914-80bc1c6c. html.

[3] 高云峰, 徐友宁, 祝雅轩, 等. 矿山生态环境修复研究热点与前沿分析——基于 VOSvie -wer 和 CiteSpace 的大数据可视化研究 [J]. 地质通报, 2018, 37(12):

2144-2153.

[4] 易行，白彩全，梁龙武，等 . 国土生态修复研究的演进脉络与前沿进展 [J]. 自然资源学报，2020, 35(1): 37-52.

[5] 王富玉，郭金强，张玉霞，等 . 塑料包装材料的减量化与单材质化技术 [J]. 中国塑料，2021, 35(8): 136-145.

[6] 段瑞侠，刘文涛，陈金周，等 . 包装用聚乳酸的改性研究进展 [J]. 包装工程，2019, 40(5): 109-116.

[7] 蓝敏怡，李会茹，胡立新，等 . 塑料食品包装材料的环境污染综述 [J]. 生态毒理学报，2021, 16(5): 186-210.

[8] 邓义祥，雷坤，安立会，等 . 我国塑料垃圾和微塑料污染源头控制对策 [J]. 中国科学院院刊，2018, 33(10): 1042-1051.

[9] 王雪莹 . 基于可持续理念的塑料包装可回收设计策略研究 [J]. 包装工程，2017, 38 (24): 52-55.

[10] 欧亚梅 . 绿色塑料的制备及其在包装领域的应用 [J]. 食品工业，2020, 41(11): 250-252.

[11] 李娜，李小东 . 基于层次分析和信息熵的塑料包装产品绿色度评价方法 [J]. 塑料科技，2019, 47(10): 51-55.

[12] 张继斌 . 基于食品安全的塑料食品包装设计研究 [J]. 食品研究与开发，2016, 37(22): 44-47.

[13] 康智勇，杨浩雄 . 我国塑料食品包装的安全性分析 [J]. 中国塑料，2018, 32(10): 13-19.

[14] 付露莹，王锐，张有林 . 食品包装材料研究进展 [J]. 包装与食品机械，2018, 36(1): 51-56.

[15] 李宏刚 . 塑料包装容器工具在食品行业中的应用 [J]. 塑料科技，2020, 48(10): 139-142.

[16] 吴刘一顺，刘跃军，石璞，等 . 塑料食品包装用生物基添加剂研究进展 [J]. 包装工程，2021, 42(13): 111-122.

[17] 王琳琳，陈衍玲，刘彩云，等 . 生物基塑料及其在包装行业的应用 [J]. 塑料包装，2022, 32(5): 12-16.

[18] 张友根 . 塑料包装成型加工绿色化技术的持续创新 (上)[J]. 橡塑技术与装备，2017, 43(20): 18-26.

[19] 张友根. 塑料包装成型加工绿色化技术的持续创新 (下)[J]. 橡塑技术与装备, 2017, 43(22): 20-24.

[20] 张友根. 废弃塑料包装资源绿色高值化解决方案的持续创新 (一)[J]. 橡塑技术与装备, 2018, 44(24): 23-31.

[21] 张友根. 废弃塑料包装资源绿色高值化解决方案的持续创新 (二)[J]. 橡塑技术与装备, 2019, 45(2): 27-30.

[22] 张友根. 废弃塑料包装资源绿色高值化解决方案的持续创新 (三)[J]. 橡塑技术与装备, 2019, 45(4): 15-23.

[23] 李静, 刘畅, 刘静. CAD 在塑料包装设计中的应用 [J]. 合成树脂及塑料, 2022, 39(3): 80-82+86.

[24] 赵晓玉, 廖伟. 可持续未来食品设计研究——以 GLOB 未来生鲜包装设计为例 [J]. 设计, 2021, 34(2): 139-141.

[25] 刘曼. 数字媒体在塑料包装平面设计创新中的应用 [J]. 塑料科技, 2021, 49(5): 119-121.

[26] 武占斌. 塑料的利弊及可持续发展对策研究 [J]. 现代经济信息, 2017(14): 334.

第五章
行业典型案例

数智科技、绿色生态：纸包装的创新解决方案

一、企业介绍

浙江大胜达包装股份有限公司（以下简称大胜达）成立于1999年，总部位于杭州市萧山经济技术开发区；2019年7月在上海证券交易所主板上市（股票代码：603687）。大胜达是国家重点扶持的高新技术企业、中国包装行业的龙头企业，是目前国内较大的集包装研发、设计、生产于一体的企业。近年来，企业以"绿色、创新、智能、高效"为宗旨，推进纸包装行业升级创新、通过自主研发、产学研合作等方式在智能制造、绿色制造、平台管理等方面做了大量积极有效的工作。先后被评为国家工信部"两化"融合贯标示范企业、工信部服务型制造示范项目、国家特色行业互联网平台、国家工业产品绿色设计示范企业、国家绿色工厂、浙江省未来工厂、浙江省重点工业互联网平台等荣誉。

大胜达目前在全国核心城市布点十余家，主要为国际、国内知名企业提供整体绿色包装解决方案，产品涉及瓦楞产品、烟盒烟标、酒类包装、环保纸模。瓦楞产品之一瓦楞纸箱通过核心技术研发，已经从原来作为轻工产品的包装延伸到重型包装、机器设备、摩托车、按摩椅等大型的包装；通过产品轻量化、减量化、功能性包装的开发，递进式推出了"绿色包装、智能包装、安全包装"等不断升级的三大包装体系，也开发出了防水、防火、阻燃、保鲜等系列功能性包装产品。瓦楞产品之展陈产品（图5-1）、家居家具，大胜达通过联合上下游产业、科研院所推进技术开发，将瓦楞纸应用到展馆搭建、办公桌椅以及超市陈列产品展架，市场潜力巨大，疫情期间杭州市方舱医院、临时场所已经大面积使用瓦楞方舱医院家具（图5-2）。

图 5-1　瓦楞纸展馆

图 5-2　方舱医院纸质家具

二、企业创新案例介绍

（一）面向大规模定制的纸包装"数字化工厂"管理

大胜达以大规模定制的客户需求为导向，不断深化推进智能工厂建设，实现从智能工厂到未来工厂的升级，引领纸包装行业高质量发展。项目主要从四个层面展开：装备互联，智能装备提供硬支撑；数据互联，智能管理提供软支撑；企业大脑，智能物联构建云大脑；行业大脑，智慧数联打通云神经。项目运用5G、人工智能、大数据、数字孪生、智能视觉识别、3D 成型模拟等技术，实现柔性化智能化生产、可视化协同化管理、数字化智慧化决策，推动公司全业务提质增效降本。

在"数字化工厂"的探索与实践中，大胜达联合北大开发工业物联操作系统、数据溯源工具等，实现数据融通；共同打造通知决策辅助平台，构建企业大脑，实现营销、设计、生产管控、检测、物流调试、设备管理的智能化；同时，通过行业大数据分析、网络协同设计、创新分布式响应模式等，实现生态共享、生态繁荣，形成如图 5-3 所示的数字化工厂管控架构。

通过推进"数字化工厂"建设，实现了以更短的时间，响应来自不同地理位置的顾客需求，实现了"12810"服务型制造新模式，产品销售"1小时订单需求响应、2小时接单，8小时产线投产，10小时订单交付"；产品服务"1小时投诉响应，2小时公司联动，8小时问题回复，10小时问题解决"。

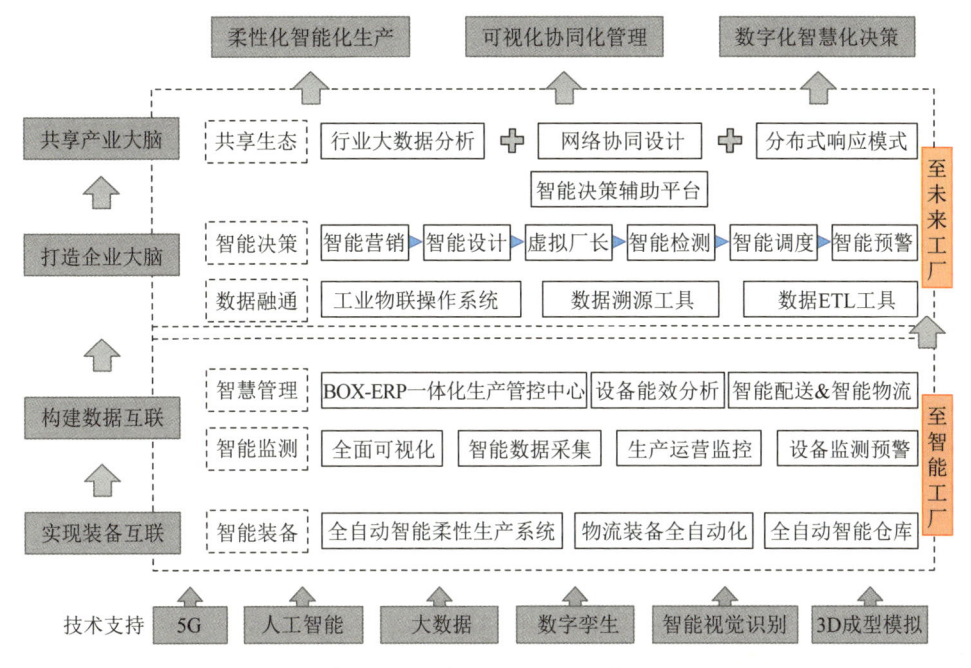

图 5-3 面向大规模定制的纸包装"数字化工厂"管理

（二）基于产品全生命周期的纸包装绿色生态发展模式

大胜达从战略高度落实产品全生命周期理念，把推行绿色生态发展作为企业实现战略目标的重要抓手，提升绿色低碳发展意识，培育和发展产品生态设计能力。打造出如图 5-4 所示基于产品全生命周期的纸包装绿色生态发展模式。

首先基于"整体理念"，构建了"源头绿色原材料设计、模块化设计、循环再生化设计、减量化设计、结构组合与可拆卸化设计、绿色制造工艺等"系统化的生态设计技术体系，牵头制定《绿色环保用快递瓦楞纸箱》，参与制定《GB/T 33764—2017 绿色产品评价通则》。

图 5-4 基于产品全生命周期的纸包装绿色生态发展模式

在采购环节，打造绿色供应链体系。大胜达使用环保印刷油墨，使用无毒害、无氟化材料，率先推广采用无污染的液体净化技术柔性印刷版。制定《批次号管理规定》《标识和可追溯控制程序》等，有效实现产品的可追溯性，建立全产业链材料追溯体系。在制造环节，建造绿色制造体系。大胜达组建生态设计推进领导小组，自主开发纸包装行业特有的 BOX-ERP 系统，基于全生命周期管理的理念，集成了企业从客户订货到生产计划、从原料采购到生产制造再到产品销售等整个流程。在流通环节，实现循环回收使用。大胜达推进 E 楞微型瓦楞纸板应用于集合化包装和电子产品内衬包装容器上，取代了过去采用的 B 楞、C 楞等单瓦楞纸板。此外，通过生命周期评价，明确了瓦楞纸箱对环境影响的关键工序和关键物料。通过采集并补充 LCA 评价数据，建立了瓦楞纸包装制品环境影响评价数据库，明确了企业绿色生态发展方向。

（三）智能制造背景下的纸包装全链质量管控模式

大胜达从研发质量、采购质量、制造质量到服务质量，实现全面质量管理的深化落地。以"精心设计、精良选材、精工制造、精诚服务"的"四精"理念为核心，从战略层面进行规划管理，构建大胜达特色的"智能制造背景下的纸包装全链质量管控模式"（图 5-5），形成大质量观的质量文化。具体而言，依靠强大研发实力，构建研发质量管理体系，基于全生命周期管理，实现生态绿色设计，打造绿色供应链；通过仓储物联网，实现采购智能化控制；基于智能质量分析，打造纸包装智能制造协同体系，通过全要素质量控制，实现物联网智能控制，以在线检测为基础，建立全过程质量追溯体系；引入车联网系统，实现精准快速服务，以客户需求为导向，实现智能客户服务。通过质量基础能力建设、质量管理体系与质量责任体系建设，把质量安全做到实处，制定并实施以质量创新驱动企业发展、以标准和技术核心能力引领行业发展的质量战略。

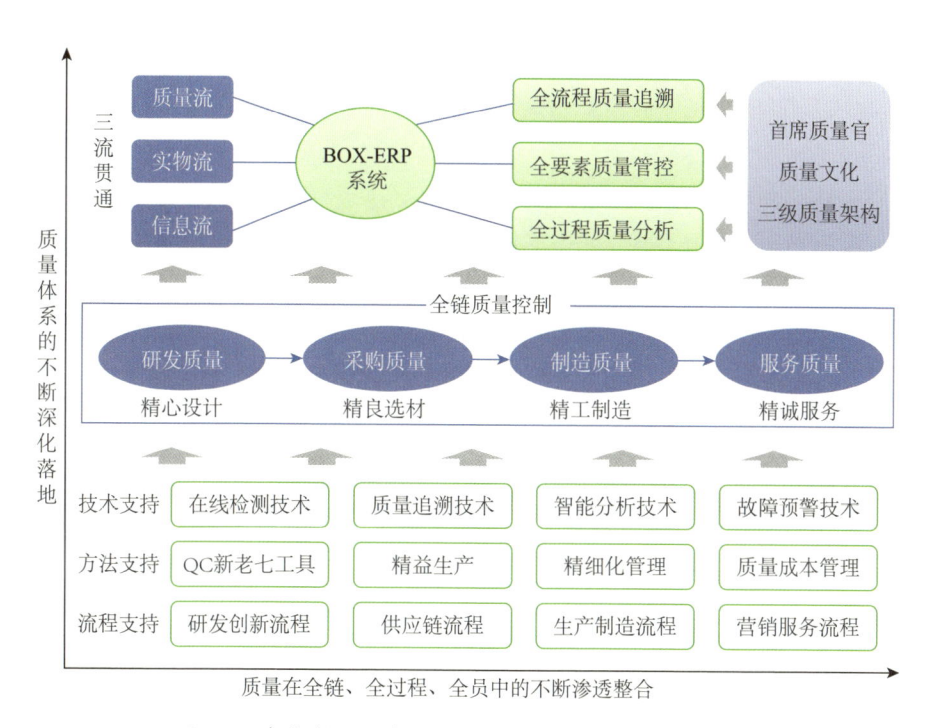

图 5-5 智能制造背景下的纸包装绿色全链质量管控模式

三、未来展望

大胜达围绕绿色制造开发的"减胶快递纸箱"2021年通过国家绿色产品认证，牵头制定《绿色快递用瓦楞纸箱》《纸基托盘》浙江制造标准已经发布、2个产品也获得了浙江品字标认证，授权发明专利52项，主导参与制定各类标准17项。大胜达将依托"大胜达生态赋能的工业互联网平台"，继续与北大联合推进纸包装行业"大脑"建设，打造集数据中心、知识中心、金融中心为一体行业赋能平台，引导包装企业、包装供应商、包装设计人才集聚的平台；向行业推广已经开发成功的AI人工智能包装设计师小方，解决中小包装企业设计的痛点、为包装需求商提供快捷、便利的设计方案；带动整个包装行业绿色发展。

科技创新引领包装产业数字化时代

一、企业介绍

上海紫江企业集团股份有限公司（以下简称紫江企业或企业）成立于1988年，是一家致力于研究和发展具有环保概念的都市型新材料的包装企业。1999年成功发行股票并在上海证券交易所挂牌上市（股票简称紫江企业，证券代码：600210）。公司主营生产和销售各种PET瓶坯和其他新型包装材料，每年可为市场提供适用于冷灌装瓶坯和热灌装瓶坯等二大类用途的PET包装容器超过110亿只。

紫江企业是目前沪、深两市中规模最大、产品种类最齐全的包装类上市公司。紫江企业自成立以来始终坚持以优质服务为宗旨和提高经济效益为目标，逐步建立了主业突出、管理规范、经营稳健、业绩优良的现代股份制企业，在生产规模、技术水平、质量水平、销售额、经济效益方面均处于国内同行业领先地位。

近年来，紫江企业还多次荣获"中国包装百强企业""中国包装行业优秀奖（2020—2022）""上海企业100强""上海制造业企业50强""上海民营企业100强""上海民营制造业企业100强""上海市包装五星级企业""上海市及国家级绿色工厂"等荣誉。紫江企业在同行业中率先发布《履行社会责任报告》（ESG），将可持续发展治理纳入企业战略规划，探索更科学、更有效的治理方式，为股东和社会创造更多价值。

二、企业创新案例介绍

紫江企业拥有目前国内较为先进的 Husky 注塑机及配套注塑模具等主要设备和日立冷冻机、白力士及阿特拉斯空压机、百旺干燥机等辅助生产设备；企业还组建了中心实验室并配置了光学测量仪（MDP180P）、气相色谱仪（安捷伦8860）和黏度仪（AVM-4 ZVISCO）等一系列先进的检测设备，为产品品质和原材料质量保驾护航，确保提供给客户的每一批次产品质量均属上乘，获得了市场赞誉和客户认可。

（一）重点推进瓶坯轻量化改造

紫江企业十分重视技术创新与管理创新，以期持续提升企业和产品的核心竞争力。目前共计拥有各类知识产权 35 项。在产品设计端，秉承低碳环保与可持续发展的理念，重点关注 PET 瓶坯轻量化解决方案，在行业绿色发展方面贡献斐然。仅在 2022 年就针对 7 款规格瓶坯进行轻量化改造，平均减重克数为 1.53 克，按 6 款规格瓶坯的年产量 43527.45 万只计可节约 PET 原料 512.38 吨，同时可减少 VOCs 排放 119.74 吨及 CO_2 温室气体排放 564.34 吨。2022 年度瓶坯轻量化项目推进情况表如表 5-1 所示。

表 5-1　2022 年度瓶坯轻量化项目推进情况表

编号	项目	项目时间	轻量化后规格/克	瓶坯减重/克	瓶坯年产量/万只	节约原料/吨
1	23.2 克轻量化	2022	22.28	0.92	31186.63	286.92
2	43 克轻量化	2022	40.8	2.20	1342.89	29.54
3	26.5 克轻量化	2022	24.5	2.00	5976.54	119.53
4	24.8 克轻量化	2022	23	1.80	878.35	13.18
5	15 克轻量化	2022	14.62	0.38	709.86	2.70
6	19 克轻量化	2022	18.62	0.38	1621.20	6.16
7	62 克轻量化	2022	59	3.00	1811.98	54.36
合计				平均减重 1.53 克	43527.45	512.38

（二）多路径推动节能减排改造

企业根据自身生产运营特点，结合精益管理工具研制开发了《能耗信息化管理系统》和《注塑设备信息化管理系统》等数字化管理平台，逐步实现了实时能耗数据和能耗数据的信息化管理，在监控与分析方面形成了高效的运作机制，同时也改变了原有设备开放式管理控制模式，针对关键控制点加强了管控力度，使之形成闭环控制模式，单就干燥机能耗一项的管控效果就由 1650 度 / 天，下降至 950 度 / 天，实现了多思路、多维度进行低碳战略下的设备能耗有效控制。

（三）数字化改善提升管理能级

近年来，紫江企业容器包装事业部围绕生产运营不断完善精益管理方法作为抓手，为此企业量体裁衣、自主研发，将原有的 ERP、OA、财务、ShotScopeNX、设备点检等系统实现互联互通形成大数据中心，并通过抽取、筛选、分析，实现及时准确地找到具有针对性的数据，可快速发现管理中的问题，为运营管理提供了可视化综合分析，有效地提升了企业管理能级。（大数据中心如图 5-6、图 5-7 所示）。正是基于精益管理思路和大数据赋能，企业在对老旧冷却系统的节能改造上突破固有观念，运营 AI 智能运算，全天候监控并作出自动调整，能耗降幅达到 20%，使得老旧设备焕发了青春与活力。

图 5-6　公司大数据中心

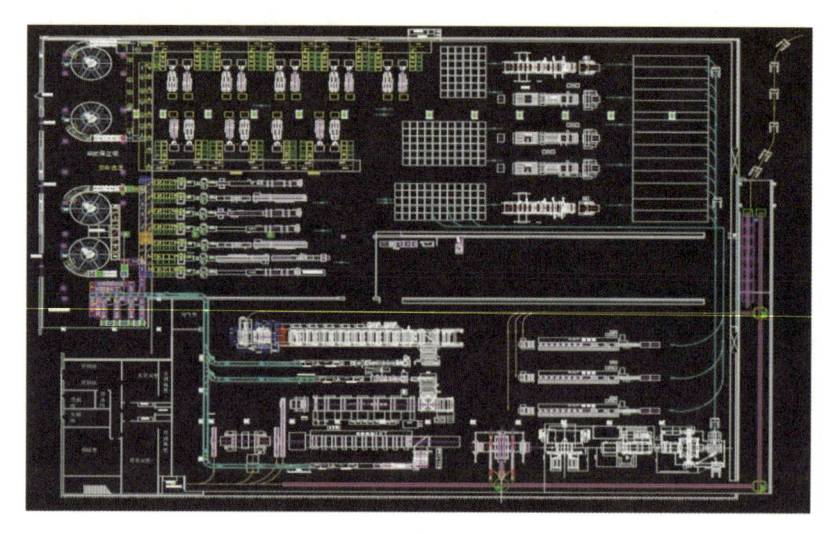

图 5-7　大数据中心显示屏截图

作为上市公司纸包装事业部的行业头部企业，上海紫丹食品包装印刷有限公司（紫丹食品纸包装智能工厂），更是多年耕耘于智能化领域，从单台设备的智能化，到车间智能化，再到物流、信息流融合，在纸包装智能工厂方面探索出了一条食品包装行业向信息化、智能化发展之路，结出了"年产值提升15%、产品制造周期缩短12%、产品不良率降低10%、机台人员降低20%"的硕果。

（四）推进绿色体系建设

公司严格遵守《中华人民共和国环境保护法》《中华人民共和国清洁生产促进法》《关于打赢蓝天保卫战三年行动计划》等国家、地方相关法律法规及行业指导，并根据最新要求，持续优化环境管理体系建设。紫江企业及下属公司获得ISO14000环境管理体系、ISO14064温室气体管理体系、ISO50001能源管理体系、GB/T23331—2012能源管理体系认证。紫江企业积极推进绿色工厂建设，目前拥有国家级绿色工厂2家、省级绿色工厂7家。紫江企业优化能源结构，仅在上海地区的瓶坯工厂就利用厂房屋顶开展分布式光伏太阳能建设，2021年度完成一期安装（装机容量0.86MW）并网发电，光伏发电量为72.89万kWh。企业建筑能耗为78.70万kWh，可再生能源使用占建筑能耗的比例达92.6%，远超10%。

目前二期分布式光伏太阳能（装机容量 2MW）也已完成施工建设并网发电，预计年度发电量可达 180 万 kWh。同时工厂在保证照明质量的前提下，全部选用 LED 灯具，提高了光源和灯具的效率。部分公共区域采用了声控自动控制、仓库区域灯具采用光感控制等措施。

（五）创新储备恒久动能

企业将技术创新作为发展的加速器，不断加强技术研发力度。内部通过建立技术管理中心、技术工作委员会以及工匠工作室、共享实验室等创新形式，提供科研与交流平台，不断培育创新思维、激发创新潜力，在外部通过产学研校企合作及建立共享实验室等方式，充分发挥各方优势，形成联合研究体系，更有效地提高技术创新能力。目前，紫江企业及下属企业共有国家新闻出版署共建重点实验室 1 项、工信部专精特新"小巨人"企业 1 家、省（市）级企业技术中心 2 家、上海市专利试点企业 1 家、上海市院士（专家）工作站 1 家。以上海紫丹食品包装有限公司为例，旗下检测中心获得中国合格评定国家认可委员会（以下简称 CNAS）实验室认可证书；该检测中心的建立、有效运行与 CNAS 的认可为紫丹在"夯实食安检测能力，引领包材食安管控新方向"走出了关键的一步。

"内外联动""双轮驱动"引领金属包装产业绿色转型发展

一、企业介绍

上海宝钢包装股份有限公司（以下简称宝钢包装）是国内快速消费品金属包装的龙头企业，国内金属包装领域的领导者和行业标准制定者之一。1995年12月，上海宝翼制罐有限公司注册成立。2004年3月26日，上海宝印金属彩涂有限公司注册成立，发展印铁业务。2010年10月19日，上海宝钢制盖有限公司注册成立。2010年12月，上海宝印金属彩涂有限公司更名为"上海宝钢包装股份有限公司"并整合宝钢集团范围内的制罐、印铁、制盖等金属包装企业资产，宝钢包装进入快速发展阶段。经过多年的开疆拓土，现已形成国内"东西南北中"的产业格局，搭建起国内最优的可以辐射全国的金属包装制造、销售、服务网络。2011年，宝钢包装布局东南亚，迈开国际化发展的新步伐。2015年6月11日，宝钢包装在上海证券交易所成功上市（证券代码：601968）。2018年1月15日，宝钢包装纳入中国宝武一级子公司管理体系，由中国宝武直接管理。当前，宝钢包装实施"内外联动"和"双轮驱动"战略，持续优化产能布局并推进国际化发展，为用户提供先进包装应用综合解决方案。宝钢包装积极开拓国内外市场，金属饮料罐业务、包装彩印铁业务近年来均保持国内行业产销领先，资产运营效率整体提升，公司步入发展快车道，并保持着良好的发展势头。

二、企业产品介绍

宝钢包装生产制造的主要产品包括金属易拉罐及配套易拉盖和包装彩印铁，主要服务于全球碳酸饮料、啤酒品牌和国内知名茶饮料及食品企业，并与业内各头部企业建立了长期战略合作关系，持续做强、做优、做大快消品包装业务。2022 年，宝钢包装销售收入达到 85.43 亿元，金属饮料罐生产量为 143.83 亿罐，包装彩印铁生产量为 13.21 万吨。近年来，宝钢包装坚持绿色发展满足市场消费需求，开发的主要新产品包括可以实现小批量、多图案、"iPrinting（听你）"个性化定制的数码打印易拉罐（图 5-8）和应用中国宝武环保型新材料——覆膜铁制成的覆膜铁 DRD 系列食品罐，受到市场和客户的欢迎与支持。

图 5-8 "iPrinting（听你）"个性化定制的数码打印易拉罐

三、企业绿色转型发展的实践案例

近年来，宝钢包装认真贯彻落实习近平总书记关于生态文明建设的重要思想和绿色发展理念，将绿色发展作为公司高质量发展的关键一环，大力传播和自觉践行"环境保护、人人有责、从我做起"的绿色文化。宝钢包装以中国宝武"三治四化"环保工作目标为抓手，进一步强化全员环保责任意识，提高全员生态环境素养和绿色环保意识，结合公司的实际情况和行业特点，向员工、上下游合作伙伴和消费者传递绿色生产经营与生活消费的理念，加强加快推进以下工作，助推形成全面、完整、高效的绿色包装生态圈和产业链，谱写生态优先、绿色发展的新篇章。

（一）从组织机构上统筹推进"双碳"工作，谋划布局绿色低碳发展的战略规划与实施路径方案

为加强组织领导，完善碳中和推进体系，根据中国宝武碳中和体系的建设要求，宝钢包装组建成立碳中和领导工作小组，由公司主要领导担任碳中和领导小组组长，分管领导担任副组长，统筹研究推进公司碳达峰、碳中和绿色低碳发展总体目标和发展规划、科技创新、对外技术合作及绿色产业布局优化等工作。宝钢包装在事业部层面成立碳中和工作小组，制定细化碳达峰、碳中和的实施路径和专项方案。

（二）从能源利用上多管齐下、齐头并进，既强调开源节流、也注重能效提升

加大非化石能源的开发利用，优化能源结构。公司通过电力直接交易、电网购电、购买绿电交易证书等方式积极增加绿电使用比例；利用各分子公司大面积优质厂房屋顶资源，采取合同能源管理的方式逐步建设分布式光伏发电项目（图5-9）。宝钢包装依据二氧化碳排放总量和强度制定"双控"目标，以全面"对标找差"为抓手，通过节能不断挖掘减碳潜力，如永磁电机改造、智慧制造提升效率等。同时，宝钢包装最大限度地利用好工厂内的有关耗能设备，如蓄热式焚烧炉（RTO）（图5-10）、空压机的热源回收利用等。通过节能降耗不断提升能源转换和利用效率，降低能源消耗强度，通过严控能源消耗总量实现碳排放的稳中有降。

图 5-9　厂房屋顶光伏发电

图 5-10　蓄热式焚烧炉（RTO）

（三）持续开发与推广环境友好型的绿色金属包装产品，推动绿色节能生态圈与产业链的可持续发展

持续减薄主力产品的原材料——铝质二片易拉罐的罐体成型材料。截至 2022

年，宝钢包装易拉罐使用的铝材厚度已累计减薄 0.027 毫米，为全行业最低。宝钢包装的吨出罐数比国内其他主要竞争企业多 600～4900 个，实现单位产量的更低碳排放。以 140 亿罐 / 年的产能计算，宝钢包装每年可节约铝材约 1.5 万吨，从而在降碳减排的总量上成为国内二片易拉罐行业的"排头兵"。此外，宝钢包装铝质二片易拉罐已形成产品生命周期评价报告（LCA 报告），该报告可以从化石燃料资源耗竭、酸化效应、富营养化、全球变暖、人体毒性、光化学臭氧生成等 6 个指标证明该产品属于绿色低碳的环境友好型产品。宝钢包装研发制造的新型金属包装产品——覆膜铁二片罐已经实现产业化、规模化。与市场上现有的马口铁三片罐相比，覆膜铁罐具有生产过程绿色环保、无废液、废气排放，不含双酚 A、三聚氰胺等有害物质，耐加工、耐腐蚀和阻隔性好等优点，可以较好地满足当前社会对于金属包装提档升级和绿色、健康、高品质食品包装的需要。

（四）加强碳信息化工作、提升碳数据和碳资产的管理能力

自 2022 年起，宝钢包装开展推进《"双碳双控"平台的研究开发与示范应用 1.0 项目》，该项目通过建立碳数据模型和全数字化的管理模式，探究并显著减少在碳数据存储分析过程中出现主观错误的可能性，大大提升碳排放管理的安全性、可靠性以及评估审核的效率；从运行成本、环保效益、能源效率等多维度进行研究分析和决策建议，为健全智慧工厂的架构，优化企业碳交易策略、有效实施节能减排提供数字信息化的研究基础（图 5-11），帮助企业建立高效可信的碳数据和碳资产管理体系；同时精准应对来自上下游供应链的碳中和压力，从整体上进一步提升企业的绿色竞争力。该项目计划部署碳排放综合管理平台、LCA 产品碳足迹在线云计算平台，并将普及应用至宝钢包装下属所有的制罐、制盖和印铁生产厂家，使公司有望成为中国包装行业首个实现全厂工序级碳数据数字化管理与首个发布包装行业低碳技术路线图的企业。

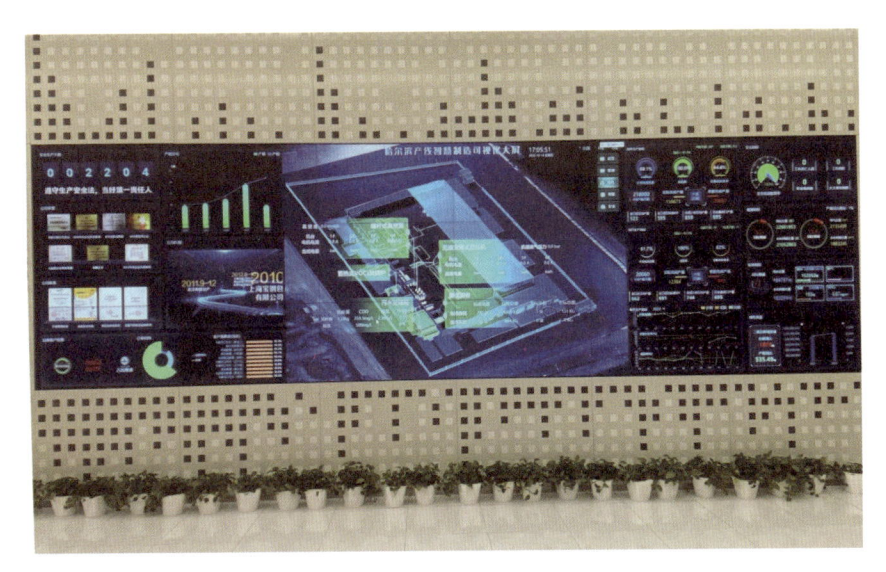

图 5-11　智慧制造提升效率监控控制大屏

（五）积极创建绿色工厂，开展相关认证，促进工厂与城市互融共生

宝钢包装深入贯彻"生态文明建设"的国家发展战略，开展绿色工厂建设，保护厂区周围生态环境，践行绿色环保生产经营的理念，坚持走绿色生态发展之路。目前，宝钢包装已拥有国家级绿色工厂 3 家（河南宝钢制罐、上海宝翼制罐、佛山宝钢制罐），省级绿色工厂 2 家（哈尔滨宝钢制罐、成都宝钢制罐）。同时，宝钢包装认真开展生产型分子公司（工厂）的环保管理认证工作，12 家生产型分子公司（工厂）全部通过环保管理体系 ISO14001 认证；11 家分子公司通过清洁生产审核。2021 年、2022 年，上海宝钢制盖与河北宝钢制罐分别入选《上海市生态环境监督执法正面清单》与《河北省生态环境监管正面清单》，佛山宝钢制罐被评为"顺德区十大绿色低碳企业"。

四、未来展望

未来，宝钢包装将认真贯彻习近平新时代中国特色社会主义思想和党的二十大精神，贯彻落实习近平总书记考察调研中国宝武重要讲话精神，深刻理解、全面落实"积极稳妥推进碳达峰碳中和，立足我国能源资源禀赋，坚持先立后破，有计划分步骤实施碳达峰行动"的关键论述。为此，宝钢包装将加强前瞻性低碳前沿技术、产品、方案的研究开发，绘制公司减碳路线图，推动绿色低碳技术方案实现重大突破，参与产业链上下游"循环再生减碳"生态建设，提高碳减排的质量和效益，构建并持续优化碳减排的核算、评估、控制体系与平台，助力宝钢包装成为先进包装材料创新应用的引领者，为全社会的绿色发展履行应尽之责，为实现美丽中国的"双碳"目标贡献积极力量。

科技创新赋能可持续食品包装

一、企业介绍

利乐公司是全球领先的食品加工和包装解决方案提供商,拥有全球最全面系统的包装解决方案,与广大客户和供应商密切合作,提供安全、创新、环保的产品,满足世界各地消费者的日常需求。公司成立于1952年,业务遍及全球160多个国家和地区,在全球拥有超过2万名员工,追求负责任的行业领导和可持续的业务发展。利乐于1979年进入中国市场,累计投资已达52.2亿元人民币,在上海、北京和香港等主要城市设立了10余个分支机构。植根中国40多年来,利乐长期携手各方合作伙伴,全力推进整个价值链的碳中和,包括广泛应用低碳绿色包装解决方案、积极推动纸基包装回收再生利用等。利乐还积极响应中国"双碳"目标,在行业内率先发布碳中和目标与行动,承诺将在2030年实现自身运营碳中和,并在2050年实现全价值链碳中和等。

二、产品介绍

利乐包装平均由70%的纸板、25%的聚乙烯和5%的铝箔三种材料复合而成。其中,纸板由木纤维制成,来自植物基可再生材料,对气候更加友好。凭借不同的再生利用技术,利乐包装可变身为纸张、文具、长椅、垃圾桶、户外设施和家具板材等一系列再生产品,实现资源化再生利用。目前,利乐仍不断研发可持续的包装解决方案,协助食品饮料行业乃至整个价值链减少对环境的影响。以下为几种创新的可持续包装解决方案。

（一）由甘蔗提取材料制成的植物基利乐®梦幻盖®，可降低碳足迹

利乐®梦幻盖®（DreamCap）的设计全面融合了人体工程学理念，使在途饮变得更加酣畅享受。梦幻盖旋盖直径达 26 毫米，不仅保证液体的顺畅流动，还能完美契合嘴唇的大小，使得瓶口与嘴唇更为贴合。其低扭矩力和大螺纹设计，可增大摩擦系数，降低了开盖难度，便捷、人性。梦幻盖还可反复开合，密封性良好，避免液体渗漏，解决了传统纸包装在途饮用的缺点，为消费者带来良好的饮用体验。梦幻盖可选用甘蔗作为原材料的植物基塑料，可减少石油基塑料的使用，避免其生产过程中一系列有害气体的释放。同时，植物基瓶盖可再生，也可通过现有的回收系统再次利用，帮助环境可持续发展。经由国际认证机构碳信托（Carbon Trust）认证，相较于使用石油基塑料，减少碳足迹。

（二）天然质朴的如木包装，更好地传递"环保""可持续"理念

作为利乐®纸艺系列包材（Tetra Pak® Artistry）的产品之一，如木包材（Craft）以创新的包装材质承载品牌个性（图5-12），可助力客户打造差异化与个性化的品牌形象，开拓未来市场。与经过漂白处理的传统白色纸板相比，如木包材在外观上保持了原木的颜色和纤维纹理，搭配对环境友好的柔版印刷，能够带给消费者"自然""环保"的感官体验，还能向消费者传达品牌所践行的"环保""可持续"理念。

图 5-12　如木包材产品

三、 企业绿色转型发展的实践案例

（一）实施负责任的采购，降低碳足迹

在中国，利乐持续投入和长期实践可持续发展转型，包括部署可持续的包装解决方案、推动饮料纸基包装资源化利用等。目前，利乐中国地区采购的纸板已 100% 来自 FSC®（森林管理委员会）认证的可持续管理的森林或其他受控来源。饮料纸基包装质量相对较轻，且以纸卷的形式来储运，能更有效地利用运输空间，减少运输频次，从而降低运输过程的碳排放。利乐还在持续研发，不断增加植物基聚合物的使用、减少铝箔的使用量，同时研究替代阻隔材料。在全球销售的利乐纸基包装原材料均遵循可持续标准。利乐也积极基于更科学的方法，持续改进负责任的采购标准。此外，2020 年 12 月，利乐面向广大供应商启动了名为"加入我们，保护地球"的计划，旨在与供应商携手推进 20 项行动，以实现包括碳减排在内的目标，共同保护环境。

（二）创新包装的绿色低碳转型，为消费者提供更多绿色选择

当下，中国市场对于包装的可持续性需求在不断增长，利乐的低碳包装解决方案也获得了更广泛的应用。2021 年，利乐植物基梦幻盖®由金典有机奶于 2021 年在中国市场首发。植物基梦幻盖®的旋盖是由甘蔗提取材料制成，在保持外观与功能的同时，相较于化石基塑料，有助于减少碳足迹。不仅包装本身的可再生成分进一步提高，且仍可通过现有回收系统加以回收再利用。值得一提的是，利乐所有植物基塑料均经过 Bonsucro 认证，这意味着所有植物基塑料都完全可追溯到其甘蔗产地，确保透明度，体现了利乐对于推动全球供应链中合乎道德及负责任的商业实践的承诺。此外，如木包装于 2021 年在国内首次应用于特仑苏沙漠有机纯牛奶。与既有包材相比，该包材保持原木纸浆的颜色和纤维纹理，降低与减少了纸板涂层工艺过程中的碳排放，对环境更加友好。

（三）促进包装资源化利用，完善回收利用价值链

利乐持续与政府、学校、回收和再生利用企业等通力合作，拓展新的回收渠道，并继续联合行业，共同履行生产者延伸责任，力争到2025年达成饮料纸基包装资源化利用率40%的目标。目前，2021年第一批10家从事纸基复合包装再生利用企业，获评"再生利用示范企业"，总回收产能超过35万吨。2021年，中国地区，由再生处理企业汇报并通过"饮料纸基复合包装回收利用专委会"审核通过的处理量约为16.1万吨。国内首个低值可回收物分拣中心，已于2023年年初正式投入使用。利乐协助再生利用合作伙伴厦门陆海环保股份有限公司创新回收模式。这一分拣中心的启用，标志着可回收物"回收——分拣——资源化——高质高值化应用"全产业链发展的新业务模式正式落地，也为更多城市建立可回收物处理体系提供了可借鉴、可复制的经验成果。

四、未来展望

利乐的目标是打造世界上最具可持续性的食品包装——以负责任的方式采购，完全采用可再生或回收再生材料，可完全回收再利用并实现碳中和。目前，利乐持续研发，不断增加我们对植物基聚合物的使用，减少铝箔的使用量，同时研究替代阻隔材料。利乐将在未来的5～10年中，每年投入约1亿欧元用于研发更具可持续性的包装解决方案，并将从提供应对气候变化，满足当地条例的解决方案、提升包装组合循环性的解决方案两大方面入手，进行包装组合创新。此外，利乐在全球销售的纸基包装原材料均遵循可持续标准，我们也积极基于更科学的方法，持续改进负责任的采购标准。

创新环境友好产品研发新路径　拓展生物降解新材料消费场景

一、企业介绍

中船鹏力（南京）塑造科技有限公司（以下简称鹏力塑造）是全球最大造船集团"中国船舶集团有限公司"（世界500强）的成员单位，是一家集研发、生产和销售于一体的食品包装新材料及制品的高新技术企业。主营生物降解新材料及食品包装制品，现已拥有吸管、杯子、杯盖、餐盒、刀叉勺、膜袋、甘蔗浆餐具、纸浆餐具等产品系列，致力于为食品餐饮行业客户提供专家级的整体解决方案。

公司总部位于南京，在旧金山、南京、香港设立了三大研发中心，在南京、齐齐哈尔、呼和浩特、西安、深圳、滁州等地建立了七大生产基地。经过多年发展，已与伊利、蒙牛、一点点、瑞幸咖啡等国内外近100个工业配套及餐饮类大客户展开了长期友好的合作。公司经过多年沉淀，获得了国家知识产权优势企业、中国包装百强企业、江苏省专精特新"小巨人"、江苏精品、中国食品包装行业质量安全放心单位、3A资信等级、江苏省著名商标、江苏省轻工行业优秀品牌企业、阿里巴巴金牌供应商等荣誉称号。

二、绿色转型实践案例

（一）全生物降解包装耗材整体解决方案

鹏力塑造致力于打造绿色环保的包装耗材整体解决方案。2018 年，公司建立新材料实验室，以创新为驱动，研发出了许多绿色、环保、安全的食品餐饮包装产品。以全生物降解产品为例，公司研发团队基于 PLA、PBS、PBAT 等生物降解材料的性能特点，先后推出了性能优良的耐热吸管、杯及杯盖、刀叉勺、餐盒等系列环保新品（图 5-13）。经过多年发展，与国内外多家知名咖啡、茶饮、餐饮品牌客户促成了全新的环保品类的合作，将健康、安全、创意、服务的理念根植进客户心中，实现人与自然和谐发展。

图 5-13　PLA 热饮盖、PLA 刀叉勺及 PLA 餐盒

以纸吸管为例，公司深挖行业痛点，推出了无胶纸吸管，工业化连排纸直管、纸弯管、纸伸缩管（图 5-14），创新性地实现了连排纸包装，让鹏力出品从产品到包装，尽显环保理念。鹏力出品的纸吸管硬挺不软烂、无异味、不沾唇，通过了国家卫生标准 GB4806.8、欧盟标准 AP(2002)1/BfR 建议、美国标准 FDA、德国标准 LFGB、欧盟 EN13432 认证等严苛检测，100% 可降解。凭借在业内屈指可数的含金量，公司的无胶纸吸管还获得了瑞幸咖啡独家专供的特权。

图 5-14　无胶纸吸管、工业连排纸弯管、工业连排纸伸缩管

（二）热饮外卖包装防洒漏创新设计

鹏力塑造致力于热饮外卖防洒漏痛点的项目攻坚。这一痛点自咖啡、茶饮全面市场化以来就普遍存在，研发团队通过模拟外卖派送整个过程中会出现的各类状况，经过反复的内部及门店测试，于 2018 年 5 月正式发布了第一套热饮外卖防洒漏整体解决方案。该方案使得热饮咖啡外卖在非接缝处倾斜 45°角不洒漏，杯盖挺度和成型度优异，保证了杯口不变形，与纸杯高度适配。凭借着在第一代热饮咖啡外卖防洒漏整体解决方案攻坚中积累的经验，鹏力塑造于 2018 年四季度研发出了热饮外卖防洒漏杯盖，实现了美观与防漏的迭代升级。

随着国内咖啡市场的飞速发展，2019 年至今，先后涌出了更多新兴咖啡品牌，鹏力塑造趁热打铁，凭借自身在热饮咖啡外卖防洒漏领域的先进经验，相继为众多餐饮品牌定制了多款外卖防洒漏杯盖。全包裹式环口设计，一体成型，极大地提升了杯盖对纸杯环口的适配度，提高了侧边防洒漏效果。此外，为了满足更多饮品客户对咖啡热饮外卖防洒漏盖的需求，鹏力塑造还推出了通货版外卖防洒漏杯盖。隐藏式盖体设计搭配磨砂白经典配色，美观时尚又功能健全。

（三）积极参与制定行业技术标准

近年来鹏力塑造还积极作为，制定了《生物降解饮用吸管》《纸杯》《纸吸管（含吸管原纸）》《纸杯（碗）成型机》《降解型纸吸管》等多项国家标准、行业标准，成为国内首个牵头制定纸吸管团标的企业。其中《生物降解饮用吸管》是 2022 年 6 月 1 日实施的一项中华人民共和国国家标准，规定了生物降解饮用吸管的术语和定义、分类、技术要求、试验方法、检验规则、包装、标志、运输和贮存。该标准适用于以生物降解树脂制作的吸管，也适用于接触食品层覆有、涂有或复合有生物降解料的吸管，以及天然高分子材料为主要原料制备的饮用吸管。《降解型纸吸管》是 2020 年 4 月 23 日实施的一项行业标准，适用于以食品原纸包装用纸为主要原料，适量添加辅料，经制管、成型和包装的用于吸食食品的一次性使用的降解型纸吸管。

此外，鹏力塑造还是首批完成海南禁塑替代品电子监管码的企业，首批入选《绿色塑料供应体系数据库》的企业。该数据库是中国塑协降解塑料委员会响应国家《"十四五"塑料污染治理行动方案》，为行业绿色供应链建设提供支撑的重要举措，数据库以 GB/T 41010—2021 生物降解塑料与制品降解性能及标识要求为依据，以"一司一码"为特征，进行可降解塑料制品以及生产企业的信用分类，建设降解塑料联盟公链，公开、公平、公正、透明地构建起一套科学的存证溯源体系，供社会有关单位及消费者免费查询。

三、未来展望

在全球都提倡"爱护环境，绿色环保"的大背景下，鹏力塑造将顺势而为，凭借其深耕食品餐饮包装耗材行业近二十年的经验，以绿色包装为核心，聚焦主业，构建行业生态圈，坚持"健康、安全、创意、服务"的发展理念，坚持以客户为中心，实施产品领先战略，打造核心专利产品，推出专家级整体产品解决方案，为社会提供优质的产品及服务，以创新为驱动，掌握行业先机、抓住变革机遇，在食品餐饮包装耗材行业的浪潮中运筹帷幄、行稳致远。

先进制造业和现代服务业融合发展
推动数智化转型

一、企业介绍

苏州通产丽星包装科技有限公司（以下简称：通产丽星）创立于2010年，公司位于吴江开发区，系深圳市通产丽星股份有限公司全资子公司，占地面积8万平方米，员工600人，苏州通产丽星包装科技有限公司是由深圳市通产丽星股份有限公司全额出资的有限责任公司，是业内唯一能同时从事新材料研发、包装方案个性化定制、色母、环保材料、塑料包装的生产与销售、工艺装备及精密模具制造、化妆品OEM、标签的定制以及包装循环经济的上市公司，化妆品包装行业细分龙头供应商。近几年面临国内外环境变化，公司克难攻坚、砥砺前行，销售稳定提升。多次获得玛氏箭牌、资生堂、欧莱雅、妮维雅、完美、玫琳凯、百雀羚、伽蓝等国内外客户的优秀供应商、年度品质及社会责任奖项。企业获得ISO9000质量管理体系认证，ISO14000环境管理体系认证，OHSAS18000职业安全健康管理体系认证、BRC认证、QS认证、ECOVADIS金牌、CDP认证B。核心业务采用信息系统支撑，目前已经采用的有研发设计CAX、生产制造CAM、经营管理ERP/OA、供应链管理SRM，有部分业务系统已向云端迁移，拥有制造业与互联网融合试点示范项目。

随着制造业的智能化，绿色化，公司不断整合各种资源，积极开展与高校、科研院所的产学研合作，坚持创新，再造工艺流程，自动化引领，智能化信息化护航，走适合自己、快速赢得客户认可并合作的发展模式。努力打造通产丽星制造品牌，突出"专精特新"先进制造业优势，对现有车间的智能化技术改造从广度和深度上不断提升，以创新工艺、创新人才、技术积累、创新效益等方面为抓手，已建成多个省市级智能示范车间、省市企业技术中心、市政工程技术中心及省级市级科技计划项目，以此为引领，线面复制推广，多方协同推进，有针对性地解决生产中的疑难杂症。

二、企业产品介绍

通产丽星自成立以来一直致力于高档化妆品、食品塑料包装产品的生产、销售以及配套模具的研究、开发，是全国产品质量最好的五层复合塑料软管生产企业，是化妆品塑料包装细分行业的龙头之一。产品销往国内外市场、方便全球消费者的日常生活。企业拥有国内国际顶尖的设备和经验丰富的科研团队，能为客户定制个性化的产品，秉承"美为本，美化人类生活"的企业宗旨，在生产的各个环节做到优化和简洁，并实现自动化。产品主要包括多层共挤软管、PBL、ABL片材复合软管，PE、PET、PP瓶，注塑等。

三、公司的创新发展经验

企业通过走先进制造业和现代服务业融合发展道路，焕发了增长新机、释放了增长潜力，推进了动能转换、重塑了竞争优势，建立与消费结构升级相适应的生产组织模式和市场营销模式，通过智能化生产、柔性化定制、供应链协同等方式紧密对接生产消费两端、供给需求两侧，将生产性服务业嵌入制造环节，能够提高要素资源的配置效率和利用效率，有效破解低端无效供给过剩和高端有效供给不足的矛盾，更好地改善供给体系质量和效益，进一步畅通公司循环体系。

（一）进行自动化工艺创新，提升产品生产线的自动化率。通过车间整体布局，引进中央供料系统，边角料输送系统，集中破碎系统，半成品传送系统，使在线物料半成品自动传输，彻底减少人工成本；在线增加失重式计量混合系统，各组分材料按照设定比例自动混合并投料；人工工序自动化改造，如人工检测改为在线影像检测、侧漏检测、金属检测，并记录收集数据以便分析汇总（图 5-15），人工注头改为使用自动化设备或工业机器人（图 5-16），代替手工，人工放管改为理管机，手工上盖改为自动锁盖机替代，原来各工序各自为政，通过整合，各工序连线生产，大大减少人工，提高效率，提高一次合格率。自动化改造，工艺创新获得 57 个使用新型专利和 5 个发明专利。

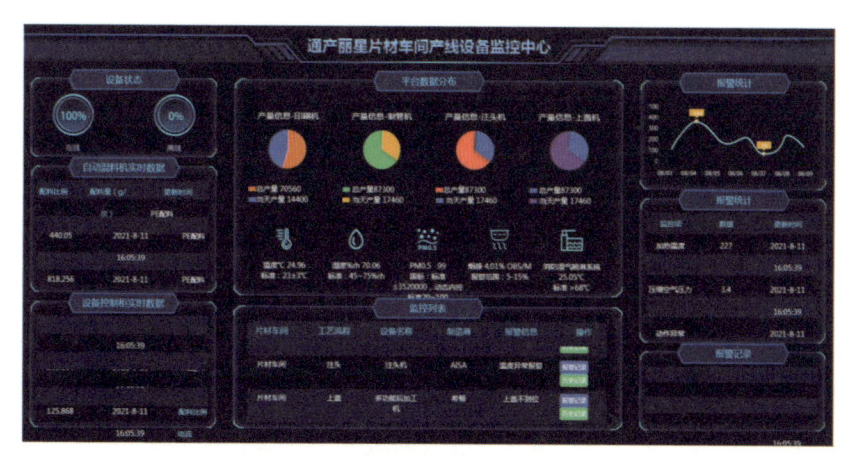

图 5-15　片材车间生产线设备监控中心

图 5-16　注头在线监测系统

（二）和高校合作研制新材料，聚焦新型功能性包装材料，比如和同济大学合作石墨烯/PET包装材料制备技术研究与开发，开展石墨烯/PET包装材料多功能性研究，多功能石墨烯/PET包装材料产业化开发。项目将纳米片状结构石墨烯用于包装材料体系，通过复合化手段提升包装材料的品质。项目研发的石墨烯/PET包装材料具有优异的气体阻隔性、抗菌抑菌性和抗静电性等功能。

（三）积极参与国家"双碳"目标实现、联合上下游品牌客户、高校及行业协会等10多家单位、企业，牵头建立塑料PCR在日化新材料包装产品闭环低碳可持续发展应用创新联合体。引领行业走减碳环保可持续发展道路。充分利用国家限制商品过度包装法律法规要求，在食品、化妆品包装产品上做了很多减重、环保设计方面的技术创新并形成专利。

（四）坚持以人为本，尊重人才，注重人才的培养和发展。技术中心不断引进机械设计、材料加工和工艺、计算机等学科的人才，通过三年至五年的培养，有些已经成为某一方面技术开发研究的负责人。同时每年招收大量大学本科生充实技术中心，改善技术中心的年龄结构和知识结构。同时公司还以优厚的待遇、提供培训、进修和鼓励人才自由发展等条件吸引本行业的优秀人才加盟，以加强公司的核心竞争力。

创新快递包装　助力循环经济

一、企业介绍

华悦包装集团总部位于中国上海，是一家为全球领先的电子商务、商超零售、医疗卫包装、食品包装和家庭用品等快速消费品领域，提供塑料包装可持续创新解决方案的国家高新技术企业。2023 年，恰逢公司成立 26 周年，通过不断提供创新和差异化的塑料包装解决方案，服务全球 50 多个国家和地区的消费者，帮助提高当地公共社区和消费者的生活质量。华悦一直以来支持塑料循环经济的可持续发展，并为行业和社会带来积极影响。企业根据不同应用场景需求，提供包装产品的研发、设计、吹膜、印刷、制袋、物流等定制化、柔性化的全面解决方案，产品涵盖高性能聚乙烯、循环再生、生物降解绿色环保三大领域，主要袋型包括背心袋、快递袋、医疗用品袋、食品自封袋、日用垃圾袋、复合袋等 300 多种膜袋类产品，年产能 10 万吨，年产值近 10 亿元。

二、创新与价值链合作

随着中国经济持续有力的增长以及城镇化的快速发展，中国电子商务市场显现出巨大的增长潜力，根据全球领先的金融服务科技企业 FIS 发布的报告数据显示，中国现已成为全球最大的电子商务市场。在中国，便捷的线上移动消费支付和完善的快递服务基础设施网络，方便了广大百姓的生活，但与日俱增的电商快递包装所带来的环境问题也引发了社会各界广泛的关注，"十四五"等系列政策规划中明确提出推进快递包装往减量化、循环化、可降解方向发展。

作为政府建议下的循环经济新趋势，华悦围绕产品的全生命周期碳足迹考虑，在维持产品机械性能和减量化原则的基础上，创新性地联合行业领先的上游原材料企业埃克森美孚化工、寄递企业、回收再生企业上海田强环保、下游终端使用客户，优化快递包装袋再生材料的使用配方和生产工艺，研发出面向市场的可循环的创新快递袋解决方案，创新模式如图5-17所示，一方面节约资源循环利用，同时美化了环境和生活。

图 5-17 回收循环创新快递袋产业链协作模式

在该循环方案中，华悦通过工艺配方创新，使用高性能聚乙烯。在添加高达30%再生料的同时，使该快递袋产品保持优异的机械性能，符合并超越快递袋国标要求（GB/T 16606.3—2018），样袋如图5-18所示。优异的机械性能既保证了该快递袋产品在终端场景中得以顺利使用，也提升了其回收价值。

与此同时，全球范围内的领先商超零售巨头企业，也正致力于提高100%可回收再生或工业可堆肥产品在包材结构中的比重，作为其可持续发展目标的重要举措。华悦提供的减量化、可循环、可降解商超购物袋解决方案经过市场规模化应用，可帮助客户实现这一目标。

为实现减少消费领域塑料包装碳足迹的目标，我们在上海、嘉兴工厂和研发中心的技术专家致力于开发基于华悦全线产品专有技术的单一材料高性能聚乙烯改性配方和工艺，呈现出材料使用更少、更易加工、更环保的特点，还提供了更大的延展性，有助于改善产品在功能性、安全性、表面触感和整体美观等方面的性能表现，还有助于提升终端回收循环使用和改善消费者整体使用体验，赋予可持续生活方式更多可能，并在我们的价值链中建立伙伴关系，推动塑料包装的循环经济事业。我们为能够支持资源循环利用和保护环境而感到自豪。

图 5-18 含有 30%PCR 回收再生材料的循环创新快递袋样品图

三、社会责任与可持续发展

华悦提供的单一高性能材料创新解决方案中，使用再生塑料和生物降解材料已经有了相当多的成功商业化案例，这些产品在终端应用的质量和性能表现均未受到影响。在华悦，我们希望为客户提供高性能、可循环、可降解的包装解决方案，助力未来塑料循环经济的净零排放。为实现这一愿景，产业链协作、富有弹性、可持续的闭环供应链不可或缺。通过将经济目标与整条价值链的环境及社会责任相结合，我们与合作伙伴正一步步向实现目标迈进。

探索可回收包装试点　促成资源循环利用再生闭环

一、企业介绍

　　Huhtamaki 普乐集团是为世界各地的消费者提供可持续包装解决方案的全球知名供应商。普乐集团总部位于芬兰埃斯波市。凭借 100 多年的历史和深厚的北欧传承，普乐在全球 37 个国家和 116 个地点开展业务，2022 年的净销售额总计约 45 亿欧元。普乐的创新产品可保护运输中和货架上的食品、饮料和个人护理产品，确保卫生和安全，推动可及性和可负担性，并有助于减少食物浪费。

　　Huhtamaki 普乐集团进入中国已 30 多年，在多个城市设有制造基地和分销中心，为全球客户在华发展和本土新锐品牌崛起提供可持续的纤维包装产品。普乐的可持续发展战略和中国的高质量和低碳绿色发展高度契合。Huhtamaki 普乐集团已将可持续发展列为 2030 战略的核心，致力于到 2030 年实现碳中和生产，并将所有产品设计为可回收、可堆肥或可重复使用。为应对气候变化带来的挑战，普乐制定了基于科学的目标，这些目标已获得科学碳目标倡议组织（SBTI）的认可和批准。

二、创新产品案例

　　Huhtamaki 普乐集团认为，实现可持续发展的关键是从传统线性经济转型为循环经济，即物质可以在闭环系统中循环再生利用。而产品的设计是这条转型之路的起点，并将影响整个的产品生命周期。为此，Huhtamaki 普乐集团已经制定了"设计导则"，确保所有的产品设计和创新都朝着实现可循环的目标展开。该"设计导则"奠定了产品设计、创新研发和业务开展的框架和基础，具体包括：材料选择、产品结构和末端处理三个核心部分。

Huhtamaki 普乐集团目标是到 2030 年所使用的原材料超过 80% 是可再生或回收材料，使用的纤维材料 100% 来源于回收或经认证的可持续管理森林。目前，Huhtamaki 普乐集团通过应用高精度的湿压纸浆模塑（SMF）技术，与高级别的食品级阻隔材料相结合，就生产出创新的可持续性包装，采用高精度的湿压纸浆模塑（SMF）技术生产的纸浆模塑的杯盖如图 5-19 所示。这种包装功能优良，能保证食品的安全和质量，并且无须使用铝箔材料，是一种零铝箔包装方案。该方案已被众多客户大规模使用。

图 5-19　采用高精度的湿压纸浆模塑（SMF）技术生产的纸浆模塑的杯盖

Huhtamaki 最近的一项创新是 Push Tab® 吸塑盖，这是全球首款面向医药健康行业的无铝单 PET 吸塑盖。由于采用单一材料 PET 制成，可显著提高包装的可回收性。该产品保持与现有高性能包装线的兼容性，可充分利用现有设备，减少额外投资，并保持原有的生产效率。

促成资源实现循环利用的闭环，产品使用后的末端处理是最后一步，也是关键一步。普乐将废弃物视为宝贵的次级材料，并希望通过回收、堆肥或再利用来确保资源尽可能长时间地实现闭环利用。仅生产可回收产品是不够的，它们需要被回收。

纸杯从发明之初就肩负着减少细菌交叉感染，提高食品接触卫生安全的使命。随着经济发展、城市化进程加速，一次性纸杯因卫生、快捷、经济实惠的特点被广泛地运用于工作生活中。相比于一次性塑料杯 4.03t（CO_2=eq/t）的碳排放量，纸杯的碳排放量为 2.53t（CO_2=eq/t），对环境更为友好，目前已经成为咖啡、茶饮、快餐等餐饮服务领域的主流食品包装容器。

中国已在禁塑、垃圾分类、循环经济等相关领域密集出台相关政策，为制定纸杯回收和再生相关规定和标准奠定了一定的基础。而当前，纸杯回收仍然面临一些现实难题。如前端分类标准不明、分类设施不足、分类意识不强等；中端补贴制度不完善、空间保障不足、信息化管理水平低等；末端纸杯供应量不稳定、高值化利用水平低、环境效益测算缺失等。

2022 年，Huhtamaki 普乐集团在上海启动了其在华首个纸杯回收试点项目。该试点项目为期 6 个月，旨在确立适用于纸杯的全价值链回收利用机制，真正实现纸杯所具备的可回收性。拾尚回收是试点项目的合作方，专业为企业、园区和个人用户提供可回收废弃物管理服务。在试点的半年内，拾尚回收将对上海合作园区范围内使用过的纸杯进行收集，共收集了约 15 吨纸杯，分拣为可回收物，然后交由专业的再生厂家进行处理。纸杯中的纤维材料将与淋膜材料进行分离。回收后的纤维材料被重新用于制造其他非食品接触的纸制品，如再生纸名片、活页便签等，从而实现纤维材料的闭环利用。

试点结果证明，纸杯回收再造的技术可行性已达到工业化生产水平。在废旧纸杯循环利用过程中，具有纸塑分离技术的回收再生企业利用既有的设备就能实现纸杯的再利用。回收获取的高品质纤维原材料可用于个性化纸张生产，不仅拓展了再生纸浆市场上高品质纤维的来源，也扩大了纸杯纤维再生产品的应用市场。结果显示，纸杯回收具有极为可观的减碳潜力，能够帮助上下游企业改善环境足迹。回收纸杯再生利用模式相较目前的"废弃＋原生造纸"模式能实现 68% 的碳减排，即每回收 1 吨废旧纸杯可减少 0.68 吨碳排放，等同于一辆小型汽油乘用车减少行驶 4481 千米。即每回收 1 个纸杯（单个纸杯按 10 克计）的减碳效果相当于单人骑行共享单车 130 米。

当前废旧纸杯回收体系尚未建立，回收量的不足制约了工业化生产进程，经济上的可行性仍有待商榷。主要体现在小批量定制为主的模式导致生产成本居高不下，分拣环节大量依赖人工，专业再生企业的数量有限，纸杯的收运无法保持在合理的运输半径内，增大了运输成本。基于对回收再生各个环节的定性分析，结论都指向了"大规模、稳定的回收是有效解决纸杯循环再利用成本高的有效措施"。

三、未来展望

Huhtamaki 普乐集团认为，没有任何一个组织可以独自解决气候变化带来的挑战，全产业链的合作对于建立资源循环利用的机制非常关键。通过创新与合作，形成超越单一公司、整合全价值链的低碳循环系统，推动真正的系统性变革，最大限度地提高食品包装材料对地球和人类的价值，从而实现低碳循环经济。

践行绿色发展理念　推动企业创新转型

一、企业介绍

　　上海烟草包装印刷有限公司（原名上海烟草工业印刷厂，以下简称公司）创建于 1929 年，是国内早期专业生产烟标的印刷企业，现为上海烟草集团配套生产企业，投资并管理上海金鼎印务有限公司。公司以 90 多年厚重的企业文化为引领，通过技术创新、工艺研发、产业升级、环保治理等工作开展，逐步建设成为集高新技术印刷、特色印刷为一体，功能齐全、技术领先的现代化大型包装印刷联合企业。公司通过了 ISO9001 质量管理体系、ISO14001 环境管理体系、ISO45001 职业健康安全管理体系、ISO10012 测量管理体系及 ISO50001 能源管理体系等第三方认证。配有集品牌策划、创意设计、工艺研发、理化检测、标准研究于一体的技术中心，并于 2004 年被上海市授予"市级技术中心"，2013 年被国家烟草专卖局认定为"行业级企业技术中心"，2014 年检测室物理领域通过 CNAS 实验室认可，2017 年检测室通过化学领域扩项评审，2015 年由国家烟草专卖局授权成立烟草行业卷烟包装印刷标准研究室。公司于 2016 年荣获"绿色印刷特别贡献单位"称号，2018 年荣获"工业和信息化部第三批绿色工厂示范单位"称号，2020 年荣获"上海市第一批绿色制造体系示范单位绿色工厂"称号，2022 年入选长三角区域印刷业一体化发展升级重点名单成为"上海印刷优势企业"和"上海印刷创新中心"。

二、绿色创新转型发展实践

近年来，公司积极响应国家号召，认真贯彻"创新、协调、绿色、开放、共享"五大发展理念，持续推进企业绿色创新转型发展。

1. 技术创新方面。企业围绕行业绿色发展，在产品、工艺、材料等方面做了大量基础研究工作，取得了一定的成果。通过"胶转凹"技术整体研究，结合联机绒面工艺、联机凹版逆光工艺、联机凹版仿雪花工艺等工艺手段的实现，将原先大量单张纸胶印长工序产品转至联机凹印进行印刷生产，部分产品实现了联机凹印滚切一体成型，实现工艺废气集中处置，大量减少生产工序环节，降低能耗。在环保材料应用方面，通过研究低（无）VOCs排放水性油墨印刷技术，大幅降低排放量；通过研究单一稀释剂油墨印刷技术，实现溶剂回收再利用。在环保印刷工艺技术方面，通过研究浅版化印刷技术，从溶剂使用源头进行控制，降低VOCs排放。在环保印刷整饰工艺方面，通过研究联机圆压圆折光工艺，采用物理压纹方式代替传统印刷方式实现的纹理效果，可实现大批量高速物理表面整饰生产。

2. 自动化升级方面。公司积极推进智能制造应用场景的研究和转化，通过信息化与工业化的深度融合来推动制造业产业升级，取得了一定的阶段性成果。例如针对公司原手工糊盒区域，为了满足前道工序产量的日益增长、后续加工和内外盒整体检测需求，通过自主研发加合作研发的模式，充分利用自动化、智能化设备替代原有人工和半自动设备，大幅提升全开式糊盒工序的制盒和检测能力，实现人力投入减少、产能质量双提升的目标。推进实施检品工段AGV物流自动化项目，通过引入AGV物流机器人和人机配合的方式，实现AGV与人工混合作业的车间级仓储和库存管理系统，相关作业流程实现了机械化向自动化转变，自动化向智能化提升。

3. 环保设备技术应用方面。印刷业是挥发性有机物治理的重点行业，面临着艰巨的VOCs减排任务。公司在VOCs末端治理方面，从2017年起逐步加大安全环保投入，配置了三套RTO设备，用于集中收集和净化凹印生产线所产生的高浓度有机废气，处理效率达到99%，减排效果十分显著。2020年印刷业全面实施排污许可证，公司将VOCs综合治理1.0方案升级到了2.0方案，陆续将原有两套用于低浓度大风量有机废气处理的设备进行升级改造，将"活性炭吸附—热风脱附—催化燃烧"工艺升级为"沸石浓缩转轮＋催化燃烧"，保障企业排放达标率，提升设备处理效率至80%，大大减少了活性炭危险废弃物的处理量，进一步减少污染物产生。针对比较分散的排放量小的区域，新增"UV光催化氧化＋活性炭吸附""水洗＋活性炭吸附"废气处理设备，助力企业清洁生产工作不断推进。

三、未来展望

公司围绕行业"十四五"发展规划，将持续加快构建技术先进安全、装备智能高效、绿色融合开放的新发展格局。加强对各类新兴印刷材料及技术的可行性研究工作，寻找绿色印刷新方向；结合企业产能需求和装备布局，整体规划未来自动化、智能化水平，推动转型升级，提高生产效率和产品质量；持续关注国家法规和标准变化，跟踪环保装备技术的发展及应用；结合节能降碳要求，统筹好VOCs减排及降碳工作，推动企业绿色创新发展。